無頼記者、戦後日本を撃つ

1945・巴里より「敵前上陸」

日本に行きたくて電話をかけてきた〝琥珀の女王〟ジョセフィン・ベーカーと、左は元夫のアバチノ氏（一九三三年、カジノ・ド・パリで）

無頼記者、戦後日本を撃つ

1945・巴里より「敵前上陸」

松尾邦之助

大澤正道 編・解説

社会評論社

目次

写真提供　松尾好子、渡部泰夫

○本文中に、今日の観点からは不適切と見なされる表現が含まれますが、執筆当時の時代背景や歴史的価値を鑑み、原典を尊重しました。

わたしが「敵」とするのは、善良で勤勉な同胞個々人、その具体的存在としての庶民を、いとも狡猾に、いとも巧妙に騙しつづけ、手なずけ、利用しつづけた政治という名の「欺瞞」な権力と、庶民を無告の民にでっち上げた「国家」と呼ばれる抽象的怪物に他ならない。

松尾　邦之助

藤田嗣治画．藤田が日本に引き揚げた 1940 年の直前に描かれたものとみられる．

まえがき

真理に到達するため、ひとは一度、旧概念、他人から受けた影響、そうした一切から解放されなくてはならない。

デカルト

批判精神も幼稚で、浅学非才、明治生まれの〝大正っ子〟だったわたしは、青年期になって、自分の祖国日本の空おそろしい軍事偏重や、あくどい商業主義や、ウソの政治、とくにいつわりの多い歴史、そうした一切に気づいたとき、祖国に対する嫌悪を感じたばかりか、自分を取巻く両親や朋輩や学友が、どうにも扶からない〝立身出世慾〟や、わたしの故郷、遠州独特のプラグマチックな社会環境に絶望し、隣人とは社交的に付き合いながら孤独にさいなまれ、郷土への強い抵抗を感じた。もし、わたしが何故に、二十六年もの永い歳月を、フランスを中心にしたヨーロッパで過ごしたのかと訊ねられれば、以上のような原因を心の奥底に宿していたためと答えざるを得ない。といったら、わたしの在欧生活は、エゴイストの自己逃避でしかなかったといわれようが、ただ、それだけの理由ではなく、むしろそれとは逆に、この脱出隔離によって、祖国を外部から見直し、自分自身をもっと孤独に追いこめ、掘り下げ、自己の何物かを徹底的に見極めようと、烏滸《おこ》がましい野心にとりつかれていたからである。

われわれ人間は、おしなべて、環境の子であり、つねに過去という重い荷物に支配され易く出来ている。しかし、わたしの生来の〝ど根性〟は漠然とではあるが、環境、因習、歴史という一切の「暴君」から一度逸脱し、それに抵抗し、生まれながらの純粋さと自由を取戻し、〝自分の自分〟になり、世の人々が慴服《しょうふく》している、社会的惰性や因習から、自分を切り離し、解放させて見せるといった方向に自分を追いこめようと懸命になった。

何と飛躍した野望である。何と青年染みた柄にもない精神のユートピアである。

大宅壮一は、『わが青春の放浪記　この十人の歩んだ道』（春陽堂、昭和三十三年）という書物を編纂し、「たとえ、どんなに苦しくとも」という副題をつけ、わたしをその十人の苦労した人間の一人として登場させていた。

この十人の中には、荒畑寒村、森光子、清水昆などが参加しているが、わたし自身、以上述べたような〝ど根性〟で自分を苦しめつつ、二十有余年も、パリを中心としたヨーロッパで放浪の生活をつづけたのだが、びた一文なしの素寒貧生活をしたり、戦時中はジャーナリストとして硝煙の中を動きまわりながら、その冒険、その苦闘を、別に大した苦労だとは思っていなかった。というのは、わたしは、常に勝手なことをし、自由に生きるだけを願い、社会と自分に向かって闘いつづけたとはいえ、そうした努力、闘争をむしろ愉しんでいたのだ。つまり、わたしの苦労は、主観的には〝道楽〟であったといえよう。こうした我儘《わがまま》者のわたしが、日本の敗戦のたたりで、突然、祖国日本に戻って来たのである。（昭和二十一年三月二十七日）

満州事変当時から、読売の特派員となり、ジュネーヴ、ベルリン、イスタンブール、マドリドなどで、時局に追いまわされていたわたしは、戦前戦後、日本の歩んだ悲劇的ドラマの道を間接ながら知りつくしていたとはいえ、日本の真の現実、その混沌としていた現代史の表面も、舞台裏も、庶民生活の実態とか、権力者やインテリのあり方、そうしたすべてに対し、実感の伴う認識を全く持っていなかった。

僅かな荷物は別として、裸一貫で、敗戦の祖国日本の久里浜の土を踏んで上陸させられたわたしは、たしかに、日本生まれの〝エトランジェー（異邦人）〟にすぎなかった。それればかりか、若い頃から御用学者による日本歴史に愛想づかしをしていたわたしは、英・仏・独・西の四ヵ国語を喋り、彼ら白人に接しながら、肝心な日本について全く無知であり、上陸早々むさぼるように新聞雑誌を読み、その後続々出版された昭和、大正、明治の歴史書を読んだばかりか、徳川時代から過去に遡った日本史や、史上の人物伝を繙読《はんどく》しつづけて、日本の正体を、おそまきながら学んだ。

この小著作に書き綴ったわたしの記録は、専門の歴史家や評論家から観れば、全き素人のものであろうが、わたしは、ここで知識の羅列を避け、わたしなりの新鮮な眼で観た祖国日本を浮彫りにし、自分の直接知っていた日本の多くの著名人のこと（その多くは、在欧時代に親しくした人たち）や、彼らから聴取したことなどを、日記風の自伝的に書きなぐって見た。もちろん、検閲で取り上げられなかった在欧中の日記や、上陸後の日記類を参考にしたことはいうまでもない。

従って、この記録書は、わたしの主観を通じて自由奔放に書きなぐった敗戦以後のレシ（物語）である。血が日本人でエスプリが多分に西欧化している異例な妙ちくりんな男となりながらも、わたしは、西洋かぶれもせず、むしろ白人の文化に失望し、金髪女にも惚れず、押し流されるように祖国に戻ったのだ。わたしは一度、愛想づかしをした日本が、敗戦の憂き目を見、苦悶する姿を目撃したとき、「根なし草」のように飄々踉々《ひょうひょうりょうりょう》と生きてきていたわたしの血汐は、熱して湧き上り、言い知れぬ愛国感情の虜となった。

友人飯塚友一郎氏は、わたしのことを「コスモポリトであって愛国者、ニヒリストであってなお万人を愛すべく悩み、無神論者でありながら、極めて宗教的な男」と評していた。こうした矛盾を一身に同居させ、二十六年の滞欧生活という空白を背負ったまま、浦島太郎のように帰ったわたしではあるが、それだけに、わたしの日本再発見は、祖国を愛するが故の憤懣《ふんまん》と、失望に充ちたものであり、八つ当りをしながら、わたしの眼底には涙がにじんでいた。「兎傷つけば狐之を悲しむ……」。わたしの愛国感情はこれ以外ではない。

第1章　アディオス・エスパーニャ

あア四等船客

「戦争は終わったのよ。終わったのよ」と大声でいい、わたしの前でワッと泣きくずれたのは、南スペイン・マラガ生れの娘という放浪の旅でひろった束の間の可憐な旅女房であった。愚かしくも悲惨であった太平洋戦争が終った日の惨めな思い出である。ロサリオの表情は、複雑であった。

わたしは、日本の敗戦と降伏を告げに来て、蒼ざめた表情で語り、意気消沈したドイツの新聞マドリド特派員R君を玄関まで見送って戻り、仄暗いサロンの隅で泣いていたロサリオを一瞥し、紫壇色のカーテンを開け放ち、澄みきったマドリドの夏の碧空をじっと眺めた。一九四三年二月、スターリングラードのドイツ軍が壊滅したため、必要のなくなったトルコのイスタンブールの滞在を打ち切り、ベルリンに戻った。このときから、わたしは、もう、日独の敗戦を予感していたので、日本のこの宿命的敗北に、別段驚くこともなく、ただ、みじめな多くの戦死者や、原爆の犠牲者となった同胞の冥福を祈った。そして、単なる偶然で生き残ることが出来た自分を、この上もない果報者だと思った。決定的敗北、これで、正直なところあっさりした気持ちになり、自分が〝自分の自分〟を取り戻

松尾が愛したロサリオ・パストラナ，本名イサベラ，小説「情熱のイサベル」のヒロインのモデルにもなった．

し、裸形になった自由を味わった。

スペインに赴任する前、ベルリンに残してきた、わたしの一切の荷物も、犬も、亡父からもらった唯一の形見だった、でっかい金側時計も、全部で十三巻もあった仏文著書も、親友からの書簡も、トルコや、ベルリンや、パリの恋人（？）たちから貰ったラブレターも、ロマン・ローランやジイドや、ファレルや、アンリ・ド・レニエや、倉田百三や、岡本綺堂や、辻潤などからもらった多くの貰い書簡までも、一九四三年九月に行われたベルリン大空襲で、イギリスの爆撃機モスキートウの落とした二トン爆弾の下であっさり灰燼にしてしまった。わたしは、「戦争のバカヤロー！」と呟いただけで、何もかも、もう仕方ないと思った。忿怒《ふんぬ》と自己侮蔑で涙もでなかった。

こうして物質的な何もかもを喪失したとはいえ、いま、わたしの肉体と魂とわたしの〝エゴ〟だけは無疵《むきず》で残っているのだ。とにかく、このエゴだけは、何人からも、またいかなる権力をもってしても、奪われない唯一のわたしの所有物なのだ。フランスにいたとき、ナチスの爆弾下で、幾度か死を免れたわたしは、これからの生涯は、生を偸《ぬす》む、正に偸生《とうせい》の恥さらしでしかないと思った。

これからどうなる。どうすればいいのか…。わたしはすべてを運命にゆだね、外敵一切から解放された気軽さで、敗戦を知ったのだ。この宿命の日の翌日から、毎日、マドリドの町裏の路地を、あちこちとさまよい歩き、当時、カトリックの教会から「御禁止本」にされていた仏文書を、闇で買い漁った。何と驚いたことに、ジイドやロマン・ローランの著作はおろか、トルストイの書まで「発禁本」にされていたのである。スペインという国は、妙な国であり、厳重なカトリック教会の掟によって、書物や裸体画や、その他多くの「御禁止」があるのに、他方「闇」という有難くも粋なルートがあり、既婚の女が、「闇」ならば、鎧戸を締めて、人目を避けるように配慮をすれば、浮気も出来るし、「御禁止本」などは横丁で、こっそりと、しかも公然と、買うことが出来る国である。女中を外出させ、カーテンと鎧戸を閉めれば、堅気の妻君でも、生娘でも、酒をくらって裸踊りまでする。従って「御禁止本」などを入手することは問題にならなかった。何と有難い偽善の愉みとスリルに満ちた国である。

スペイン駐在の日本帝国（とうに帝国ではない）公使館と連絡をとっているうちに、われわれイベリア半島に残されていた数十人の邦人は、祖国に引き揚げる日程を通告された。そして、間もなくその「引揚船」というより、むしろ敗戦国の日本人という厄介者を送還させるための船の名まで教えられた。仕方なく、わたしも、荷造りをはじめたが、ほとんど無一物のわたしにとって、荷造りなど造作もないことであり、二時間ぐらいで整理が済んだ。荷物は、買い集めた御禁止本、多少の衣類、身のまわり品、それに職業道具としての写真機、スペイン語で書いた旅日記程度のものであった。たとえもし、日本に着いたとき、こうした所持品の全部が、米軍当局から取り上げられようと、奪われようと、パンツ一つで、日本に上陸できればそれでいい。わたしの頭脳には、幸いにも彼らによって奪取され得ないものが豊かにある。それは、滞欧二十六年間にわたるわたしの〝思い出〟である。旅支度は出来た。四つばかりのお粗末なスーツケースが、部屋に積み重ねられたとき、わたしの愛犬「コゾー」と名づけたフォックステリアは、主人との訣別を予感しているのか、寂しそうに荷物の上に坐ったまま動かなかった。わたしは、このとき、マドリドの大通、グランヴィアの四階に住んでいたが、ここのアパートにあった家具類も、自分が退屈しのぎに描いた油絵なども、すべて、ロサリオに与えた。午前二時頃まで別れを惜しむ女中や秘書やスペイン人の友人たちと杯を挙げた。夜更けのマドリドの街には、まだ、人通りが多く、何事もなげに笑う陽気なスペインの男女の声が、深夜にこだましていた。

海上の「軟禁刑務所」

われわれを極東まで護送するというスペイン船「プルス・ウルトラ号」が、スペインの東海岸バルセロナ港を出帆する日は、一月二十二日（昭和二十一年）ということになった。スペインとポルトガルに滞在していた、いわゆるイベリヤ組の日本人は、公使館員、商社代表、陸海軍の武官たち、スペインとポルトガルにいた新聞記者団と、その家族の人たちばかりか、料理人まで加えて、ざっと九十人（うち四十四人がポルトガル組）が、バルセロナ港から出帆することになった。

ただ、厄介なことは、われわれ引揚者の一団に、戦犯容疑者スペイン駐在公使・須磨弥吉郎氏が加わっていたことである。巻きぞえを食ったわれわれは、一応、「犯人」の仲間として取扱われ、マドリドのアトッチャ駅発特別列車で、地中海岸のバルセロナ港に向う汽車旅行でも、スペインの四人の刑事による「厳しい警備？」の下で行われた。それはおそらく、米・英に阿諛《あゆ》するフランコ政権の差し金であったろうが、厳しく護衛するはずのスペインの刑事たちは「粋人」ばかりで、ペセタ貨やドルを持ったわれわれ日本人が、汽車の中でヤケ酒を飲んで、騒いでいるのに乗じ、その中に座りこんで、チップにでもありつこうとしていた。これも、スペインという闇取引きの国の御利益であった。

汽車は、やがて真白な雪の原となっていた荒野のサラゴッサあたりを過ぎ、夜半の十二時に、人気のないガランとしたバルセロナ駅に着いた。手に手に荷物をもったわれわれが、改札口に並んで出ると、驚いたことは、駅の構内や出口に、物々しく武装した憲兵隊の列を見たことであり、彼らの前には、鉄格子のついた囚人護送用の黒い車が幾台か並んでいた。

これが敗戦というものの現実なのだ、と思った。「これからいよいよ面白くなろう」と心でいい、あたりを見渡したわたしは、私服のアメリカ人らしいのが数人、眼光炯々《けいけい》、われわれを見張っているのを見逃さなかった。幾台かの囚人車に分乗したわれわれは、美服をまとった賤民のように、地中海の冷たい潮風に吹かれながら埠頭まで追いこめられた。ここで、持参品の調査が行われ、手間取っているうちに、白々と夜が明けた。われわれの前には、「プルス・ウルトラ号」が波にゆれつつ、横づけになっていた。だが、われわれにとってこの船は、一種の「軟禁刑務所」でしかなく、乗ったら最後、外出も許されず、ここで海に飛びこんで脱出しようとしてもたちまち射殺されるだろうといわれた。

「プルス・ウルトラ号」

われわれが放りこまれた「プルス・ウルトラ号」というスペイン船は、その船名だけは「この上もない上級船」という意味であったが、実は四千八百トンの小型船でしかなく、これまでカナリア島で、バナナを積むために通っていた心細いボロ船であり、今度はじめて遠洋航海に出るのだという。わたしが案内された船室というのは、この貧相な船の前部甲板下の暗い酒倉用の船底にあり、そこには、急ごしらえのカイコ棚式ベッドが出来ていて、わたしは、「朝日」の伊藤昇君の近く、このかいこ棚の二段目にもぐりこんだ。伊藤昇は、帰国後、『四等船客』（月曜書房、昭和二十二年）と名づけた単行本を、故辰野隆氏の序文で上梓したが四等などと等級をつけて呼ぶのもコッケイな穴蔵の「船底部屋」でしかなかった。

ところで、話は遡るが、バルセロナ駅から囚人車で岸壁に連行され、われわれの荷物が埠頭に置かれたときから、崩壊した世界無比の大国日本国家への庶民的反逆風景を眼のあたりにまざまざと見せつけられた。というのは埠頭に積まれたわれわれの荷物を船上に運び上げるため、われわれに手を貸すはずだったスペイン人は何故か一人も来ていなかった。そこで止むなく、記者団と商社の人たちがみな、リレーによって、人夫の役割を果たさなくてはならなかった。

ところが、昨日まで「閣下」と呼ばれ、厳めしく構えていた日本帝国の陸海軍のお偉方も、高級外交官として下役を顎であしらっていた御役人たちも、日頃、彼らの使用人に依存していい気になっていた故か、いずれも、拱手《きょうしゅ》傍観、何もせず、民間人だけが苦力《クーリー》のように汗だくで働いているのを漠然と佇んで見ていた。これを見たわれわれは、業を煮やしお偉方に向かって大声で叫んだ。

「オイ、戦争に負けて『無条件降伏』したんだぜ。もう閣下もへちまもないはずだ。みんな働くんだぞ。何をボンヤリしているんだ」

この大声で、やっと気づいたらしく外務省の高級役人や閣下たちは内心ムッとしたらしいが、反撥《はんぱつ》も出来ず、渋々と動き出し、われわれの列に入り荷物を運びはじめた。荷物をつみこみ、やっと船上の人となったとき、この「プルス・ウルトラ号」に一、二、三、四等があるということを知らされた。さて、乗船者たちを、どう割当てるか。われわれ記者団と商社の人たちは、すぐ集まって、さっそく委員会を組織し、自主的に事務上の秩序をつくる必要に迫られた。このようなときに温室者たちの御役人どもは、全く無能力であったのに今更ながら呆れたが、これも彼らの「敗戦ぼけ」の故であったろう。仕方なく民間のわれわれ数人で、急速に委員を決めたが、スペイン船であった関係から船長や事務長に掛け合う必要上、スペイン語の出来る商社の山尾君と、わたしを中心にした実行委員が選ばれた。そこで、わたしは山尾君と相談し、「もう、今となっては、旧秩序による地位や官位などにこだわってもはじまらない。ぼんやりしている閣下どもに相談せず、思いきって、万事を平等にし、民主的な原則で行こうじゃないか。とにかく、婦人と子供と病人を、一、二等室に割当て、その他は全部、年齢順に部屋割りを決めよう。しかし、若くて元気な者は、一応、みな四等のかいこ棚部屋に這入《はい》ってもらおうじゃないか」

この提案には誰も反対する者がなく、乗客リストを点検しつつ、急速に部屋割りを決めてしまった。公使や武官たちは、妙な顔をしていたが、全く無抵抗で、みな黙々としていた。日頃、威張りくさっていた彼らは、そのとき何を考えていたか知れないが、彼らの〝従順さ〟には、何か陰湿なものがあった。わたしは、前スペイン公使須磨さんの顔をじっと見た。この公使は、日頃、猛獣のような健体を誇示し、太鼓腹をつき出し、鱈のような双の眼を、すがめに動かしながら、甲板の上で、英雄笑いをつづけていた。彼は、マドリドで、日本の敗戦が決定的な事実として報道された直後でも、未練がましく、若い公使館員の一団を引きつれ、朝早くから雪の山にドライブし、館員どもに白い霜のついた冷たい石を投げさせ、自からは、裸になって、灌木の生えた荒土の上をころがりまわり、みなに「愛国行進曲」を歌わせていた。

このような公使の〝虚勢〟の犠牲になって、仄暗い未明から起されて雪の山に連れてゆかれた公使館員の一人が、とうとう肋膜《ろくまく》になって倒れ、「愛国行進曲」が歌えたくなったという話を耳にした。敗戦という厳しい現実を外所《よそ》にして「行け八紘を家となし、世界の人を導きて、正しき平和打ちたてん」といった日本だけに通じるひとりよがりの愛国行進曲を庶二無二に声高く歌わせたのは、みじめにもコッケイな、オナニスムであった。ヤケの勘八か、未練か？

「愛国行進曲」はメロディーは悪くなかったが、この歌の文句は、実に厭だった。ドイツにいたとき、この歌詞を読み知った宣伝省の日本人係官シェーファー君がわたしに、「この歌でいう『四海の人を導きて』は少々奢った独善ですね。そして、『往け八紘を宇（家）となし、』はいいとして、あなたがたのいう『八紘一宇』というのは、同じ傘の下で世界の人々が皆仲よく、一家の如く、という意味のようですが、一体その傘は、誰が持つんですか？」といったのを思い出す。

シェーファー君のこの皮肉な質問には、返答に窮したが、ベルリンで、テレフンケンの針を動かし、やっと捉えた祖国日本の放送を耳にすると、必ず、雑音混じりで、この「愛国行進曲」が勇ましくも幼稚なメロディーで流れた。

戦時記者落第記

船に乗りこんだ日本の記者団には、ポルトガルにいた「朝日」の茂木政、マドリドで二年半一緒に暮らした同じく「朝日」の伊藤昇、イタリア通の山崎功（読売）、同盟通信の本田、佐藤両特派員などがいた。

読売の正力松太郎社長からの依頼で、ジャーナリストになったわたしではあるが、最後の最後まで、ジャーナリストとしては全く無資格者であり、職業記者の枠に這入れぬ我儘《わがまま》者であり、いつもアウトサイダーとして生きるために、ただアルバイト風に仕事をつづけてきたに過ぎない木偶坊《でくのぼう》であった。そのためであろう、読売本社の外報部長田中幸利から「君の電報は、戦争に対してちっとも熱がなく、報道にもちっとも掘り下げた真剣なものがない」といった叱責訓電《くんでん》を度々もらっていた。たしかに、わたしは、この戦争に対して、ひどく懐疑的であり、トルコのイスタンブール以来、本社の幹部を喜ばせるような電報はひとつも打っていなかったようだ。ガタルカナルや、レイテ島で、日本が敗北を喫してから、「敵アメリカは、日本本土への攻撃に、島づたいで、表玄関から堂々と乗りこむであろう」とか「アメリカ軍の戦略には、巨大な爆弾など必要とせず、日本人の家屋が脆いペーパー・ハウスであるため、日本を平にするには焼夷弾だけでたりると、高をくくっている」と率直な報道をしていたわたしの電報は、警告を意味していたのだが、本社の幹部にとって腹立たしいものであったろう。

だが、わたしは日本人の血を持っているのだ。たとえ、わたしが権力国家日本のありかたに対して忿怒し絶望的な批判者であったとしても、父母の国である祖国への愛国的な情熱の炎は、燃えていた。敗戦に先立って、「朝日」の伊藤昇が、ニヤリと笑いながら「松尾君、日本の敗北はもう決定的だよ」といったとき、何故か、わたしは、彼の予言を否定し難い真実だと想い絶望しながらも、それが悲しくて、伊藤の言葉に対して、憤懣を禁じ得なかった。何たる矛盾、何たる自己撞著。日本という国家の現実と、自分自身の内にある自分の現実との衝突である。理性と感情の対決であろう。日本が敗ける……、大変なことなのだ。この敗戦は「一億一心」が東条の欺瞞な言葉でなく、真に、国民全部の結束を促すような自発的で止むに止まれぬ死活の防衛戦であり、自由と独立を確保するための決起であったなら、ナチスに蹂躙されたフランスのように、また理不尽なナポレオン軍隊に一騎打ちで抵抗したスペインのように、敗けても決定的敗北にはならず、むしろ、「後日の勝者」となろう。

冷たい雨が降り、灰色の地中海の上に、かもめが啼き、波頭が遠くまで白い畝をつくっていた。たそがれゆく空の下で、デッキの上に佇んで大空を眺めていたわたしは、ふと眼を落とすと埠頭の背後にあった倉庫の前に、いつまでもわれわれを見送っているらしい、スペイン人の一群を見た。注意して見るとその中に、雨にしょぼぬれて立つ二人のスペイン娘が、しきりにわたしの方に、ハンケチを振り、大声で呼んでいるではないか。誰だろう？　声は聞き取れなかったが、その一人は、ロサリオ・パストラナであり、もう一人は同僚Y君のアミガ（友）エルサであった。意外なこととひどく驚いたわたしは、思わず手を挙げ、この二人のシニュリタに「アディオス！」と叫んだ。

マドリドでの最後の夜、「決して見送ってくれるな」と、あれほどいいふくめておいたのに、どうしてロサリオは、バロセロナまで旅してきたのか。大方、Yのアミガに誘われたものと思われるが……。マドリドを去る日、わたしは、ヨーロッパ生活の一切をあっさり忘れ、自分のエゴイストな感傷に終止符を打ち、何の未練も残さず、軽い気持ちで日本に帰る決意をかためていただけに、彼女らの腑甲斐のないこうした未練の延長に、涙ぐましい怒りを感じた。また、女郎屋通いを避けるため「旅の女房」にしたに過ぎなかったロサリオだったが、二年半以上も同棲した彼女が、わたしの意志に反して、この港にまで旅してきて、二度とまみえることのないわたしに最後の訣別の言葉をかけたかった気持ちはよくわかった。わたしにとって、彼女との「恋愛」は、エピソード的な一こまであったが、彼女にとっては、生涯を通じての「事件」であったのかも知れない。日本に帰って、もし、わたしの家族が生き残っていたら、それを限り、もう手紙を呉れるな、といっていつも泣きくずれた彼女は、南スペインのマラガで、夫に死に別れ、遺児の七つになる娘カルメンを養い育てるため、貧困のどん底で働き、ひどく苦労していた。可憐にもストイックなこのアンダルシーアのスペイン女は、一本気で純粋で、典型的南スペイン形の明眸皓歯《めいぼうこうし》の女性であった。すらりとした小柄な彼女の均整のとれた体躯、細い脚の美しい線、豊かな乳房ともり上げた胸……。わたしは、幾度となく祖国を捨て、このアンダルーサのロサリオと共に住み、スペインの地に骨を埋めようと思った。祖国が何だ、家族が何だ……と思いながら、わたしも所詮、社会というベルトコンベアに乗せられた卑怯者であった。

スペインよ、ヨーロッパの娘たちよ、さようなら

雨が激しく降りだし、ロサリオの双の瞳、水々しく黒く大きな両眼に涙がからんでいた。暗い、どす黒い地中海の海は、しけ模様であった。出帆を知らせる無慈悲なドラが鳴ったとき、ロサリオの小さな顔が、雨の中で次第にぼやけ、ピンボケの写真のように薄くなり、揺れ、われわれを乗せたスペインのボロ船は、岸壁を離れ、埠頭の人影は、その黒白も分からない幽霊となって消えてしまった。

一人当り五百米ドルの船賃を支払ったというのに、暗い船底に戻ったわたしたちは、囚人も同様であった。しかし、わたしは何故かこのみじめな板ベッドにはいって坐ったとき、悲劇的な感情を持つ

よりも、むしろいい知れぬ自由と解放感を味わった。わたしにとって敗戦とは一体何のことか？　国家組織の一時的崩壊でしかないのではないか。そしておそらく、権力者どもが、しどろもどろになっているとき、敗れた日本に一種の無秩序が生じ、ある種の個人は、そのためおそらく、たとえ一時的であっても、その無秩序と半無政府状態を享楽するだろうと思った。

板ベッドの上に胡座したわたしは、久しぶりに、〝自分の自分〟を取り戻したように思い、両足を伸しながら、マドリドで買った粗末な三つのスーツケースのひとつを開けて見た。幸いなるかな衣類や下着の間に、二十七、八冊の書物が押し込んであった。日本まで二ヵ月以上もかかるという船路である。誰にも妨げられず、電話という煩いものから解放され、これから毎日悠々と本をゆっくり読んでやろうと思っただけで、やたらうれしくなり、欧文や日本文の一冊一冊、出して見た。これまで読む機会がなかったツワイグの『ジョセフ・フーシェ伝』、『トルストイ伝』、ゲーテの『クラヴィゴ』、すべて、これまで、あまり落ちついて読むことの出来なかった書物である。とくにスペインでの禁止本ジイドの『贋金つくり』などがあったばかりか、アンリ・バルビュスの『ジェス・クリスト』や、禅の聖典『碧巖録』などがあったことは嬉しかった。二ヵ月間、潮風に吹かれ、書を読む以外何もしないで、食事がとれ、大海の清浄な空気をすい、女どもから解放され、社交やデートなどで煩わされることもなく、悠々と暮らせるのだと思ったとき、それが板ベッドの上であろうと、デッキの上であろうと何のそのであり、わたしは人生最大の幸福条件にめぐまれたと思った。選んだ本を自由な時間にゆっくり読む……、それは、著者とわたしの対話であり、こうした享楽の愉悦がつづくならば、船路が、六ヵ月でも一年でもいいと思った。

戦犯容疑者の呵々大笑

やがてボロ船「プルス・ウルトラ号」は、深く暗い地中海の荒波をぬって、東に船首を向け、遠く沖に出た。暫くしてミノルカ島と、マルセイユのあいだをぬけ、東へ東へ進んでいたが、夜半近くから、海はひどく荒れはじめ、お粗末なスペイン船は、デッキに大波をひっかぶり、左右に大きく揺れ、上下動も激しくなったばかりか、ギシギシ、ミリミリと音をたて、船体が、真二つに割れやしないかと思われた。そのうちに、連続的に大波がデッキを洗いはじめると、かいこ棚のベッドで寝ていたわれわれの倉庫部屋の暗い船底に、上甲板からなだれ落ちる海水が、音をたて滝のように流れ込んだ。このままだと、やがて船は、顚覆し、沈没するだろう。祖国は敗れ、ここで、地中海の海藻《もずく》となり、みな一緒に死んでしまった方がいいと思った。

こうした地獄のような状態がつづいたとき、俄然、リスボンにいた井上海軍中佐が、がばっと跳ね起き、われわれ四十人ほどの船底「かいこ棚組」を大声で叫び、軍人らしい号令口調で、みなに呼びかけた。かいこ棚からバタバタ飛び降りたわれわれは、中佐の命令で整列し、皆バケツを手にし、船底に刻々と嵩を増して揺れ動く海水を、リレーで船外に汲み出す作業をはじめた。

しかし、夜明け近くになって、海はやっと鎮まり、にわかづくりの人夫でしかないわたしたちは、ヘトヘトに疲れ、冷たい「かいこ棚」に戻って虫のようにぐっすり眠った。

嵐のあった翌日から、甲板の上にゴロ寝し、燦々と輝く陽光を浴びていたわたしは、読書三昧を楽しみ、疲れたあと、碧い海を見、単調ながら、全く自由な生活を享楽した。

一月二十七日の夕方、船上からナポリの町を見た。このボロ船には、日本人ばかりだと思っていたのに、ファッシストに追われ、スペインに亡命していたというイタリヤ人もいた。

ナポリに着いたとき、英国兵に連れられたドイツの捕虜まで乗りこんできた。やがて、一人のアメリカの連絡将校らしいのが船にやってきて、須磨公使に面会して去っていくのを見た。この須磨公使は、前年十二月十五日に、正式に戦犯容疑者として指定されていたのだが、戦争に敗けた後でもマドリド公使館員に、「愛国行進曲」を歌わせるほどの「豪傑」ぶりを見せ、船の上ではカラカラ哄笑し「敗戦が何だ」といった調子で、太鼓腹を叩いていた。彼の内心はどうであったか、また、彼は、この船のベッドの上で、ひとり何を考えていたのだろうか。豪傑笑いは、狼狽をかくすための演技なのだろうか。その辺のことはよくわからなかったが、わたしにはこのようなことを詮索する興味もなかった。

彼は「日本帝国」の公使であったし、いつもマドリドの公使館にいって取材したわたしに、ゴヤやグレコのことを語ってくれ、ときには布袋腹を叩いて、異例な健康体と、そのヴァイタリティの強靭さを誇示していた。この公使は、死ぬまで不自然な豪傑笑いをつづけるであろう。とにかく、戦犯容疑者の栄をかち得たこの公使は、ボロ船に乗ってから、ことさら胸を反らし、何となく、無理をして喉から押し出したような、気の抜けたユーモアを飛ばし、空とぼけ、毫《いささか》も敗戦のことにはふれず、冗談ばかりいっていた。わたしは、マドリドの公使館で、この公使が「今日もスペインの外務省にいって、日本の大本営発表は、いつも、内輪に戦果を公表しているんだ。アメリカの戦艦の撃沈された数は、おそらく、あの倍以上だといってきたよ。事実、そうなんだからネェ」といったようなことばかり放言していたのを思い出す。東条流に「赫々《かくかく》たる戦果」ばかりを報告していたこの公使は、かつて外務省の情報部長をし、「須磨情報」として世の人々に謳われた人ではあるが、この公使の言葉とは裏腹に、日本軍は戦う度に米軍から太平洋の島をひとつひとつ奪われ、占領されていたのだ。大本営発表！あア、これが後日の悪夢となるのだが、わたしは、須磨公使の「赫々たる戦果」の放言を耳にする度に、日本の民衆を偽ると同時に、軍の権力者自体が自ら偽っていたという憎むべき欺瞞と、彼らの無責任な自己橦著を感じ取り、暗い思いがした。

大島大使閣下の眼　ベルリンの悪夢

わたしは、船底の仄暗いかいこ棚ベッドで眠れない夜に、ベルリン時代に下らぬ説教をされた大島大使、パリでの沼田陸軍武官、スペインでの須磨公使らが、「市井の記者」でしかないわたしたちに放った彼らの専門家らしい戦局についての予想、見透し、また彼らの国際政局に関する思い上がった「予言」を思い出しながら考え、そのすべてが、出鱈目であり、逆であり、みじめな「嘘」となったことを悲しく思い出した。そして、おそらく、この太平洋戦争中、祖国日本で、何千万の同胞が、政治家や、軍や、官僚ばかりか、新聞や、雑誌に無責任な予言をしたお偉方によって、どれだけ踊らされ、騙されてきただろうかと思い、苛々し腹立たしい気持ちになった。昭和十六年の十二月八日、日本の機動部隊によるハワイ真珠湾奇襲による太平洋戦争が勃発した日の夜、わたしは、ベルリン駐在の記者団の一人であったが、この夜、何時頃であったか、駐独日本大使大島さんはわたしたち記者団を公邸のサロンに呼び集めた。江尻進、加藤（毎日）、嬉野（読売）など十五、六名だった。何事かと思って、広間で雑談しながら待っていると、大島大使は、酒気を帯びた真っ赤な四角形の顔を上気させながら、階段を降りてきたが、われわれを前にして、ニコニコ笑いながらいった。

「諸君、急転直下、おめでたいことになったよ。わが帝国海軍が真珠湾を攻撃したんだ。よくやってくれた。いま、リッペントロップ外相と、シャンパンで祝杯を挙げてきたところさ」

大使は、日本の開戦を、このように、いとも簡単な調子で報告した。大変な死活の大戦争になったということが、何故「おめでたい」のだろうか。大使は、戦争にあっさり勝てると思っているだろうが、もし負けたら大変なことになるのだ。このような「大冒険」を「おめでた」と思う大使は職業軍人であり、野心家であり、正にイリューミネ（幻想に憑かれた）された一種の狂人であると思った。この寝耳に水の報告を聴いたわたしは、呆気にとられ、何もいわず、この狂った大使の思い上がった饒舌を聴きながら暗然とした。この大使と日本の駐独制服将校たちと、わたしは度々、この公邸の大広間で、大日本帝国の祝祭日などの儀式に加わったが、ここで、わたしは、正に「イリューミネ」された同胞の軍人どもが、陛下のことに触れた演説がある度に、「畏くも……」といって靴のかかとをカチンと音をたてつつドイツ風を真似て、恭しく敬礼する精神の所作を驚いて見た。

この席に参列していたプロシャ崇拝の彼らにとって「陛下のために」が、そのまま、万国無比、天祐を妄信する「愛国感情」だったのだ。国民疎外の愛国とは何のことか。

大島大使が、酒をくらって開戦を祝福したり、その後の戦勝でわが世の春を謳っているとき、多くの同胞、若い兵士たちの血が流されていたのだ。

とくにわたしは、大島大使が「亡国」だとか「半病人国」だといってあざ笑っていたフランスくんだりからベルリンに落ちのびてきた不逞の自由主義者であり、「異端者」の一人としてみなから白眼視されていた。わたしは、このベルリンの大使館員や、武官たちにはどうしても馴染めず、彼らの「愛国者」めいた一切の大言壮言をいつも不快に思っていた。ともあれ、わたしひとりが何をいおうと、全く無意味であり、沈黙の抵抗以外に何も出来なかった。

とはいえ、わたしのエスプリが、何に反逆しようと、わたしは、日本人の血をもち、この血で、自分の祖国を、わたし風に強く愛している。その祖国は、富士山のある、美しい渓流や、白砂青松に恵まれた日本であり、そこに母が住み、先祖や亡父の墓がある。

いずれにせよこの祖国日本は断じて抽象物ではなく、わたしの血に連結した具体物なのだ。わたしは、この具体物である日本と、その同胞に感情的な強い愛着をもっている。そして集団主義と戦争のはずかしめに甘んずることなく、自己として生きようとするわたしの感情、それのみが真の愛国心だと思っている。

しかし、ひとたび祖国が「戦争」という抜き差しならぬ現実、最大なる社会悪の中に巻き込まれてしまってからのわたしは、もう踏みつけられた天邪鬼のように自由を失い、権力者を何ひとつ、批評の出来ないジャーナリストになり下がり、ただ、せめて忠実な嘘のない報道を日本に送る一介の戦時記者として生きる以外に途はなかった。わたしは、ひとりベルリンの巷を彷徨しながら、パリで親しくしていたシュールレアリストの詩人ロベール・デスノスが「ねェ君、戦争というやつは、最大の愚行だよ。だが、一度戦争になったら勝たなくちゃ」といったのを思い出した。戦争を呪いながら、動員された同胞への慈悲心で勝利を願うデスノスは、やはり彼なりの愛国者であった。

「愛国心とは慈悲である」とフランスの女流作家・哲人シモンヌ・ヴェイユがいっていたが、わたしの考える愛国心も、あるいは、慈悲以外の何物でもないのかも知れない。

わたしは、大島大使と逢う度に、この大使の眼つきには、同類である人間に対し、何の慈悲もない特別な人間の冷たいものを感じた。狐でさえ兎の死を悲しむというが、慈悲のない人間に愛国心があるとしたら、それは、いかさまものだ。愛国を売る、テキヤの術策だ。

これまでの度々の記者会見で、豪放らしく見せ、いつも楽天的に、笑いながら放言する、この大使の「予言」には呆れた。たとえば独・ソ戦争がはじまった直後に、彼は、「ドイツ軍は二ヵ月でソ連の野戦軍を全滅させるよ。諸君は、ドイツが対英、対ソ両面作戦になったといって、ドイツ軍（うっかりわがドイツ軍といい出しそうな彼）の戦略についてひどく心配しているようだが、ドイツ軍は、西のイギリスを一撃で抑え、返す刀で、ソ連軍を打ちのめすのだ。これこそ近藤勇の快刀乱麻の早業というものさ。こういっても素人の諸君には分かるまいが、いまに見ていたまえ」といった。何と無責任な幻想的予言である。ヒットラー軍は、英本土上陸に失敗し、対ソ戦は救われない長期戦になったあげく、スターリングラードの悲劇を演ずる羽目に追い込まれ、大島さんの思い上がった「予言」は、いよいよコッケイになってきた。なにかというと「近藤勇」や北条時宗を引き合いに出したがる日本の将軍や提督たちの知性の低劣さには全く呆れたわたしは、「無告哀民」でしかない日本の同胞、庶民のことを思って憤りを感じた。

いずれにせよ、この大使のような破廉恥な「自己喪失者」が、「大日本帝国」の代表者として、「予言者」面をしていたのだからやり切れない。昔の武士なら切腹というところだが……。

「予言」……何たる虚栄。我執の虜となっている官僚型の人間などによる「予言」の的外れが不幸の源泉になったのだ。「予言」はヘルマン・ヘッセのいうような「白痴」ともいえる純粋な感情の所有者だけに与えられる能力である。

わたしは、何故かドイツ人、とくにプロシャ型のドイツ人が嫌いだったし、ベルリンの町の非芸術的で、味気無い雰囲気が堪えられず、ベルリンを去ってトルコの古都イスタンブールにいったときも、スペインに転任したときも、救われた思いがした。

ドイツ軍が、至るところで敗れ、敗戦色が濃厚になってきたとき、東条をはじめ、日本の軍部首脳の失意と狼狽は深刻であった。大島大使の非常識な狂気じみた虚妄の観測と情報のたたりは覿面《てきめん》であった。当時われわれ記者団の悲観的な観測電報と、大島大使の強引な楽観電報は、悲劇的に喰い違うようになり、そのため外務省から大島大使へ厳しい問い合わせの電報が来て、「記者団のいうことと大使のそれとの、どちらが真実を伝えるものなのか」と詰問してきた。その頃、われわれ記者団の前に現れた大島閣下は、ひどく不機嫌な語調で、「君たちの電報は、だいたいでたらめだよ。外務省に今日電報でいってやった。〝市井の新聞記者〟の電報などに迷うな。あくまで大使電を信用せよ、と……」

わたしは、このとき大名が庶民を前にしたように、権柄づくで「市井の新聞記者」といった大島の言葉にムッとした。（清沢洌は、彼の日記『暗黒日記』で次のように書いている。「先頃、誰かの話しに大島大使からの報告が、一報ごとに悲観的で、警戒を要望して来ている由。この男が今頃、なんだといいたくなる。この先生の報告や活動が国家を謬《あやま》った一原因だ」（昭和十九年九月四日）

フランス敗れたり

わたしは、船の中で、戦時中のパリのことを思い出して日記に書いたが、これは前述のベルリン時代に先立つ回想である。パリでは、後日、国連大使になった沢田廉三や、独・仏戦争がはじまった直後、パリに現れた沼田陸軍武官の下で取材していたが、この沼田という武官も、ドイツの大島大使と対照的に大変なフランス贔屓《びいき》であり、独・仏戦争における戦局の予測に関する限り、フランス側だけの代弁者となり、甘い「予言」を連発していた。ところがそれが、ひとつひとつ逆な結果になったのは、みじめだった。好人物のこの武官は、フランスの「マジノ線」は、金城鉄壁であり、断じて陥落しないと繰り返しいっていた。センチメンタルなフランス愛好家であったこの武官として、フランス軍の期待に沿う副った予想をしたのは、無理のないことである。

とにかく、フランスが、ナチス軍の電撃で脆くも敗北した根本原因は、全フランス軍がこの難攻不落とされたマジノ戦の「安全」と「幻想」を抱き、それのみに頼っていたからである。独・仏国境にあった対ドイツ防衛線、このマジノ要塞というのは、六年の歳月（一九三〇―三六）を費やしてつくった優れた近代火力の備えある複合要塞であり、戦車を防ぐための鉄骨を複線配置してあった凄い堡塁《ほうるい》であった。総工費一六〇億フランといわれていたが、これが一九四〇年五月、ドイツ軍のアルデンヌ奇襲と電撃作戦で、ほとんど何の抵抗もなくあっけなく陥落してしまった。独・仏戦争が開始された直後、まだドイツ軍が、フランスに侵入する気配も見せず、時々散発する銃声が聞える以外、薄気味悪い沈黙がつづいていただけであり、フランス人は、当時、独・仏戦争のことを「おかしな戦争」といっていた。

そうした、妙な間隙《かんげき》時代に、フランス外務省は、突然パリの外人記者団にマジノ線見学旅行計画を発表した。記者団の一人だったわたしは、招かれるまま、この要塞見学旅行に加わった。カーキ色の従軍記者服に身を固め、巻ゲートルを穿《は》くといった物々しい服装で参加したのだが、われわれがマジノ線の近くに来たとき、案内の将校が「日本人の記者諸君だけは、すみませんが遠慮して、要塞の中に、入らないでください」といった。この突如とした言葉に、ちょっと驚いたが、仕方なく、前方に起伏する巨大な地下要塞を遠方から眺めるだけで、追い返された。もちろん、われわれだけを除外した理由は簡単であり、当時の日本は、ドイツの友邦国であり、フランスにとっては、日本は「半敵国」であったからである。

また、沼田さんは、フランスの空軍は、欧州一を誇る完璧なもので、パリからドイツ国境までの対空防御は二重三重に出来た隙間のない強靭なものであり、ドイツの戦闘爆撃機など一機もパリ上空に侵入しないと断言して憚《はばか》らなかった。ところが、どうか。日本のNYK船が、邦人避難客を乗せて祖国に向い、マルセイユ港を出帆した直前に、ドイツの爆撃機が十機ほど、パリの空に突入した。わたしは、セイヌ河の上に水柱の立つのや、ルノー工場や河畔の民家が爆弾で半壊されるのを目撃した。わたしは、パリの郵便局に駆けつけ、フランス文で書いた情報電報を差し出すと、検閲官が、それを読み、「これではいけない」といって書き直しを要求した。困ったわたしが「それじゃ、どう書けばいいのですか」というと、この検閲の役人は、「ドイツの爆撃機は、非道にも、パリの学校や教会を爆撃し、数人の犠牲者を出した」という「官製の電文」起草をわたしに暗示しつつ強要した。

その後、戦局は急速に進展し、パリ紙が「敵は、まだパリから程遠い地点で食いとめられている。

敵がもしパリに迫るとしても、まだ一週間後であろう」という新聞報道を出していた。その頃、お人好しのわたしは、フランス「御用新聞」に、まんまと騙され、大失敗を演じた。というのは新聞検閲官の一人だったアグノーエルという、かつて外語のわたしの恩師から泣くように頼まれ、ルノー小型車で、彼の荷物を南仏に運ぶため、彼と共にパリを出たことである。新聞記者として、わたしは、全く落伍者であり、読売本社から「卑怯者恥じろ」という「叱責電報」をもらって、地だんだ踏んだ。

政治家や軍人が故意に、あるいは騙されて誤った無責任な情報を流すのと、新聞人が報道にウソを盛りこむのとは、同様に罪深いものだが、大島大使にしても、暗号文が打てるし、われわれのような検閲はない。わたしは、ベルリンでも、パリでも、検閲官どもの注意を外らしながら、真実を伝えることに苦心したが、所詮無駄であり、心ならず、下らぬ電報を打たされた。自由を失った特派記者、全く因業な職業だと思った。

さて、沼田さんの話に戻るが、沼田武官は、パリ陥落の日が迫った頃、パリ在住の邦人を集め「フランス人は愛国心が強く、パリ市民は、必ず彼らの首都パリを死守するであろう。そのため、このパリは、間もなく、血みどろの市街戦の舞台になる」といった。

これは、パリに住む同胞への親切な警告であったが、全く的外れとなり、パリには、仏軍や市民による何の抵抗も見られなく、ドイツ軍は、堂々勝利者の笑顔で、パリに入城した。

ともあれ、見透しや予想の誤りなどというものは、神ならぬ人間の犯す過失であり、予期していたことが外れたり、「予言」が逆な結果になるとしても、それ自体大したことではない。ただ、わたしがここで問題にしたいのは、自由に無検閲で打電の出来る権力側の外交官や軍人が軽々しく「予言」

したり、次に来る戦局の推移なり、勝敗などについて、聖者らしく傲然《ごうぜん》と断定的に、不遜な態度で語り、中央政府にへつらって恥じないことである。推薦されて大使になったり、武官になって外国に来ていた日本人は、すべて官僚型で、文化を蔑視し、専門知識という狭いワクの中で物を観る。ひとつの国の消長、とくに戦争になったときなどの、その勝敗の帰趨などは、多角な原因を縦にも横にももっているものであり、そこには微妙な心理的作用もあり、また偶然な突発事件の影響もある。武器の優劣とか、経済力の多少で、勝敗を判断することは、重大な条件であろうが、そればかりですべての運命は決しない。

わたしは、戦後になって度々ヨーロッパに旅行したが、フランスの親友からもらった『パリ解放』という著作を読んで、戦時中、フランスにいて、フランスを観察して、いい気になっていた自分が、いかに軽佻浮薄《けいちょうふはく》で、愚かで、誤った観測ばかりしていたことを染々《しみじみ》と知らされた。この書には、抵抗派の作家モーリアックが序文を書いているが、ドイツ軍の電撃で敗れ、意気消沈していた大部分のフランス人の「だらしなさ」だけを観ていたわたしは、この民族の歴史に持っている強烈な「抵抗精神」の何物であるかを深く知らなかった。モーリアックの序文には「パリ解放は、全く奇跡であり、フランスの一般市民たちも、このパリが、地下に隠れ、山岳地帯に姿を消していた『レジスタンス』の人たちの凄い力闘で、解放されるなどということを夢にも想像していなかった」と書いてあったが、まして、外国人記者であったわたしなどに、そうした眼に見えないレジスタンス運動が、いかに根強く執拗《しっこ》く、強力に潜在していたというようなことを知る由もなかった。かつてフランス革命で血を流し、その後、七月革命や二月革命で、個人の自由を護りぬくために終始激闘し、辛抱強く抵抗しつづけた歴史を持つフランス人の血の中には、現象面だけに捉われ、それに騙されている新聞記者などに解し得られない「底」のものがあったのだ。

個人の自由、その個人に繋がる妻や子や、両親兄弟の平和と幸福を獲る当然なエゴの精神だけが、真の抵抗となって燃え上がるのだ。「大義名分」とか「忠君愛国」などという抽象的な喧伝は、盲目的な多くの民衆を騙し得ても、それは一時的であり、彼ら庶民のエゴを権力や金で奪うことはない。あァ太平洋戦争！　その敗因の根本原因は、権威に弱い同胞が「個」の自由という「底」にある自然なエゴを圧殺され、それが一時的であっても全く無視されていたからである。

勅任官は一等へ　お偉方続々上船

昼は読書、夜は思い出の日記の起草、そうしたのんびりした船の旅がつづいていたが、間もなく「プルス・ウルトラ号」は、ナポリの港に着いた。とたんに、ここで、日高大使、加瀬公使、三谷大使、岡本公使、海軍の阿部中将といった「お偉方」が、どやどや乗りこみ、新聞関係では、「朝日」の渡辺紳一郎や、衣奈多喜男などが上船してきた。彼らはみな、スイスやフランスやドイツあたりから落ちのびてきた連中であろう。これで全部かと思ったが、間もなくローマにいた日本人のカトリック聖職者までが加わり、船はいよいよ賑やかに煩《うるさ》くなった。

スペインを船出した頃、われわれイベリア半島組の民間人が、率先して実行した船内の極めて民主的な平等主義の秩序は、ナポリ上船組の闖入以来、たちまち崩れ、ナポリで上船したお偉方から「勅任官」だけを特別扱いにしてくれとの要請があった。戦争に敗れて、旧体制、旧秩序の運命さえ分からない今日、「勅任官」もくそもあったものではない。われわれイベリア組の委員は、この甘ったれた旧官僚の態度にムッとしたが、ひとりの書記官らしいのが、平身低頭「多くを要求しません。せめて、勅任官の方々だけ、一等船客の特別食堂のメーン・テーブルで食事をするよう、御配慮ください」と懇願した。不機嫌な表情を示しながら一人の委員が、「仕方ない。もう勝手になさいよ」とぶっきら棒にいっただけでケリがついたが、書記官は、船客の六十余名が犠牲的に暗い四等船客として、飯場さながらの船底食堂で食事していることを聴き知って、いくらか気兼ねしたらしく「四等の方も、順を決めて一人ずつ一等食堂にいらっしゃるように……この件よろしく」といった。くそ面白くもないと思ったわたしは、ある日、自分の番だといわれたとき、依怙地になってこの一等食堂行きを断った。

「勅任官」という久々に聴いた妙ちくりんな言葉が、わたしには何だかよく分らなかったので、隣にいた外務省のお役人に聴いて見ると、この官位は「勅令」とかいうもので叙任された、一等とか二等に類別されたお偉い役人のことだという。敗戦という冷たい現実に直面しながら、なお依然として旧秩序の中に温存された官位に、まだ誇りを感じていたらしい特権者たちは、一等客として特別な美食にありつこうと思っていたらしいが、それればかりでなく、革命的になっていた市井の記者や野人たちと卓をともにしたくなかったのである。この旧閣下たちは現実に背をむけ、一瞬時も永く敗戦前の幻影にひたっていたかったのだ。

ドイツ・ナチスの敗北原因が、彼らドイツ人の「官僚主義」にあったのと同様に、日本の敗れた原因の根源は、こうした「官僚的秩序」というよりはむしろ、その根性にあったのだ。わたしは、この船で、「勅任官グループ」や、その配下にいた外務省や、陸海軍のお役人たちとはつかず離れずにいたが、相手、とくに「旧大物」は、わたしの接近を避けていた。

ナポリを出て、幾日かの単調な航路がつづいたが、船上の邦人の大半が、誰一人として真面目な会話や、議論をせず、日本の置かれた悲惨な現実を忘れようとして、ただバカな、ナンセンスの談義をつづけ、マージャンをやり、碁、将棋に明け暮れ、それに倦くと、バーで飲んでいた。無責任者の自己防衛戦術か。

何もすることはない。そして金はある。とすれば、気分のすりかえで、遊ぶより外に途はない。しかし、酒はあっても女気は全くない。とすると、自暴酒《やけ》と賭博に憂き身を窶《やつ》すより外打つ手はない。批判するエスプリと、憤怒する気力もない。明治と大正の男どもは、この船の中で、無責任な空虚を愉しみ、「精神の惰眠」をつづけていたのだ。彼らは絶望感も、抵抗感も持ち合わせない人たちであった。賭博や一切の勝負事に、むかしから何の興味を感じたことのないわたしは、この船を賭博場にし、動物的にゲラゲラ笑って語り合っている同胞たちを、全く次元を異にした「特殊民族人」の集まりだと思った。彼らもまた、わたしを異邦人だとし、自閉的な変り者として観ていたようだ。

この船上で、何も考えたがらず、憤ることも、批判することもなく、ただ、賭博、飲酒、漫談で時間をつぶす類の人間のことを、ジイドは「アラブ的だ」といっていた。『狭き門』の著者ジイドは、アラブ族の住むチュニジアや、アルジェリアにしばしば旅していた。彼は、このアラブ的な生き方、つまり人間関係に複雑さやすべての苦悶から自らを巧みに疎外させ、金のある間は、怠けて暮らし、音楽や賭け事を楽しんで、ぼんやり呑気に暮らすといった生き方を「人間の知恵」としているアラブ族のあり方を観察していたが、彼はこのような享楽主義を蔑んでいなかった。南スペインの住民も、地中海沿岸のイタリア人も、バルカンやトルコあたりの住民も、多少に拘《かかわ》らず「呑気にボンヤリ苦悩を避けて暮らす」人たちである。ところが、いわゆる西欧（独仏英）の人たちは、おしなべた抵抗人であり、批判者であり、その上、征服欲が旺盛で、戦争ばかりやり、徒に対立抗争する一方で、文化創造のためにつねに前進型の現実をもっていることを誇りながら、そのため、様々な苦悩と四つに組んで藻掻いている。

ジイドは、前述のような呑気なアラブ的生き方と、闘争と対立で明け暮れる西欧的な生き方の人間とを比較し、どちらかをより賢明とするかは問題であると結論していた。わたしは、ひねもす酒を食らい、考えることを避け、ジャラジャラとマージャンを続けている同胞の一群を傍で見ながら、この連中が「ずるいアラブ型」の人間のように思えた。

トルコから灰燼のベルリンへ　フォン・パーペンと日本大使

船は、二月五日の夕方、ハイファの港外についた。アメリカの貨物船や、英国旗をかかげた船があちこち数多く浮かんでいた。この港で、栗原大使以下のトルコ組三十三名が乗船した。

あァトルコ！　わたしにとって何と思い出の多い国である。戦時中、トルコの旧都イスタンブールに約一年間も滞在し、中近東における米・英軍の動きを打電しながら、ドイツ軍がスターリングラードを攻撃し、コーカサスのバクーに出、バグダッドあたりまで兵を進め、当時印度洋に出没していた「無敵日本軍」と出合い、ここで両軍互いに握手し、戦勝を祝し合うといった劇的な場面を報道させようという読売本社の命に服したわたしは、今にして思えば、この地で約一年間、空しい待機をしていたのである。何と呆れた夢譚である。

だが、日本は当時、印度洋大作戦を決行させ、全アジアの覇者たらんと意気込んでいた。秋山邦雄などという中佐は「インドとオーストラリアを押えれば、敵は降参する」とラジオで放送し、いい気になっていた。そして、日本の新聞は、この印度洋作戦を「至妙なる作戦」とたたえ、世界的な大スケールで行われるこの作戦の勝利を「確信」していたらしい。足許《もと》を見ない何たるメガロマニアの幻想！

わたしは、船上で久しぶりに逢った栗原トルコ大使を見て、トルコ時代の珍奇でドラマ的だった、さまざまな思い出に耽った。わたしは、帰国してから、奇縁でめぐり合ったトルコ娘との恋（？）の思い出、その冒険を綴った『とるこ物語』（竹内書房、昭和二十二年）という書物を出版したが、わたしにとって、このトルコ滞在は、いろいろな角度で大きなプラスであった。大島大使についで、大のドイツ崇拝者であったこの栗原大使は、外務省での積極的戦争推進派であり、枢軸精神の権化であった。

彼の下で働いていたフランス通の鶴岡千仭君は、当時、たしか二等書記官であったが、彼は、この大使を全く無視し、わたしがトルコの首都アンカラを訪ね、駐トルコ大使をしていたドイツの「大物」政治家の一人、有名なフォン・パーペンにインタヴューを申し入れたとき、鶴岡君は皮肉な微笑を浮かべ、「栗原大使に頼んでもダメですよ。わたしが案内して、直接パーペンに紹介しましょう」といった。パーペンは、かつてヒットラーの下で、副宰相までした政治家であったが、ヒットラーから嫉視され、ついに左遷されて、トルコ大使になっていた。パーペンは、わたしと膝つき合わせて率直に語り、比喩的で、間接で、ニュアンスのある言葉で、表現したとはいえ、かなり辛辣に、ヒットラー総統の無謀な政治、その戦略を批判し、ヒットラーが有能な人物を排除し、国を誤らせる危険な方向をとっているとまでいった。わたしの眼に映じたパーペンは、聡明で、幅があり、エスプリに富み、ドイツ人としては稀な異色の人物であった。約一時間ほどパーペンと懇談したが、彼とわたしの対話は、ヒットラーが派遣したお目付役の監視の下で行われながら、パーペンが周囲を怖れず実に落ちついた勇気で語ってくれたのに驚いた。わたしは、デッキの上で誰やらと雑談している栗原大使のソワソワした顔を見ながら、パーペンと彼を対比し、日本外交のみじめさが人間の貧困にあると思った。

わたしとの会見を終ったパーペンは、別れの握手を交わしたとき、「あなたのような大新聞記者は、今日、わたしが打ち明けて大胆に語った〝内輪の話〟を、それと察して日本に打電しないだけの配慮と常識を十分お持ちでしょう」といった。因業な取材記者への巧みな「釘打ち」である。「大新聞記者」などとおだてられ、この千載一遇の「特種」ともなるインタヴューが、職業的には全く目的を果し得ないものとなったことを内心残念に思いながらも、何ともいえない感激で、胸が詰まるような思いがした。ドイツ大使館の玄関を出て庭を歩いていたとき、鶴岡千仭君は、微笑しつつ、わたしにいった。

「どうです。『大物』でしょう。うちの大使（栗原）なんかと比較になりませんね」

（フォン・パーペンは、後日、ニュールンベルグ裁判で無罪にされている。今後、歴史は彼をどう評価するかしらないが、彼は自分の良心をまげなかった稀な人間であった。）

アンカラの大使館では、この栗原大使からも、戦局についての子供染みたコッケイな「予言」の数々を聴かされたが、この大使の希望的予言は裏切られ、一九四二年の夏、史上の最大激戦の一つになったスターリングラード攻防戦で、三十三万のドイツ軍が包囲され、翌年四十三年の一月、ドイツ軍の司令官フォン・パウルス将軍は、残兵九万とともにソ連軍に降伏した。わたしは、スターリングラードがヒットラー軍の大敗北となったため、日・独両軍のバグダッドでの劇的握手などという途轍もない大きな夢が破れてから、トルコ滞在が無意味になり、イスラム教のミナレ（尖塔）の白く聳《そび》える美しい古都イスタンブール（昔のコンスタンチノープル）を後にし、ソフィアを経て、暗いベルリンに帰った。

スターリングラードでの悲劇的敗北以来、ヒットラーの「神通力」は無に帰し、ベルリンに残った老人や、病人や、娘たちは、水のうんと混じった薄いビールを寂しく飲み、食糧の欠乏した、この散文的で、憂欝な都で、ヒソヒソとヒットラーやゲベルスやらの悪態をつき、風刺的でエロ味のある小噺でナチス政権を漫画化しているただ中で暮したわたしは、街を彷徨しつつ、飢えた多くの売笑婦が、ひと握りのコーヒーで身を売り、月夜など、彼女らが白い大きな尻をまくって、往来で男と抱き合って売春している光景を度々みせつけられた。

ある夜、ビーヤ・ホールに行くと、中年の一人のドイツ女が、ヒソヒソとではなく、あたりの人たちに聞こえよがしにいった。

「ヒットラーは、毎夜、狂人のように呶鳴り、部屋をころげまわり、絨毯を噛んでいるのよ。この男はインポテントだといわれていますが、それは〝神様〟ぶりたいための宣伝だわ。眉唾ものよ。ただひとついえるたしかなことは、この聖者ぶった男が、吸血鬼だということよ。」

この頃、ベルリンのとある「秘密クラブ」で「デッサン」のコンクールが催されたとき、その一等当選者にされた画家は、大きく丸い臀部を描き、その中心、肛門の前に、クモの巣を張っているデッサンを描いた。この絵は、たちまち大拍手で迎えられたというユーモラスな話を聴いたが、食糧がなくなり、ベルリン市民の臀部から、もう汚物が久しく出なくなったという、いかにもドイツらしい辛辣な表現であった。

この頃から、碌なことはなかった。英機による爆撃は激しくなり、毎夜至る処に赤い焔が上がり、ベルリンのユウウツな夜空は、いつも灰の雨だった。一刀両断近藤勇の白刃を謳歌していた大島大使も、ナチスの勝利を妄信していた栗原大使も、大言壮語する多くの帝国陸海軍武官たちも、何を考え、何をしてたのだろうか。三島という純情な陸軍中佐は、「日・独は負ける」と口にはいわなかったが、さとくも敗戦を予感し、毎晩大酒をくらい、千鳥足でベルリンの料亭に行って、婦人や制服ドイツ将校の着席してる前でMボタンを外し、〝逸物〟をぶらりとつきだし、バンザイ！バンザイ！といいながら絶望の露出珍芸を見せていた。

ヤケの勘八　男だけの遊蕩クラブ船

船がポートサイドの入港したのは、二月六日であり、このあたりからもう何となく、東洋の気配がした。港には、多くの船舶が浮かんでいたが、それらの船のうち、米・英の国旗をひるがえした軍艦が、われわれを監視しているように思えた。

「あァ、日本も船のなくなった海運国になり下がったわい」と誰かがデッキで囁いていた。すると、そこに居合わせた一人の外交官らしいのが、「何、心配することはないよ。戦争には負けたが、ときの運というものさ。日本は、フランスの倍ぐらいの人口があり、勤勉に働く日本人の数が物をいって、必ず復讐するよ。復興するのは案外早いよ。いまに見ろ」といった。

この外交官は、内心もう一度太平洋戦争をやって見せるぞといった気構えで、拳を握って反り身になった。船客は、敗戦のショックと不安で、急に物欲が旺盛になっていたらしく、船がポートサイドの港に入ると、誰も彼もが、このスペイン船に近づいてくる小舟の商売人を相手に買い物をはじめた。とくにお役人たちとその家族は、血眼になって、やたらと物を買い漁っていた。

わたしは何も買わず、じっとこの「買物狂」の同胞が騒ぐのを見ていたが、お役人どもは相当の「隠し金」を持っていたらしい。それというのは、在外の日本役人は「ディプロマティック」（外交官用）という特別な旅券を持っていて、越境の時、彼らの荷物は無検査であり、この特権でヤミ外貨や物資など自由に手にはいるし、事実、それによってお役人も軍人も、公然と、同時に、コッソリ合法的〝いかさま〟を演じていた。某国駐在の某公使などは時々、書記生を旅行させ、国境を越えた先の隣国で、ヤミ外貨紙幣を、たんまり買わせ、それをスーツケースに詰め込んで戻らせていた。こうした特権悪用の不法行為も「パスポート」持っていればこそであり、彼らは、百パーセント保証されているため、この連中の〝いかさま〟は生命を賭してやるヤクザのそれより卑劣であった。濡れ手に粟のこの手で、在外日本のお役人たちは、儀式の時だけ神妙に、「君が代」を歌い、天皇への忠誠を誇示しながら、影では、何をやっていたか分からない。

トルコからベルリンへの帰路、わたしは、枢軸派の公使に逢うため、ルーマニアの首都ブカレストに立ち寄ったが、わたしの知人だった公使館の一館員が、ベルリンに行くわたしに、耳打ちをしていった。

「この国では、ドイツのマルク貨が、闇で紙屑みたいに安く買えますよ。あなたにも、買ってあげましょうか」

こういわれて、わたしもいささか誘惑されたが、わたしの旅券は魔力をもった「ディプロマティック」ではなく、また、たとえ国境で自分の新聞記者証を見せたところで、何の御利益にもならない。もし国境で、ヤミ・マルクの詰め込まれたスーツケースを開けられたら最後、どんな懲罰をうけるか分らない。わたしは、公使館員にいった。

「ダメですよ。あなたがたのように、公然と紳士的行為の出来る『外交官パス』というヤミ武器をもたないんです。それればかりかわたしには、そんな冒険をする勇気がないんです」

わたしは、国境税関で吏員にチップを握らせて、荷物を無検査にするぐらいの術策は知っていたが、誘惑に負けず、正常に、平凡に越境して、ベルリンに戻った。このヤミ・ルートで肥り、もうけていたのは役人ばかりでなく、われわれ日本人の記者や、文化人(?)の中にも、相当インチキなのがいて、彼らは、仲のいいスレッカラシの外務官僚などと巧みに結託して、魔術的「外交パス」に便乗していろいろな手を打つ術を心得ていた。

戦争も末期になった頃、ドイツの女たちが渇望していたのは、食糧の次に、何はさて、靴下であった。ブラジャーやコルセットは、もう贅沢品であり、靴下を紙の「撚《ね》じ紐《ひも》」でヘソ上に吊している女もいた。こうした困窮時代のどん底で、ベルリンにいたあるインチキ・ジャーナリストは、クリスマス前の彼の誕生日に、多くのベルリン娘を招き、外交官と組んで秘かに買いためた外国製の絹靴下を、たくさん、場所もあろうにクリスマス・ツリーに結びつけて娘たちを誘惑し、同じくヤミ輸送によって入手したコンニャク酒やシャンパンを女に飲ませて半裸にさせ、まるでネロ帝のように、どんちゃん騒ぎをやっていた。隣人の不幸、その困窮に乗じて大尽遊びをして、金品をひけらかす趣味、正に現代のサド・マソヒスムといおうか。この頃、わたしと親しくしていた一人のハンガリー人の記者は、ある日「戦争という合法的暴力時代だ。貧乏国で遊べ」といっていた。混沌時代における「遊び甲斐」の人生哲学か……。

こんなことを考えていたとき、船の舳先《へさき》のひっそりした一角で、一人の陸軍中佐が、彼の使用人らしい若者の前で、首に金ぐさりを幾条か吊し、高価な金側時計を六つ七つ見せていたばかりか、ひと握りの貴金属品をちらつかせながら、「オイ、まだまだ、いろいろあるんだが、日本に上陸するとき、これらをどう始末すべきか、そしてアメ公どもの眼を晦ますか、方法を考えているんだが、いい案はないか」といって項垂《うなだ》れ、思案していた。

女気はなかったものの、この船の中はたちまち大マージャン・クラブとなり、半ばやけくそになっている連中は酒ばかりくらい、このスペイン船は、大波に揺れていく「男くさい遊興場」になってしまった。困窮のどん底で苦しみ、のたうっている内地の人たちがこんな風景を見たら、何というだろうか。みなかなりの外貨を持っていたが、帰国すれば、おそらく、それは米軍から取り上げられよう。「金を残したところで意味がない。みな使ってしまえ！」と大声で騒いでいる手合もあったが、金をうんと持ちながら女郎買いの出来ない船であり、酒をトコトン飲んだところで、肝臓と胃に限度がある。しかしごく少数の船客は、マージャン、トランプ組に加わらず、静かに読書を楽しんでいた。わたしも、その一人であったが、この「引揚船」の日本人たちの九〇パーセントは、アラブ風の賭博症享楽派であり、思索することも、議論することも嫌い、珍香もたかず屁もひらず、彼らのエロ談義も、ただ好色風の下品で軽い「淫猥小咄」の域を出なかった。とはいえ、わたしにも放蕩癖はあり、酒も女も好きだし、いつも酒宴に列ったが、ローマンティスムなしの遊蕩、単なる時間つぶしの賭け事、哲学もユーモアもない人たちとの対話には堪えられなかった。でも、ただ一人、ポルトガルのリスボンから来た明大出のインテリ記者S君とは、時々、サルトルのことや戦後に世論を騒がした彼の「実存主義」などについて、染々と語り合ったことがある。

わたしは、パリでブルトンやマッソンやデスノスなどと親しくしていた関係上、ダダやシュールレアリスムの何たるかは大体知っていたが、サルトルが喧ましく宣伝しているという「実存主義」のねらいが何であるか確実には捉えられなかった。わたしの推察ではこのエキジスタンシアリスムも、別に新しい学説ではなく、おそらくマックス・スティルナアの「唯一者」の現代版でしかなかろうと思った。「実存主義」であろうと、何主義であろうと、この大破壊、大殺人、とくに「個人圧殺」の暗黒時代の終った暁に、一応「思想運動」として抬頭したサルトルの思考が、世論を刺激しているといったことは、フランスならではのことだと思った。ナチス・ドイツのナショナル・ソシアリスムにしても、それがトータリスムの政治的運動であった以外の何物でもなかったし、勝ち誇っているアングロ・サクソン族の米英にも、戦争の醜悪さを強く嫌悪し、それを唾棄し、それに反逆するような新しい思想や、エスプリの芽生えは見られなかった。まして、古代から今日まで全体主義で凝り固まっていて、しかも、そのため至る処に抜き難い「固定観念」の奴隷がウロチョロしている日本人社会に、堪え難い現実に抵抗するような「思想」などというものが創造されることは金輪際ありえないと思った。しかし、日本の友人からの手紙によると、日本の一部の知識人、村山知義、高見順、埴谷雄高、三好十郎などには、どこかスティルナア風の「唯一者思想」の傾向があるとか。果して、そうだろうか。日本に上陸してから、この辺のことも知りたいと思った。

いずれにしても、われわれ同胞、とくに日本のインテリ仲間に、この戦争敗北の真因を糾明し、日本のトータリスムがもたらした悲劇的ドラマを思想的に捉え、強烈過酷にそれを批判し、西欧をも含めた現代文明の「無力」というより、むしろその破算について、苦悶しつつ大胆率直な意見を述べるような哲人がいたかどうか、早く上陸してこのことを知りたいと思った。このようなことを考えながら、わたしはパリで親しくしたスティルナアの紹介者、絶望苦悶の哲人だった辻潤のことを偲び、このダダイストの生死さえ知らなかったため、なにか不吉な予感で、夜も眠られないこともあった。

第2章　日本の土を踏む

全世界を家にする人たち

幾日か単調な海上生活がつづいた。デッキで読書ノートをかいていた傍らで、かつて航空母艦「加賀」で艦長をしていたという阿部中将が、須磨公使と何やらむかし話をしていた。間もなく船はスエズ運河に入り（二月二日）、同胞は夏物をスーツケースから出し、軽い夏姿で廊下の掲示板を見ていた。〈コロンボ着二月二十四日〉とある。

わたしは掲示を読んでから、デッキ椅子に腰かけ、出帆前に受け取った多くの手紙をポケットから出してゆっくり読み直した。多忙のためまだ封を切っていなかった手紙の一本は、バルセロナでコルソンというスペイン人と同居していた日本の女性、かつてパリにいた工芸美術家の栗本とよ子からのものであった。手紙には次のようなことが綴ってあった。

「……長年の貴方様の御厚意、有難く一生忘れません。コルソンは『あなたのような方は田舎などに引込んではいけない。多くの人間のために、よい仕事をする人だ』といっていました。今は、ただ、貴方様や、日本人の皆様が、よい旅をすることを祈り、あまりにひどい姿で、さまよっていないこと

須磨弥吉郎駐スペイン公使と，中央はフェルナンデス・フロレス氏．(1943年11月，マドリド)

を祈るばかりです。では、どうぞ御大切に……」

わたしはこの書を読みながら、フランスからスペインに移って住み、工芸作品をつくりながら外国人との恋愛に生きぬき、あくまで孤独に強く「個」を守り抜いているこの日本女性の幸福を祈った。

二年ほど前に、わたしはロサリオと共にバルセロナに来て一泊したとき、この都の丘の上にあった遊園地チビダボの料亭で彼女と食事をしたことがある。この栗本さんは、染々とした表情でいった。

「あなたは、終戦になったら、やはり日本にお帰りになるでしょうね。でもわたしは、あなたが、いつ、どこで、どんな境遇にあろうとも、いつも周囲の人たちを明るく幸福にさせることの出来る方だと思っています……」と。

何故か、彼女のこの言葉を心に銘して忘れないが、果して、わたしはそのような人間なのだろうか？

栗本さんは、水々しく黒いオカッパの髪をかき上げながら、こんなこともいった。

「わたしは、工芸で自活してきましたし、今、スペイン人の事実上の妻となっていますが、国籍のことなど考えたことはありません。愛し愛される人と一緒に暮し、周囲の人たちと楽しく生きられれば、そこがわたしの祖国です。国境、戦争、国家、そうしたすべてが、わたしたちにとって、全く無縁なものです。わたしはもう、日本人でも、スペイン人でもなく、一人の自由な人間なのです」

わたしはこの日、輝く美しい地中海の海面を見ながら、栗本さんの活々とした幸福な顔を見た。狂った世界を相手にせずに生きる。そのため、たとえ世界が栗本夫妻を相手にしなくても、静かに幸福に生きられる。いかにもセルバンテスの国らしいニヒリスティックなのどけさである。それと比べて、人間関係が徒に複雑で国家のきずなの紐でしばられている日本……、そして弱くて卑怯な自分の現在のあり方、矛盾だらけの妥協の中にただ沈湎《ちんめん》して生きてきた自分を見つめつつ、全く情けないと思った。というのも、わたしは妻帯者であり、一人の娘の父親であり、その妻子が日本に生き残ってわたしの帰国を待っているという紐つきの人間なのだ。性格的にはいかに放浪者であっても、わたしは東京の大新聞社に宮仕えをしてきたのだ。そして、たとえその宮仕えが、他の職業人と違ってのんきなものであったとしても、敗戦の日本に帰る身となったのだ。

このようなことを思いながら、ポケットにあった日記兼ノートブックの一頁をひらいて見た。そこには、マドリドでわたしの家を訪ねてきたレジスタンス派の一人のフランス青年からもらった、フランス抵抗派の秘密出版物に出ていた記事がある。仏文のままでは危ないので、わたしは邦訳して捨てたが、その内容は、かつてノルマンディのアトリエで親しく語り合ったことのあるフランスの有名な画家ヴラマンクの詩であった（この詩は、一九三五年に書かれたもので、戦争勃発後、フランスの秘密ラジオによって放送されたものである）。

わたしは何物でもありたくない
フランス人にもイギリス人にもなりたくはない
わたしは、何でもない「無」でありたいのだ
単なる一個の人間でありたいのだ

栗本さんの言葉といい、このヴラマンクの詩といい、裸になった人間の真実の声であり、純粋な人

間のみがもつ感情披歴である。だのに何故、人間は集団主義と戦争のはずかしめの中に巻きこまれるのであろうか。

船がコロンボ港の沖に泊まったのは、二月二十一日で、われわれの「プルス・ウルトラ号」はこの港で石炭をつむため、数日を過ごさなくてはならなかった。

怪物榎本桃太郎の数奇な運命

毎日新聞の戦時中の特派員、榎本桃太郎が風の如くパリに現れ、わたしたちパリ在住の記者団と一緒になったのは、ナチス・ドイツ軍によってパリが占領された直前、全フランスの大動揺時代だった。この榎本が、「プルス・ウルトラ号」の船客の一人だった奇縁に驚いたが、彼は、イスタンブールで一緒になったハンガリーの婦人と、二人の間に出来た混血の赤ちゃんと三人で、ストックホルムを去り、われわれの船に乗りこんでいたのであった。ところが、船がコロンボに着く直前、この碧眼の赤ちゃんが急に病気になり、碌な船医もいない船だったので、榎本は妻君と子供と共にコロンボで下船せざるを得なくなった。後日知ったが、この不運な赤ちゃんは、我々の船が出港した二月二十七日に病院で死んでしまった。榎本夫妻は、幸いにも英国官憲の特別な配慮で、次の船便があるまで、インドに滞在することを許された。

その後、彼の消息を知る由もなかったが、わたしが日本に戻ってから数ヵ月経った頃、はしなくも銀座でハンガリー婦人の彼の妻君に出逢い、喫茶店で彼女と語り合ったことがある。この婦人は元伯

爵夫人だと自称していたが、わたしが彼女に「どうです、日本での生活は?」と訊ねると、この伯爵夫人は流暢なフランス語で、

「日本も、日本人も大嫌いです。わたしは日本のタタミの上の生活というものに、強い反感をもっているんです。タタミは全くいやです」といって、ひどく日本を呪詛《じゅそ》して、坊主憎けりゃ袈裟まで憎いといった調子だった。そして彼女は、夫君である榎本のことについては固く口を噤み、ひどく憂鬱な顔をしていた。その後、かなりの月日が流れてから、ある日、有楽町で偶然逢った榎本の知人の一人「毎日」の記者が、榎本について、次のような驚くべきニュースを伝えた。

「榎本は、何やらインド人と事業をはじめ、巧みにインドに脱出したらしいですが、それがなにやら訝しい事業で、みな心配していたんですよ。ところが最近、彼がインドの一角で自殺していたという話を聴きました……」

榎本の自殺? わたしはひどく驚いた。若い頃から彼はバクーニンに心酔した革命的な闘士であり、世界を股にかけての冒険家であったと聴いていたが、多面、生き馬の眼をぬくような利口ものであった。その彼が自殺する……彼らしい最期であり、同時に最も彼らしくない死に方のように思われた。彼は、パリの陥落した頃、忽然と姿を現したが、このとき、どこでどう拾ったのか、眼の覚めるほど美しい金髪の若いドイツ系の麗人と自家用車で一緒に旅していた。フランスがナチスに敗れた直後、われわれ日本人記者団が、落ちのびていた南仏ボルドオを去って、ドイツ軍に占領されてしまったパリに戻るとき、謎の金髪美人、ドイツ娘は、つねに榎本と共にあり、彼女は占領下の仏国内地方諸都市に屯するドイツ憲兵に直接接衝し、われわれのために通行許可の検印をもらってくれた。

この得態の知れない水際立った怪美人は、一体、何者であったのだろうか？　また、わたしがトルコのイスタンブールに特派されていたとき、当時の朝日新聞特派記者前田義徳と共に、榎本も一緒だった。当時、榎本の妻君、前述のハンガリー婦人は妊娠していたが、彼は運悪くスパイとして睨まれ、トルコ官憲に捕らえられて国外に追放された。わたしは、トルコのイスタンブールに残っていたハンガリー婦人にたのまれ、榎本のいたブルガリアのソフィアに度々連絡電話をしたことがあるが、彼は、スパイ扱いにされるだけあって、国際新聞人としては、異色の天才的「探り屋」であり、流暢なアメリカ語を喋るばかりか、独・仏語にも通じたポリグロトであった。また、ニュースを嗅ぎ出し、打電することも素早く敏腕で、スマートな記者であった。しかし彼の日常生活は異常であり、同業者としてわたしは可なり親しく交際しながらも、彼は私生活については一言も洩らさず、風変わりな謎の人物であった。フランスでわれわれが見たドイツの金髪美人も、イスタンブールで紹介された、彼の「恋人」ハンガリーの旧伯爵婦人なる女性も、正体のつかめない不思議な女性であった。

博徒、酒顛、色情漢の檻

コロンボ港を後にした「プルス・ウルトラ号」は、油を流したような重いヌラヌラと光る印度洋の海上を、東へ東へ進んでいた。われわれの船中生活はやりきれなく単調になり、賭博組も、酒くらい組も、好色組も、このボロ船の〝檻〟の中で、荒れを見せはじめた。ヨーロッパの各地で、金髪や、栗色髪や、アカジュー髪の白い〝恋人〟と別れてきた者は、とくにこの箱詰生活の物憂さ、強いられた禁欲のため、盛りのついた犬のようになり、つまらぬことで絡み、喧嘩腰になり、皿やビール瓶を投げ合い、ときには刃物をかざして争い、白シャツを鮮血で染める者もいた。

わたしも、いささか読書に倦《う》いて、時々かいこ棚からぬけ出て、呑ん平のいる船室をあちこちと尋ね、彼らのキャビンをバーにしつつ〝はしご〟で飲むようになった。ある日の夜、コンニャク、ウィスキー、ウォッカなどをメチャクチャに飲みつづけたわたしは、ひどく酔いしれながら、自分が翌日の朝目覚めたとき、かいこ棚ベッドにちゃんと間違えずに戻って寝ていたことに驚いた。しかし、どこをどう歩きまわり、だれと飲んでどうして帰って来たのか、この間、八時間ぐらいの自分の行動についていっこうに記憶が甦らないのを不審に思った。もちろん、多量に飲んだアルコールの作用だろうが、はじめて経験した完全なる記憶喪失である。

パリにいたとき、辻潤が「洋酒は、飲めば飲むだけ、理性的になる」といっていたが、それは、ある程度の量の場合である。マドリドでカルロス・キントというスペインのコンニャク酒を飲み、一本飲むと記憶と神経を麻痺させ、自分の名さえ思い出せなくなるという強力なマンザニーヤというアペリチフ（食前酒）をひとりで飲み干したこともあるが、千鳥足になる程度で、スペインの女たちから「肝臓のひどく強い男」だといわれたこともある。ある冬の日の深夜、例によって千鳥足で街を歩み、二、三度溝に落ちやっと家に帰ってぐっすり眠った日の翌朝、咽喉をやられ、完全に唖になって、発声が不可能になったことがある。女中に筆で書いて伝言し、医者を招んでもらったところ、医者はわたしにいった。

「ダンナは、このマドリドが、海抜千メートル以上の高原だということを忘れています。夜更けてから深酒のまま歩くなんて無茶ですよ。もっとも、この発声機能中止、この地の風土病のひとつですが、注射だけで癒りますよ」と。注射してもらった後、半日で、わたしの一時的な唖は療ったが、これもうまれてはじめての体験であった。

さて、このスペイン船で、洋酒類を乱暴に痛飲し、記憶完全喪失という経験をもった日の翌日の昼、船内の飲み友達から聴いて見ると、わたしはひどく酔っていたが、外交官や軍人など相手かまわず食い下がり、「この阿呆な戦争の責任者は誰だ」とか、「天皇を廃位させ、共和民主制度に切り替えよ」とか散々喋りまくり、S陸軍中佐から「バカ者！　非国民！」といわれ、あわや組み打ちの大喧嘩になりかけたのを、みなで止めたんだという。また、わたしはキャビンを出るとき、「天祐とやらを信じて、バカな戦争をやった君たち官僚や軍人どもこそ『非国民』なんだ」と捨て科白を残して出ていったとか……。

わたしはこうした報告を聴きながら、酔っても、あるいは酔っていたために、むしろ正直に筋の通ったことを臆せず喋りまくったという自分について考えて見た。須磨公使は敗戦の直後、「僕は、皇居を奈良の畝傍山に移すべきだと考えている」などといっていたが、この船の中ではひたむきに黙って通し、正体も本心も曖気《おくび》にも見せようとしない「お偉方」は、この太平洋戦争について、あまり懐疑を抱かず、みじめな敗北をも〝時の運〟ぐらいにしか考えていなかったようだ。

榎本桃太郎と別れてから、船は、絶望者というよりむしろ虚脱されたような同胞船客のバカ騒ぎは別として、何の異変もなかった。が、マラッカ海峡にさしかかった頃、誰やらの発起で、妙な「演芸会」が催された。出演者は若い人たちだけであり、昭和三年頃に流行した「アラビヤの歌」とか、「酋長の娘」とか、大正時代の「籠の鳥」「枯れすすき」などを代わる代わる歌い、わたしもほろりとしたが、やがて一人の外務省の蒼白い男が歌った「愛染かつら」などは、わたしの全く知らなかった歌であった。これらの歌も、そのメロディも、アラブ調の甘いメランコリイのものばかりで、抑圧されあきらめつづけた、民族の慟哭のように思われた。

毎日、同じような航海がつづいた後、ある日、情報担任の委員が、日本からの電報を読みながら、大声でわれわれに報告した。「わたしたちはマニラで下船、日本船『筑紫丸』に乗り換えることになりました」と。まさに大海に浮かんだ盲目亀のように、何のニュースも得られず、占領された日本の近況、世界情勢、そうした一切から遮断され、つんぼ桟敷に置かれた私たちは、この下船報告で、いよいよ日本が近くなったという実感が湧き、不安の混じった妙な感激で胸が詰まる思いであった。

マニラ着、卒塔婆のようなマストの林立

三月十二日、船内の黒板を見ると、「朝八時コレヒドール。十時マニラ入港」とだけ書いてあった。盲目亀の同胞団は、あちこちでヒソヒソ話をしていた。「君は時計をいくつ持っているか」とか、「ダイヤをどうしよう」とか、「外貨の残りを婦人の腹帯か、着物の中に縫いこもうか」などと語り合っていた。将軍や、提督や、大公使たちは、ことさらに毅然とした表情を装っていたようだが、思いなしか、何ともいえぬ沈痛な面持ちで、マニラ湾に撃沈されて卒塔婆のようなマストを海面に林立させているあたりを淋しく眺めていた。

バルセロナを出帆してから五十日目、「プルス・ウルトラ号」はバターン半島の南からマニラ湾に入り、約三年間も激戦場となったマニラに着いた。

デッキから眺めた前方マニラの町一円の空も、陰気をこめ、寒々としていた。かつて「東洋の真珠」と謳われ、スペイン人の支配下にあって繁栄した歴史のあるこのフィリピンの大都市は、いま、墓場のように憂欝である。

ボロ船、「プルス・ウルトラ号」から降りたわたしは、久しぶりに土を踏む喜びで甦った思いだったが、やがて、この港の北の方に灰色の黒ずんで汚くなっている大きな船を見た。これが、日本からわれわれを迎えにきたというよりはむしろ「受け取り」にきた輸送船兼客船の「筑紫丸」であった。この巨船の胴体に「筑紫丸」と書いた漢字を読んだとき、戦きながらうれしくなり、「敗戦にも拘らず、まだ残った船があったのだ」と感激したが、この日本船は、荒らされた古戦場の海上に残されて浮かんでいる棺桶のように思われた。

ベルリンのわたしの宿の主婦、わたしと同棲したことのあるポーランド生れのドイツ娘マルタという女が、どこか遠いヨーロッパの一角で、「ヤマシタ！　ヤマシタ！」と呼んでいるような気がした。日本人のわたしや、山下奉文と同棲したという前歴をもったこの可憐な女は、いまどうしているか、どこかヨーロッパの収容所でひどい目に逢っているかも知れない。ドイツの将校の情婦となったフランス娘たちの一群が、レジスタンスの闘士やマキ部隊によって髪の毛を切られ、坊主頭にされ、両手を縛られたまま数珠つなぎになって、パリの巷を引きずり廻されている写真をイギリスの雑誌で見たが、「集団主義」に憑かれた人間の復讐心の醜悪さ、その非道さは、言語に絶するものであり、それが「文明なる」フランス人にも、半近代的野蛮人とされるドイツ人にも、天皇制の下に「世界の人を導く」と豪語していた日本人にも、悲しいかな共通な民族本能となっていまもなお残っているのだ。

あァ文明。お前は人間どもに、何を教えてきたのか。「日本人唯一の美徳、それは復讐である」といったのは、たしかヒンデンブルグだと記憶しているが、奥底を洗えば、集団となった人間、それがフランス人であろうと、アングロサクソン族であろうとドイツ人であろうと、すべて個を失った人間どもに共通な、醜い感情である。

フィリッピン軍司令官、終戦になってから戦犯とされ、後日マニラで刑場の露と消えた「英雄」山下奉文は、いま、地下のどこかで何を考えているのかと思った。

戦時中の軍人は狂人である。フィリッピンでスペインのカトリック僧（クラ）が日本兵によって数十人も殺害されたという記事をマドリドの新聞で度々読んだ。その他、中国やタイあたりでの日本軍人の残虐非道ぶりも歴史を汚したものである。タイでは、毎日、白人の捕虜をなぐる、けるで十四、五人殺していたという話も聴いた。

こんなことを考えながら、わたしは、ショボショボとした「同胞群」の間にはさまって「筑紫丸」に上船した。

あァ、新円

やがてこの「筑紫丸」のロビーに集まったわれわれは、日本から出迎えに来たという無表情で腑抜けのような役人や副船長から、いろいろ上陸に先立った注意や、日本の現状に関した報告を聴いた。彼らのうちの一人は、いった。

「この船は、ここから浦賀に直行します。浦賀では、米軍によって皆さんの荷物の検査が行われますから、船が海岸に着いても、上陸するまでは可なりの時間を要します。現在、日本内地の秩序は〝進駐軍〟によって維持されていますから、その点安心ですが、横浜も、東京も、荒れはてた廃墟になっているばかりか、戸外の電灯もまだ十分についていません。なるべく明るいうちに皆さんが東京に帰られるよう、これからは速度を速めてゆきます。それから、皆さんの所持しておられる外貨は、一時、全部、米軍当局から取り上げられます。この点、御承知下さい。次に『シンエン』ですが……」といって暫く間をおき、この得体の知れない「シンエン」について長広舌《ちょうこうぜつ》の説明があった。

「シンエン」というのは、一体何のことだろうか? 後で分かったが、「シンエン」という珍語は、旧円貨を別な価値の円に切り換えたための、「新しい円」のことであった。離れ小島のようなスペインで、敗戦の日を待ちつつ、沈淪《ちんりん》生活を楽しんでいた孤独のわたしにとって、このような「新語」が分かるはずはなかった。この妙ちくりん「新円」なるものは、後日、正体を知ったが、わたしたちが日本に上陸する直前の三月二日を最終日として、たちまち幽霊となって価値を失った元の十円以上の紙幣が使用禁止になってから出来た代物である(後で五円も同様の運命になった)。こうして日本人の手持ちの「現金」は、一人百円を残し、他の残金全部を郵便局や銀行にあずけさせたのである。これが強引な「封鎖預金」という名で呼ばれた金融上の荒療治であった。だが、一ドルの外貨一枚しか持ち合わせなかったわたしは、旧円に証紙の貼られた新円制度のことなど耳にしてもピンとこなかった。

困ったら草を食ってもいいと思っていたわたしは、ベルリンで十二箇のスーツケースを灰燼にしたときも、気軽になった思いがした。いま、持ってきた日常の衣服や下着や本や職業用のライカや油絵などの荷物でさえも厄介物のように思われた。瓢々踉々、無一物の生活の呑気さを願っていたわたしは、父母からもらった健康な肉体だけを自分の真の所有物だと考えていたので、騒ぎソワソワしている同胞がコッケイに思われた。

しかし、新円制度のおかげで、日本人は貧富を問わず、「みんな五百円で暮らせ」という日本政府の命令が本当だとすれば痛快だと思った。だが、われわれ同胞日本人のテキヤ的猿知慧は、世界無比であり、この一時的な制度上のからくりなど眼中になかろう。

「詩人に敗北なし」というアン・リネルの言葉を思い出したわたしは、新円論争をやっている同胞の顔を見ながら、「敗戦がなんだ」「新円がなんだ」と心でいった。事実、わたしは二十六年間の在欧生活で、金のこと、為替相場のことなどほとんど無関心であり得たという意味で、〝詩人〟であったかも知れない。

一応、船内に落ち着いたわたしは、やがて食堂に案内されたが、その食堂は収容所のように伽藍洞で、一点の絵もなく花もなく、敗戦国の落人を運ぶ船にふさわしかった。だが、欣喜雀躍《きんきじゃくやく》、大いに嬉しく、はずんで飛びついたのは、久しぶりの日本ビールであった。この瓶にはマークのレッテルがなく、にわかづくりの印刷紙片にただ「ビール」と印されているだけであった。レッテルはとにかく、ここで正真正銘の日本ビール特有なほろにがい味を味わったとき、さすがのわたしも眼底に涙を感じたほど嬉しかった。

天皇陛下の赤子だ、世界無比の国体だ、といわれてもちっとも愛国感情は湧かない。しかし、外人まで異口同音にほめる日本特有の美味いビールでも、これから存分味わえる糠味噌でも笊蕎麦でもかつぶしのかかった雑煮でも、そうした一切はわたしの本能的な愛国心に結びつく。その他、富士山の白姿、着物姿の日本女性、暖流の美、歌舞伎などのことを思うと、日本への限りない愛着を感じる。わたしの愛国心の抹殺者は、国を誤らした軍の首脳ども、偽善な政治家や御用学者、茶坊主的な存在などなどである。戦争は敗北となってケリはついたが、愛国を天下りで命じながら、その愛国心の崩壊者どもがまだウヨウヨと多く生き残り、隙に乗じ老獪な卑劣な手でまたひと役買って出て、またまた庶民の理性を眠らせ、神々を復活させるであろう。船の中にもそうした老獪者のお偉方が沢山いた。従って、武力による戦いは終ったが、国内のこうした権力妄者、かいらい的化物との戦いはこれからである。そして、この意味における戦争は、おそらく、最も至難の業だと思われる。

本土上陸まで後二日、突然のバカ・オーケストラ

食堂を出てみると、波に浮かんだ死棺のような黒いこの大船の中央、一段と低くなったデッキの上から、異様な音楽が妙な歌声と共に流れ出、それが慟哭のメロディといおうか、やけの勘八の狂躁楽といおうか、何やら苦しまぎれの排泄の後の快感のように鳴り渡っているのに驚いた。ビールに酔っ

たのか、素面の狂態なのか、とにかくこの騒音はこの船の若い水夫たちの一群によって奏された歓迎のオーケストラだったのだ。ブリキ罐や鍋や板をたたき、われわれを歓迎するためというより、むしろ彼ら自らの「うさ晴らし」をするためのバカ囃をやっていたのだ。彼らはおそらく、戦死をまぬがれた青年、旧軍人であり、動員されながら生き残った故の歓喜と敗戦の悲哀で、彼ら風の「絶望狂躁曲」を演じていた。わたしは、熱くなった瞼を転じて、北方、祖国の空を睨み見た。大空は碧く澄み、海は静かだった。このときわたしの隣に淋しそうに佇んでいた顔見知りの一人の外務省の若い役人が、わたしに話しかけた。

「いよいよ日本本土まであと二日になりましたね。日本は、どうなっているのかなア。どこもかしこも、荒れ果てた廃墟になっているでしょうよ。わたしたちの〝平常な生活〟(?)もあといよいよ二日……。日本に着いても、食べるものも、何ひとつないかも知れない。みんな、どうして暮らしているのかなア」

わたしは、彼に答えた。

「何もないかも知れませんね。しかし、幸いにも春ですよ。首陽山とかいう山にかくれていて敵のくれる粟などには手をふれず、ただゼンマイばかり食っていて、ついに餓死したという伯夷・叔斉のことを思い出しますが、日本には食べられる雑草がうんとありますよ。タニシもあり、貝類も多く、滋養になる草根木皮が沢山ありますからねエ。わたしは、ベルリンの西郊外や、パリのフォンテンブロウの森に群生していたワラビをとって食べていましたが、西洋人どもはそれを見て、はじめは笑っていましたが、戦争になって食糧がトコトンまで無くなりかけたとき、白人どもはわたしのところに来て、そのワラビの食べ方を教えてくれといってきましたよ。何とかなりますよ。御心配無用……」

お役人は驚いてわたしの顔を見ていた。

マドリドの新聞で知ったが、「日本では、握り飯ひとつ十円」とあった。あァ、その頃の十円がどれだけの価値を持っていたのか、そして、その後どれだけ跳ね上がっているのか、とにかく「握り飯」ぐらいにはありつけよう。

八千トンの「筑紫丸」は、三月十八日に船尾に日の丸をひるがえし、若い船員たちは戦闘帽をかむり、上半身を全裸にし、忙しく動きまわっていたが、間もなくマニラ港を後に出港した。時計を見た。午後四時半（マニラの三時半）であった。夕陽を浴びたコレヒドールを眺めているうちに、船は大海に出、勢いよく浪をきって北へ北へと進んだ。水夫たちは仕事をしながら、「赤い林檎に唇よせて……」という妙な歌を唄っていた。何と悲しいセンチメンタルな歌詞とメロディである。

わたしは、船内にあった日本の新聞をむさぼるように読んだ。そして、「筑紫丸」の副船長が上船の日に、わたしたちに説明してくれた日本の現状のことを思い出して暗い気持になった。敗れた国の実情はみな同じだ。「左翼の進出」「闇の横行」「物価のすごい上昇」「栄養失調」「夜盗やかっさらいの出没」「道徳の乱れ」などなど、すべて自発的でなかった戦争の破算がもたらした乱調のあらわれであり、ドイツの場合でも同様であった。こんなとき、人はやぶれかぶれでジャングルの中の野獣よりもさらに悪質、偽善な存在となる。

日本に上陸する前日の三月二十六日、わたしは船内の邦人有志に頼まれ、やむなく「筑紫丸」のホールで講演をさせられた。何故にわたしが講師に選ばれたのか、その理由は知らない。ホールには、先客の他に船の士官、船長、副官以下が加わって全部で六、七十人集っていた。わたしは、この日何を喋ったかよく覚えていないが、大体、次のような要旨を述べたように記憶している。

「われわれ日本人が、無分別な戦争に踏みきり、今日見るようなみじめな不幸な敗戦をもたらしたのは、われわれ同胞が、迷信と宗教を混同する封建人であり、個人としての独立精神も、批判精神もなく、考え方がいつも絶対で、全体主義的であったという弱さが根本にあり、それが権力者にとって巧みに利用されてしまったのです。とにかく、この戦争は、権力者が天皇の名で仕組んだものであり、庶民大衆のものでもなく、そこに自然発生的な何者もなかったということに、根本的なエラーがあったのです。国民は騙され、他方、少数権力者が言論の自由を圧殺し、非合理な惟神《かんながら》政治を喧伝強制し、正直な歴史研究者の説を歪曲させたばかりか、教育によって思想を統制し、国民を騙しつづけてきたのです。そうした意味で、この悲劇的敗戦は、必然当然だったと思うのです。ひと口にいってテキヤ的なウソの歴史によって、みんな踊らされたのです。政府が鳴り物入りで宣伝謳歌した日本歴史の二六〇〇年説など、わたしも騙されていた一人であり、パリ大学の卒業論文にこれを書いて、日本文学研究で有名なミシェル・ルヴォン教授に笑われました。『日本書紀』に書いてある年代が、六〇〇年ひき延してあったことを、戦前一部学界人は別として、誰も声を大きくしていわなかったし、国民もそれを知らなかったという事実など、呆れた話であり、国民をあざむいた著しい一例です。日本では、西欧のルネサンス以後に育ったような合理主義も、実証主義哲学も、科学精神も全くなかったのです。

明日上陸する私たちの日本は、いま、大きな使命を持っています。何よりもまず、この経済的苦境をいかにして乗り越え、飢えと住宅難などという先決問題と取り組み、それをどう処理してゆくか、そこからスタートしなくてはなりません。しかしこうした物質面での復旧は、案外早いだろうと思います。しかし、もっと真剣に考えなくてはならないのは、これまで国際的に視野を広くしていた自由主義の思想家や、弾圧され無視されていた自由民権論者などを再評価し、日本の歴史を書き直し、やがて急速に移入されると思われる新しい西欧の倫理哲学、科学精神（単なる科学技術ではない）を、日本の神話的『非合理』とどう対決させるかということです。

戦争には敗れました。しかし、断じてこれはわれわれ〝個人〟の敗北ではなく、民族の破滅でもないのです。われわれが、明日見る祖国はおそらく、惨澹たる廃墟でしょう。日本の政治も、経済も、おそらく教育までも占領軍によって支配され、われわれの自由は、外部的に失われ抑圧されていましょう。それは〝国家の国民〟〝天皇の国民〟としての崩壊でしかなく、個人としてエゴは健在です。これからの、われわれは、この戦争や敗北に全く責任のない子供たちに、新しい教育をし、彼らの人間性を別な方向に向上させ、〝国民の国家〟〝国民の主権〟を建立させるために立ち働くことだと思います」

わたしのこのような講演は約一時間ほどつづいたが、終わったとき、前閣下をはじめ、聴者はみな一応拍手した。この拍手はまんざら御義理ばかりでもなさそうだったが、いいたいことを率直にいっただけに、一部の人は真剣になって聴いていた。演壇を降りたとき、ローマにいた日本人の一人の若いカトリック僧が、わたしに近づいて固く握手し、「全く同感です」といった。この僧が何故わたしに握手を求め、何を考えていたのか知るよしもない。わたしは正直にいって、怖ろしい革命的なことを述べたのだが、日本の実態を知らない弱さから、すべてを抽象的に語らざるを得なかった。そして、わたしのいった倫理革命、つまり人間の考え方を変えようということは、おそらくユートピアであり、不可能へのあこがれであろう。

上陸第一日　米兵の前でストリップ

三月二十七日、午前六時起床、丸い小さな船窓から白々とした夜明けの海を眺めた。遠く春先の靄《もや》の彼方、灰色と薄緑を混ぜた祖国日本の海岸線の色、その背後の山々の起伏などを染々した気持ちで見た。この日、富士は姿を現していなかったが、湘南の海岸一体がほのぼのと霞んでいるあたり、日本独特の風景は、南欧の明快な色彩になれていたわたしには、なつかしくも印象深いものであった。八時頃、デッキに佇んでいると、タンクや兵たちを上陸させるための甲鉄の大型輸送船が、白い浪頭を切って、われわれの船に近づいてきた。間もなく日本語を喋るアメリカの士官らしいのが、兵卒をつれて「筑紫丸」の幹部船員たちに何やら指令を与えていた。

われわれの船は、久里浜海岸から約一キロぐらい離れた海上に碇《いかり》を降ろしていたが、わたしは、海岸に見える多くの人影の中に、わたしを出迎えにきた友人や親族がいるのではないかと思い、凝《じ》っと見つめたが、その人影は日本の労務者やアメリカ兵ばかりであった。暫くすると、どこからともなく一艘のモーターボートが現れ、「筑紫丸」に近づき、船のまわりを円を描いて一周していた。ふと見ると、そのモーターボートに乗っていた一人の男が、大声でわたしの名を呼んでいるのに驚いた。ボートが近づいたとき、よく見ると、読売新聞社外報部の中山千郷と彼の同僚であった。遠くて何も話は出来なかったが、出迎えに来た中山との接触で、わたしは自分の新聞社との最初のつながりが出来たことを嬉しく思い、安心した。

アメリカの士官の訓令に従い、われわれは三十人ひと組になった班をつくって、ボストン・バッグだけで下船し、鉄の上陸用小艇に飛び乗った。わたしは須磨公使の班に加わって、久里浜海岸につくられていたバラック建造物の前で上陸した。久しぶりに日本の土を踏んだとはいえ、若いアメリカ人の「二世」や日本人の雇員の案内で「ウェーティング・ルーム」とペンキで書いてある粗末な木造建築の中に案内されたとき、まだ日本に帰ったという気持ちにはなれなかった。ここでアメ公たちはわれわれをどうするのか、荷物の検査だけなのか、それとも一人一人に煩しい思想調査でもするのか。わたしは、炭火をたいた火鉢のあるバラックの小部屋で、刑務所にあるような木製の腰掛けに着席して呼び出しを待っている間、腹が減ったので持参して来た缶詰の肉と三つの握り飯をたべた。スリ硝子がはめてあるので外は見えなかったが、もう春らしく、小鳥のさえずるのが仄かに聞こえた。われわれは、一人一人、別々に呼び出され、その一人一人がどこかに消え去る仕組みであった。お互いの会話を遮断するためであろう。一時間半ほどまたされたが、やっとわたしの番がきた。一人の恰幅のいい「二世」と、しょんぼりした日本人の案内で右手の殺風景な広い部屋に入れられた。この仕事場のような大部屋には、四人のアメリカ兵がいたが、そのうちの一人は黒人兵で、他の一人は「二世」で、彼らはわたしを木の椅子に着席させ、用紙にわたしの住所と姓名と職業を書かせた後、持参したボストン・バッグの中味を丹念に点検しはじめた。黒人兵は「二世」の通訳で、

「君、外貨はどれだけ残っている?」

と訊ね、わたしの紙入れを調べていたが、一枚の皺だらけの一ドル紙幣を抜き取り、

「何だ、これだけか。どこかに隠してあるんじゃないか」

といった。側にいた二人の白人兵も、怪訝な顔つきでわたしの顔をのぞきながら、上着を脱がせ、ズボンと靴を外させ、わたしの肉体の全部にさわり、服地の縫い目まで押えて点検したが、何も出てこなかった。こうした検査が終わると、ボストン・バッグの中にあった、米粒のはいった袋代りの靴下をぬき出し、お米（約五合）を卓の上に広げ、そのひと粒ひと粒をピンセットで叮嚀《ていねい》に調べていた。ねらいは、米粒の中にダイヤか他の宝石が混じっているのを発見しようというのだった。何てバカなことをする奴らだと思って、ちょっとおかしくなって笑ったが、この笑いで黒人兵は白い眼をむき出して怒った。米粒の検査が終わると、今度は、わたしの洋傘をひろげ、その鉄骨の裏の方をバカ叮嚀に点検した。このような骨折り損の検査で、四十分も空費した兵どもは、ブツブツいっていた。やがて、制服だけ上等で、子供じみたサービス・マークの腕章をいかめしく縫いこんで得意になっている「二世」通訳兵が、突然、「どうぞ、裸になってください」といった。何をするかと思いながらシャツを脱ぎ、パンツひとつで点検兵三人の前に立つと、「二世」通訳君は、

「パンツも取り去って下さい」

といった。医者の前ならともかく、このようなペイペイ・アメ公や「二世」のために〝ブラチン〟まで露出させられるとは癪のたねであり失礼千万だと思いながらも、黙ってパンツをぬぎ去り、みみずのような全裸になって突っ立ったとき、わたしは自分の姿がコッケイで、思わず笑った。女性ならともかく、この四十男に性毛や陰茎を出させて何が面白いのか？　とんでもないストリップだと思った

トタン、また笑ってしまった。白人兵は、この笑いに肚《はら》を立てたらしく、「笑わないで下さい」と吸鳴るようにいった。

そのとき「二世」通訳は、わたしの紙入れの中から小さな紙片をぬき出し、「何か書いてある。欧文字でTolstoiと書いてある。Tolstoiとは何だろう。暗号か？　何か薬品の名かな？」

といって、二人の白人兵に見せた。アメリカ兵たちは、首をかしげて考えこみ、わたしが仏文でノートしたトルストイのアフォリスムの三行の謎を解こうとしていた。彼らはトルストイを何か薬品の名だと思っていたらしい。

暫くして「二世」は、わたしに、「どうぞ、裸のままで、わたしの後について別室に来て下さい」といった。「別室」とは何を意味するのだろう。他の日本人の男どもと一緒に、わたしにストリップ・ショーでも演じさせ、在日アメリカ婦人どもを楽しませるのかと思った。わたしより一足先に出頭した須磨公使の有名な布袋腹も見られると内心大いに弾んでいたのだが、「二世」が案内してわたしを誘導した室《へや》は、黒白も分からぬ真暗がりであり、何をするのかと不安に思いボンヤリしていると、一人の米兵が懐中電灯を照らして手びきし、わたしを部屋の一角にあった壇の上に登らせた。ギロチン刑にするのかな、まさかと思ったが、今度は笑うことが出来なかった。やがて、室内にドロドロっと、遠来のような妙な低音がひびきわたり、蒼白く光った蛍光灯のような光線が投げられた。ここではじめて分かったが、奴らはわたしの全身をレントゲンで点検しようとしていたのだ。肛門の中や、女なら陰部の膣の中に、ダイヤとか貴金属がはめこんであるのをつきとめ、科学的に（？）暴露しようというのだ。この連中の秘密工作と個別主義のからくりが分かった。

こうした精密、念入りの一時間余にわたる無益な点検で、少なくてもわたしに関する限りアメリカ兵どもは何の収穫もなく、「何も持っていない」と絶望の声を洩らしつつ、わたしを元の部屋に戻した。

わたしはパリで、仏文雑誌を出していたとき、中西顕政さんという富豪（?）のスポンサーが行方不明になったため印刷屋への借金でいじめられたが、フランスの友人に教えられ、差押えのため吏員がきたとき、セルティフィカ・ド・カーランス（赤貧証明）という手を打ったことがある。わたしの部屋を点検したフランスの執達吏は呆れて帰った。フランス革命以来、貧乏人に同情した民法のあるフランスを染々有難いと思った。赤貧無一物ぐらい強いものはない。

わたしは、生来、金に無頓着であり、お金というものを「浮世の汚物」だと思うようになっていた。ジイドは、「金銭問題、何とミゼラブルなもの」といっていたが、こうした考え方は貴族的だろうが、金持ちどものケチな根性にまさると思う。わたしは貧乏をしたが、フランスでもその他ヨーロッパのどこでも脱税をしたことはないし、不義理な借金もせず、投獄されたこともない。アメリカ当局から、写真機と一ドルは一時的に取り上げられたが、何物も所有しなかったわたしの心は平安であり、極めて呑気であった。ただわたしを全裸にした奴らには肚が立った。

睡眠教育と木偶坊の育成

われわれを久里浜に迎え、奴隷扱いしたアメリカ占領軍の連中は、わたしにとって何と親しみ難い存在であった。だが今後、占領された日本の至る処で逢うこのアメリカ人というのは、一般的にいって、どんな人間なのだろう。ヨーロッパ人と比べるとき、彼らアメリカ人はどんな日常倫理をもち、どんな性格の人種なのか。パリで知ったアメリカ人は、そのほとんどがジャーナリストであり、彼らは快闊で単純で少々オッチョコチョイだが何となく親しめた。だが、わたしを裸にしたり、肛門の写真までとった兵たちは、いわゆる「一般的アメリカ人」のたぐいに属していようが、彼らはおそらく、アメリカ的な軍事訓練で育て上げられた、極めて機械的で、絶対服従者で、懐疑を知らない単純な非芸術的な人間群の代表的人物のように思われた。

イギリスの作家、オルダス・ハクスレーが一九三二年に草した『みごとな新世界』で予言した「未来の人間像」というのは、太平洋戦争に駆り出された機械人形（ロボット）的存在、余計な文化的教育など必要としない実利的な動物化した人々によって、すでに立派に育ち存在していたのだ。

わたしは、ロボット的アメリカ人どもと別れ、牢獄から突き出されたような解放感で、のんびりバラック兵舎を出、薄緑のすがすがしい新芽のふき出している雑木林を前方に見ながら歩いた。このとき、後方から船で顔見知りとなったどこかの会社員が、わたしを追ってきたのに気づいた。

「あなたも裸にされましたか。とにかく、こんな目にあったのは、『プルス・ウルトラ号』に乗っていたスペインのスパイ的人物が、アメリカ占領当局に報告していたからですよ。みんな黙っていて、御自分がどう点検されたかについて正直な告白はしていませんが、外交官の令嬢や、商社の御夫人の中には、ストリップを強引にやらされた挙句、彼女らの肛門や、〝前〟からさえ、ダイヤなどを抜き取られ、悲鳴をあげたらしいですよ。某公使は、十六個の金時計を、使用人のポケットに入れさせていましたが、大部分取り上げられたでしょう」

といった。わたしはこの男と一緒に米海軍の事務所に行って、最後の上陸手続きを終わったが、窓から見ると、まだ寒々とする海岸に、モンペ姿の老婆や娘たちが沢山群れ、はだしで海岸に入り、何やらかがんで探していた。おそらく、この海岸で食べられる貝類や藻くずをかき集め、空腹を満たそうと懸命になっているのだろう。街道の方を見ると、一団のボロ着を身につけた顔色の悪い復員兵らしいのが汚れた戦闘帽をかむり、トボトボ歩いている姿は、見るだけで悲しく、胸がつまる思いであった。

こうしたみじめな風景とは対蹠的に、この事務所で見たアメリカの下士官や兵たちは、血色もよく、艶々とし、とくに彼らの制服がスマートで立派だと思った。立派なのは制服であるが、制服とは一体何だ。人間を同型同類にし、個性を奪い、批判や懐疑をおしつぶし、人間の自由を掠奪し木偶坊《でくのぼう》を大量につくるための「お仕着」ではないか。アンドレ・ジイドも、どこかでそんな事を書いていた。

ヒットラーも、東条も、ムッソリーニも、チャーチルでさえも、戦争のためにはこの「お仕着」を必要としたのだ。わたしの親しくしたユダヤ系の美しいフランス娘が、制服軍人の音楽入り行列を見たとき、「このまやかしは嫌い！」といっていたのを思い出す。

わたしは、ベルリンの街でも占領されたパリの料亭でも、ドイツ軍の制服姿を散々に見せつけられたが、何故か女はみな、この制服に魅せられ、とくにナチス・ドイツの空軍や、「十字章」をつけた彼らドイツ将校はあっぱれ美々しい男ぶり……、とにかく、誰の考案か、実によく出来ている「お仕着」だと思った。この事務所で働いていたアメリカ人の「お仕着」をよく見ると、臀部のあたりがキチンとしまり、これが何かしら女性のセックスアピールに応えているといった点で、ナチスの連中の制服より面白いと思った。

廃墟の東京　ネコも飢えていた

最後の上陸手続きを終わって、ホッとした思いで米軍海軍事務所をでると、ベルリン時代に世話をした、読売本社の中山君と他の二人の記者がわたしを待っていた。三人はまず、わたしの無事帰国を祝い、いろいろわたしの質問に答えてくれた。とにかく、「筑紫丸」にわたしが乗組んでいたことの事前通知がなかったため、この三人は、多分この船で帰国するだろうと見当をつけて、半信半疑出迎えにきたということ、また、わたしの郷里の家族がみな無事であること、読売本社は、焼夷弾を受けたため、輪転機が破損し、築地の本願寺を仮社屋にしているといったような話をかい摘まんで語ってくれた。三人の案内で、社の車に乗り、東京に向かって出発したが、もう日も暮れ、横須賀、田浦、長浜を通って、やっと横浜に着いたときは、もう夜に入り、あたりは真暗であった。

いたましい廃墟となっていた横浜を通りながら、わたしは、これを過去の歴史の精算、明治維新以降の日本の政治の誤りを暴露した爪痕でしかない現実の姿だと思った。しかし、この廃墟の示すものが果して過去の抹殺となり、今後、反省した全く新しい生命を甦らせ、合理精神や民主化の出発になり得るものかどうか。

とにかく仄暗い夜空の下に遠く続く焦土を見ると、何か全てが革命歌の歌詞のような「ターブル・ラーズ」（徹底的に破壊する）され、ここから全く新しい世の中が生れ甦るかの印象を持つ。だが人間の惰力と因習は残っている。

しかし、人間は、同じ平面の上で渋滞したり、逆行することはなかろう。政治の面で、たとえ空わりがあっても逆行があっても、すくなくともこの戦争の体験は、精神面で、ひとつの「新しいエスプリ」を育てる契機となろう。「バイブル」の言葉ではないが、すべて「我に益あり」で、頑迷な、どうにも変わらない明治型の老人たちや、精神的に老化している若い人たちが多く残っていても、おしなべて戦中の青壮少年「大正っ子」たちは、この惨澹たる敗戦でプラスを得、旧権力の抬頭に対し強烈に「抵抗」し、古い体制に反逆する方向をとるだろう。

はだか電灯が淋しく化物のように妖気をこめたシルエットとなり、地獄絵のような廃墟を照らしていた。あたり一面の焼け野原は、文字通り平らにされている。

この阿呆な戦争で、私たち同胞は、一体どれだけの貴い生命を失ったか。百十七万四千人の兵たちと、六十七万人の無辜《むこ》の市民を失ったと伝え聴いたが、後日発表された公式の報告によると、日華事変以来の戦死者は、二百十二万一千人になっている。（厚生省援護局の調査）

その他、工場などに駆り出され、強制労働をさせられて病死したわたしの姪も犠牲者の一人であるが、こうした死者の数は相当多く、その数を加えたら恐ろしい数字になろう。わたしの友人たちも、知人も、いま、どこにいるだろう。彼らは父や母を残し、恋人や兄弟たちと別れ別れになり、本土のあちこち、南に北に散っているであろう。

戦争による廃墟、死体、飢餓。わたしは、ベルリンでもフランスの各地でも、またスペインの内乱のときでも、そうしたみじめな風景を眼のあたりに見てきた。だが他国の場合は、いかにそれが悲しい現実のスペクタークルであったにしても、わたしの眼は、つねに「傍観者」のものでしかなかった。だが、横浜から東京の郊外地一円に続いていた廃墟の連続を目撃したわたしは、それが、民族的血縁者、同胞のものであっただけに、衝撃も痛ましいもので、全身の血が凍るように思われた。石造の六、七階建のベルリンの家が、一トン以上の爆弾でひとつひとつ破壊されてゆく中で暮らしたわたしは、自分の生き残ったことを不思議に思っている。また、パリからツールに、ツールからボルドオに、ナチスの急降下爆撃機によって狙われつつ、フランスの避難民と共に逃げまわったときのみじめさは、深刻な思い出となって残っているが、祖国日本で見る大破壊の跡は骨身に滲みた。

東京に着いたのは、午後八時頃であった。灯のほとんどない暗夜の街筋に残っていたビルは、墓石のようで、所々にアメリカ兵相手の土産屋の露店も見られた。よれよれの絆天を着た飢えた子供や乞食が、街頭にしょんぼり佇んでいた。そうした中をキャップをかむったアメリカの水兵の幾組かが、さかりのついたイヌのように日本娘を抱きかかえ、チョコレートやドルで誘惑し、笑いながら歩いていた。

わたしは車から降り、かつて報知新聞社だった（後日そごう百貨店や読売ホールとなった）読売本社の玄関に立った。灰色で、ジメジメした穴のようなこの社屋の暗い玄関から、一人の事務員が現れ、アメリカの憲兵が見護る中で、

「松尾さんでしたね。御苦労様でした。でも無事で何より。宿を九段下にとっておきました。宿の

支払いは社でいたします。今夜はどうぞゆっくりお休みになって……」

といって、わたしに封筒にはいった当座の小遣銭と一緒に、一枚の名刺を差し出した。名刺は、郷里遠州の兄良平が置いて行ったもので、〈帰る時間が分らないので、明日、午頃、社の方に訪ねます〉と鉛筆で書いてあった。

中山君の案内で、九段下のささやかな二階建の仕舞屋《しもたや》めいた宿に行った。ほの暗い玄関で靴をぬいであがろうとすると宿の老婆が現れ、「靴はお部屋にお持ち下さい。盗まれますから」といった。わたしは、三面茶色の壁に包まれ、裸電球のついた六畳間にはいって、靴を床の間に置き、やっとくつろいだ。日本本土での第一夜である。

疲れて、ぐっすり眠った翌日の朝、窓を開けて見ると、中庭の汚い空地で、痩せおとろえ飢えた猫が五匹、何かエサを奪い合ってうなりながら物凄い剣幕で喧嘩をしていた。顔色の悪い痩せた宿の婆さんが食事を運んできたが、わたしに次のようにいった。

「だんなの靴は立派な頑丈なものですね。外地のものでしょう。日本には、いま、こんな靴はありませんよ。とにかく万事がひどいものです。戦争の終わるすこし前など畸形児とかいうのが多くなり、母親の乳を吸わないような変な赤んぼまで生まれていましたから……。そして、永い間の栄養失調で鳥目（夜盲症）になった人がふえましたよ」

「そうでしょうな……。ネコまで飢えて喧嘩しているんですから」

「ネコの世話どころではありませんよ。昭和十九年頃、わたしの娘など、学校に行くといつも弁当が盗まれ、喧嘩ばかりしていました。東京に食べ物がないのはとにかくとして、わたしの疎開した青森でも、林檎など無くなって、町は死んだようでした。だんなはベルリンやパリにいらしたそうですが、あちらは、どうでした」

「ひどかったですよ。フランスにも鳥目の人がたくさんいました。僕は、幸いにも新聞記者だったので、バターなど特別な配給を受けていましたが、みな、羨ましがって騒ぐので、それを隣人に頒《わ》けていました」

「新聞といえば、『朝日』の常務だった鈴木文史朗とかいう偉い人など、戦争に負ける年の前だったのに、『日本の食糧事情は、大丈夫だ』なんていって、みなを安心させていました。馬鹿にした話ですよ。だんなも、新聞社の方だそうですが、とにかく日本の新聞ときたら、毎日、ウソばかりいっていました」

この婆さんの新聞批評で、わたしは胸を痛めたが、鈴木文史朗君にしたところで、軍に睨まれたら職を失ったであろうし、「希望」を「予想」にすりかえるという悲しい弱さを持った職業人となっていたのだろう。

マニラで日本船に乗り換えたとき、久しぶりに日本のビールを飲み、昨夜、この宿屋で日本料理のなまこ、たまごとじ、刺身で夕食したとき、何と有難いことだ、これでやっと救われた思いだったが、また、老婆の運んできた朝食も、味噌汁に香の物といったごく粗末なものながら、やたらに嬉しく、有難くなり、「日本に生まれてよかった」と思い、知らず知らず涙が出た。フランス人が久しぶりに国産の葡萄酒やチーズにありつけば涙ぐんで喜ぶし、スペイン人がオリーブ油でいためた〝うなぎの子〟を愛し、イタリヤ人が何よりもマカロニイを愛するのも、血にある民族の嗜好であり、それに愛国感情が伴っているのは、理窟を超越したものである。「忠誠」など一椀の味噌汁にも価しない。

三月二十八日の昼、浜松の繊維組合で働いている兄良平とリュック・サックを背負った彼の長男志呂生に逢い、東京駅まで一緒に歩み、家族の消息を委《くわ》しく聴いた。とにかく皆が無事と知り、やっと安心したが、戦時中の徴用労働で、過労の結果病死した兄の次女みどりと、妹の夫や彼の娘が満州の製紙工場で死去した以外、わたしの家には、直接戦争の犠牲者はでなかった。

妻のひろは、上京したのに行き違いになったため、この日は逢えなかった。二十九日付けで帰宅した兄から便りがあった。〈老母をはじめ、家族の者みなが、お前の帰省の日を待ちわびている〉と書いてあった。

鈴木東民　天下を睥睨す

何よりもまず、帰国の挨拶をするために、読売本社に顔を出した方がいいといわれるまま九段下の宿舎を出て、幸いにも残った神田の古本屋をひやかし、有楽町の読売本社に行って、三階にあった編集局を訪ねた。長髪で、下駄ばきの汚い男たちが出入していた編集局は、ごった返しであった。わたしは、全く「浦島太郎」となり、記者席のデスクの間をうろついたが、見知らぬ記者ばかりがざら紙に毛筆で記事を書き、ゲラを直していた。中央の大テーブルに一人の男がふんぞり返り、パイプをくわえ豪然と構え、記者どもを叱咤しているのを見た。誰かと思ったら、電報で喧嘩ばかりしていた鈴木東民編集局長である。わたしは、彼の前に出て、叮嚀に帰国の挨拶をした。ところが彼は、

「松尾君か……」と、ただひと口いっただけで顔を外向け、彼の大机の前にたかっていた、多くの下駄ばきの共産党員らしい威勢のいい長髪者どもと、何やら大声で論争をしていた。この日本製ロベスピエール東民先生の周囲にいたのは聴涛か、徳田球一か、志賀義雄かよく知らないが、ジュネーヴで一緒に働いたことのある「朝日」の聴涛だけは顔見知りであった。それにしても、他のもろもろの豪傑は、誰かよく分からなかった。でも、凝っと見つめると、この仲間の一人に山之内一郎というのがいたのに気づいた。この山内は、九州大学の憲法の教授をしていた男だと記憶するが、わたしは彼にパリの小さなホテルで約半年ほど、フランス語を教えたことがある。だのに、この坊ちゃんじみた大学教授は、わたしを一瞥したが、素知らぬ顔をしていた。こんな坊ちゃん左翼がいま、東民の前で何を提案していたのだろうか。

ともあれ、東民ことロベスピエール君は、「読売」の第一次争議後、外報部長から編集局長の椅子に移り、労組の執行委員長になり、事実上、全社員の生殺与奪の権を掌握していたのだ。彼がふんぞり返り、傲然とあたりを睨み、天下をとる姿勢で、わたしなどという小物を歯牙にかけなかったのも当然である。

「あァ、革命は近づけり」か。日本の事情も、新聞社の内情も、てんで分からなかったわたしは、フランス革命の前夜のようにゴタゴタザワザワしている中で、何も手が出せず阿呆のようにうろちょろしていたが、わたしが久里浜海岸に上陸させられて、〝ストリップ〟を演出した日より二ヵ月ほど前の一月十二日に、「百万の援軍来る」と謳歌された「英雄」、共産党の野坂参三が、中国の延安から凱旋将軍のように帰国し、九州博多に第一歩を印したというからには、東民一派が、〝我世の春〟とばかり欣喜雀躍したのも無理はない。

わたしの身のまわりを世話していた中山が、「愛される共産党が、日本に出来るんだってさ」といってせせら笑っていたが、日本人のセンチメンタリズムにわたしも呆れ仰天した。日本人の浪花節的感傷は、右も左も同じである。

もし、辻潤のいう愚劣、低能、賤民的な日本の民衆が、俄然自意識を取り戻し、多少なりとも、近代的合理主義を身につけるようになったとすれば、「革命」へのチャンスもあり得ただろう。だが、制度や、政体といった外部の事態がどう変ろうと、人間の本質は変らないものであるだけに、革命は当分彼岸の花だ。永い間、無告の民にされ半奴隷の状態におかれていた日本の国民が、一夜にして内部的に精神的に別人となって変るはずは金輪際ない。東民や、彼の仲間が、「革命は近づけり」と妄想したら、子供じみた狂気だとおもった。

わたしが学生時代に一度逢ったことのある、植原悦二郎という政治家は、戦争の末期、小磯首相が去り、鈴木とかいうのが組閣した頃、「この国民は、何と従順な国民だろう」と呟いていたというが、愛する祖国の民衆は、無知、愚昧、奴隷根性、盲目忠誠、賤民的状態の中に追い詰められ、気の毒にも数百年このかた、権威に慴伏《しょうふく》することしか知らなかったのだ。その民衆が敗戦という現実を前にして「虚脱状態」にあるとき、東民君が共産党と組んで、簡単に日本の革命ができると思っていたとすれば道化た「錯迷」であり、「歴史哲学不在」の人間だという外ない。

敗戦の直後には、一応いわゆる大衆の力が外部的に昂揚し、自称インテリどもは、旧制度や、古い概念に反撥するような姿勢をとろう。このことは、イギリスでもフランスでも同様であったが、日本の場合は全く別である。鈴木東民や、彼を取巻いていた蓬髪垢面《ほうはつせきめん》の共産党員は、何を夢見ていたのか知らないが、彼らは右翼人と同様、浪花節であった。いずれにせよ、こうした連中、とくに徳田球一などは、単純に、無邪気に、「占領軍」を「解放軍」などと妄想し、左翼の進歩的人物が、一応牢獄から釈放されたことや、旧財閥が解体したことだけで、やがて自由の日が来ると妄想していたのだ。

アメリカという国の性格、彼らの意図の正体を掴むことが出来なく、この占領軍のずるい政策の裏を見ず、軍国主義日本を崩壊させることを狙った占領者たちが、日本の左翼に甘く出たところで、それが直ちに日本の資本主義の没落を意味し、日本の経済的困窮や、ちょっとした恐慌を前に、それを「革命の前夜」として騒ぐのは認識不足である。それのみか鈴木や徳田は、「占領された国」がどんな状態に置かれたものかについて、全く呑気な解釈しか出来ない人たちであった。東民はドイツにいたことがあり、彼の妻君はドイツ婦人である。だが、それだけで彼が国際人であり、コスモポリートだとはいえない。日本人が愛し崇拝するドイツは、日本によく似た「全体主義」の伝統を持ち、権威に弱い人たちの集団国家人で充ち充ちていた。

浪花節的な革命家気取りの人間で芋を洗うようにごった返していた「読売」の編集局を、手もち無沙汰に歩いている間に、外報部長の堀清一や文化部長の原四郎などに逢ったので、彼らに帰国の挨拶をした。このとき背後からわたしの肩をたたく者があったので振り替えると、それはパリでドイツ娘にラブレターまで代筆してやったり、その他いろいろ世話をしたことのある政治評論家の山浦貫一であった。

「やア帰ったか、無事でよかった。社は、いま大変な騒ぎなんだ。君が帰る直前の二月、日本新聞通信労組が出来、いま君が逢ってきたという鈴木東民や、朝日の聴涛克巳なんかが、共産党の徳田球一と組んで、読売の乗っ取りをたくらんでいるんだ。バカな奴らだ」

こういった山浦は当時、「読売」の論説委員の一人だった。わたしは、彼に答えた。

「読売のゴタゴタがつづくようだったら退社する方がいいと思っている」

山浦は社の隅の方にわたしを誘い、

「だが、早まるなよ。僕の見透しだと、いま読売を牛耳っている東民一派は、間もなく追放されるよ。まあ辛抱し暫く待つさ」

といった。山浦はわたしと一緒に、階段を降り、有楽町から東京駅のほうに歩み、駅の汚い待合室でいろいろ読売についての話をしてくれた。彼の語るところによると、読売の争議は、敗戦後の十月から始まっていたのだが、この頃東民派の夢見ていた「読売」乗取り運動は、共産党との協力で構想が出来ていたため急速に進行しているが、米占領当局が反対しているので成功の可能性はない。山浦は、また、次のように話した。

敗戦の年の春三月十日、江東方面が一夜にして焦土と化した大空襲のとき、銀座西の読売本社は、あやうく被害をまぬかれたものの、つづく五月二十五日の空襲ですごい焼夷弾の雨を浴び、それが地下室に引火し、全社が黒煙で包まれ、社屋は鉄骨を残し、ほとんど灰燼に帰してしまった。やむなく、社員はいましがた出てきた別館、旧報知新聞社屋に移って働いていたのだ、という。

山浦はつづけて、正力社長や、高橋雄豺や、金近靖や、四方田義茂などのことをいろいろ語ってくれた。ふとポケットから出した読売本紙には、この一月から横書きにされたという題字『讀賣報知』

というのが、汚い活字で浮かび出、印刷がぼやけていて自分の新聞のように思われなかった。

東民派が勝つか、正力派が勝つか、何とも見当はつかないが、万事、占領軍であるアメリカの総司令部GHQが社の生死の鍵を握っている以上、大体、社の運命はあちら任せである。

わたし自身、まだ籍は「読売」にあり、デスクはなくても外報部員という肩書を持っていた。だがそのうち何とか落ちつく日まで、流水のごとく先を争わず悠々と暮し、場合によっては退社し、自分の道を自分で選択し自由に生きようと考えた。

第3章　浦島太郎、故郷へ帰る

木賃アパートの四畳半

読売の争議は日に日に激化してきたが、この闘争は、もう一新聞社の興亡を決する問題ではなくなり、全国的に観て、いわゆる従業員側が勝つか、会社側が勝利者となるかといった意味で、万人の注意を集め、しかもこの事件が占領下という特別異常な時点にあったため、資本家対労組の将来を決する上での天王山となっていた。東民一派は、「戦犯正力を追い出せ」と高声しつづけていたが、彼は坂野善郎とか、志賀重蔵とか、長文連といった闘士や共産党員と協力し、激しく正力社長に楯ついて戦っていた。一方の正力社長は、闘志満々、共産党に支持された革新派に屈せず、果敢に応戦していたようだ。ところが、わたしが久里浜に上陸した前年、つまり敗戦の年の十二月に、この正力社長は戦犯容疑者として巣鴨に出頭を命じられ、ついに入獄する身となってしまった。性急な東民派が勝ち誇って図に乗ったのも、この頃からである。とはいえ、わたしはこうした一切の紛争から無関係の立場に置かれていたばかりか、事件の経緯を全く知らなかったため、事なかれ主義などという卑怯な根性からではなく、知らざる者の出る幕ではないと思い、そして、もし何か差し出がましく出たとし

パリの東方，マルヌ河辺にて．

ても、誰からも相手にされないことをよく知っていた。そこでわたしは、暫くすべてを傍観し、時々、社に顔を出す程度にしていたほうが賢明だと思い、この空白を利用してのんびり暮そうと思った。

しかしわたしの帰国が新聞に出た故か、社には多くの手紙が来たし訪問客も多かった。ある日、社に出頭すると、わたしの読売入社の保証人となってくれた旧友で詩人の川路柳虹君が、わざわざ千葉の疎開先からやって来て、不在だったわたしに置き手紙をして帰ったことを知ったとき、残念に思った。また、パリで知った桜沢如一という妙な東洋医学者（？）の妻君、酒井楠代という女性は、彼女のいる阿佐ヶ谷の女子寮で講演をしてくれと頼んできた。三月三十日の夜、わたしは九十名ほどの若い婦人や娘を前にヨーロッパについての時局講演をしたが、偶然ここで逢った法政大学の学生、松岡という青年が、住居が定まらず困っているというわたしの話を聴いて同情し、高円寺の馬橋にあった、庶民アパート二階の四畳半でもよかったら遠慮なくきて、同居しませんかと親切に勧めてくれた。

雨露を凌ぐことさえ出来れば東京のどこの屋根の下でもいい。とにかく、胡座してゆっくり読書したり執筆が出来たら、それだけで満足だと思っていたわたしは、この松岡青年の好意を受け、「引越しして行くからよろしく」と頼んだ。早速、身軽にスーツケース二つを持って、この学生の四畳半に移った。「アパート」といえ正に長屋であり、便所の匂いがプンプン流れ、汚い廊下ではおかみさんたちが七厘の炭火を団扇でバタバタ叩き、昼夜ガタンピシンとやかましく、部屋の話し声は筒ぬけといった安アパートであった。しかし、そんなことは一向に苦にならず、この学生と寝起きを一緒にし、自炊生活をはじめた。パリで貧乏し、どん底生活の体験のあるわたしには、一流ホテルのデラックスな部屋の〝味気なさ〟に比べ、このような木賃宿アパートの小部屋の方が呑気で楽しかった。しかし、

「露の宿」という言葉があるが、出来たら、こんな巷間の喧騒から遠ざかり、郊外あたりの野末にある堀建小屋に住み、星を眺めて暮らして見たいと思った。

東京も四月になってから急に暖かくなり、わたしは少々臭く汚い高円寺のサロン・デ・デスカンソを出、東京の郊外を散歩した。ときには国際記者クラブなどの座談会に出て娑婆に接したが、そうした会合で多くの旧友と逢った。親しくした高田市太郎（毎日記者）や、楠山義太郎（ロンドン特派員）、フランス文学の通人で元パリ特派員だった井上勇などと語り合ったが、懐かしさは別として、お互いに照れ気味であった。あァ新聞記者！　何と因業な職業人である。九段下の宿屋の婆さんがいったように、日本の新聞記者は戦時中ウソばかり報道して、国民を騙しつづけたのだ。大記者、「朝日」の鈴木文史朗にしても、わたしの前にいまニコニコ笑っている高田の市ちゃんにしても……、かくいうわたし自身も、みな多少なり剣を怖れてペンを曲げた「犯人」なのだ。

宮城《きゅうじょう》を睨む

パンパンを連れたアメリカ兵ばかり見ていたわたしは、気分転換に、もと学生時代に毎日歩いて通った上野の山に行って見たくなり、この山のテラッス（見晴台）の上に佇んだ。このとき眼下の上野駅の建物を見てゾッとした。駅は全きブケレット（髑髏）となり、その先は、遥かに遠く浅草や隅田川のあたりまで平らな焼野原となっていた。振り返って英雄西郷南州の銅像の方を見ると、像の近く、埃にまみれた八手の木下に、沢山の不労人がボロをまといウヨウヨと寝そべっていた。彼らは東京の無宿ネコより飢えていたらしく、芥溜《はきだめ》で拾ってきたらしい半ば腐った残飯のようなものを食べていた。彼らの中には赤く瞼の脹れた眼病患者の男もいた。

久しぶりに見た西郷隆盛さんの大きな両目は、凝っと皇居の方を睨んで、何かいいたげであった。評論家・室伏高信は、最初、近衛と協力した人だと聴いたが、節を曲げなかった戦争反対者の一人であり、いよいよ敗戦になったとき、厳しい表情で宮城の方を指し、「あれだ！　あれの故《せい》なんだよ」といって睨みつけていたという。わたしは、不忍池の方に歩んで行ったが、かつてこんもり茂っていた多くの樹が痛みつけられ、まばらになっていた。おそらく、寒さにふるえていた庶民が薪にするため枝をへし折り、切り取って行ったのであろう。そのため不忍池も、山上から透けて見え、池の畔には畑まで出来ていた。しかし、あちこちの枝に新芽や花の蕾がふくらみ、草叢《くさむら》の間には自然のいとなみを忘れない赤い椿が咲いていた。

わたしは、独・仏戦争がはじまった昭和十四年の秋、総動員の告示が街々の壁に貼り出された頃、パリで憂欝な日を送っていたが、大戦争を直前にした重くるしいこの大都パリからあたふたと田舎に疎開する人々、恐怖に戦く知人のフランス女や子供たちを小型車に乗せて幾度となく運んだが、地獄のようなパリを去ってまばらに農家のあるパリ南郊シュヴルーズの谷あたりまで車を走らせたとき、ふと北方パリの空を振り返ると、晩夏の空に入道雲がそり立ち不吉な予感で胸が詰まる思いであった。しかし、草原に横臥し近くの森を眺め、咲き乱れている野末の草花や農家の庭のダリヤや菊を凝っと見つめたとき、戦争といういまわしくも醜悪な社会悪、その悲劇を全く他所にした大自然のいとなみ、その無心な秩序を〝異常〟と思うほど驚いて見た。わたしは自身が、都市生活の囚人《とりこ》となり、自然から離脱した不自然で浅ましい〝現代の怪物〟になっていたからである。草地で飛びはねているイヌ、軒で蝶を追うネコ、にわとりも、ブタも、山羊も、柳も、アカシアも、この戦争と全く無関係なのだ。彼ら生物の世界には、善も悪も、正も邪もないのだ。この動植物の生活には、余計なモーラルも、イデオロギイもなく、人間どもが苦業し苦悶してやっとさとる「無」の境地を、自然にそのまま彼らのものにしているのだ。ジャン・ジャック・ルソーは、「自然に帰れ」と万人に呼びかけ、親鸞は「悪人正機」説を主張し、安藤昌益は「自然真営道」を唱えていた。人間以外の動植物にとっては、このような御説教は余計な御世話なのだ。ヒットラーよ、ムッソリーニよ、お前たちは「狂人」なのだ。ダラディよ、チェンバーレンよ、君たちも「業」と「我執」であわてふためき、この二人の狂人どもを〝悪人〟としているのだ。

わたしは、上野の山に人知れず咲いている赤い大島椿を見つめた。次の瞬間、その同じ眼を池に望んだ神社の方に向けると、その社の入口に白いビラがあり、その上に〈keep off〉というアメリカ文字が鮮かに浮かび出ていた。米占領軍の貼り出した掲示である。わたしは急に冷たい現実に引き戻されて目を伏せた。

上野公園を出て、栄養失調で黄色な顔をならべ笑いのひとかけらも見せない人たちのショボショボ歩んでいる街に出、娘春子のため小さい粗末な人形を買った。街頭で〈世界に与える民主の一票〉という大きな誇大広告の立看板の太い文字を読んだ。アメリカにひっぱたかれ、傷だらけになったこの大東京は、いま、全くの虚脱人、思考停止の人たちで充ちていた。看板にある〈民主の一票〉という文字は、進駐軍におもねる付焼刃の看板なのか、あるいは本気でそう書いていたものか……、「自分の主張」を持たない九〇パーセントの日本人、風に吹かれる草木、昨日は東、今日は西。ただし、性格は二千年以来の依然たる全体主義の鋳型に嵌められているようだ。

大人たちの諦めた無表情とは対蹠的に、多くの子供がザンギリ頭で跣《はだし》で群れていたが、みな明朗快活であった。この頃、小学生は綴方《つづりかた》に〈大人はみんなバカである〉と書いたとか。

わたしは池の端のこわれた椅子の上に腰かけ、新聞を二つ三つ読んだ。いたるところに「虚脱状態の国民」という文字が綴られている。だが、「虚脱」とは何のことか。それは、これまで信奉していた（いや、親鸞流に、信奉させられていた、といおう）一切の神々、すべての偶像が一応崩壊し、天祐の迷信が消え去った後の自失状態のことか。坂口安吾はこれを「重量のある無心状態」といっていたが、少々重量がありすぎて後まで尾を引きそうである。

しかし正直に告白するが、わたしには、この戦争の敗北、アメリカ軍による占拠、そうした一切を前にし、兎の毛ほどの虚脱感もなかった。知らぬ間に国家のやった戦争に追い込まれ、「非国民」といわれるほどこの戦争に不忠実であり、やむなく「状況追認」の罪を犯したとはいえ、すくなくてもわたしは、大脳による抵抗者として生きて来たはずである。そこには、わたしなりの終始一貫があったし、わたしは国家の現実に押しこめられたとはいえ、内心わたし自身の現実に生きた不忠者であった。そして、自分自身、聖者のような言行一致などということの出来なかった弱さを責め、悩みつづけた。

『戦艦大和』という本の著者吉田満氏が、「開戦の報に接したとき、日本の一般大衆のほとんどが、正直にいって、あまり悪い気がしなかった」と述べていたが、彼のいう〝悪い気〟ということは、大衆が〝悪い気がしないように〟教育され、訓練され、鼓吹され、騙されていたということでしかない。つまり国民一般が、押し付けられたウソの歴史や惟神《かんながら》の誠忠というモーラルに酔って、瞞着されつづけてきたということである。

啓蒙は奨蒙だった

社の争議のことも気になったが、「読売」での仕事の打合わせを一応終わったので、四月二日、遠州にいる故里の母に会うのを楽しみに、上京して来た妻と一緒に東京駅から天竜川駅に向う東海道の汽車に乗ることにした。

ひとり、山浦君が見送ってくれた。山浦は、発車を待ちながら、

「君は何も知らなくて幸福だよ。とにかく、いまの読売ばかりか、全日本が支離滅裂で目茶だよ。君は、文化だとか芸術だとかといっているが、文化などを口にしたら新聞社では出世しないぜ。第一、筆がたつ奴とか正直な発言をする者は、新聞社では利用するだけで、重要なポストにめぐまれないよ。これからの日本はどうなるか分からないが、結局、金のある奴と貧乏人の喧嘩になるだけさ。そして貧乏人より利口な金持ち側に味方しないと損だよ。妙な仕組さ。当分の間、勝利は金のある方だぜ。君には文化人の友人が多いようだが、日本の作家や文化人なんて、みな卑怯で日和見で、ずるい連中ばかりだ。政治家や、実業家や、いわゆる経営者側が、老獪《ろうかい》で卑劣なことはむかしからの習慣《ならわし》だから仕方ないが、口で純粋なことをいいながら、オッポチュニストで上手に『転向』ばかりしてい

る文化人というのは、鼻持ちがならない」

山浦の話を聴いて憂ウツになった。

やがて汽車は発車し、鮨詰めの満員列車の中に身をねじこんだわたしは、前後から押されたまま立っていた。横浜を後に、保土ヶ谷を過ぎる頃、車窓から見た青々した麦畑や、こんもりと丸味を見せて風に撓《いな》いでいる竹藪の風情は、永い欧州生活では見なかっただけに、実に美しいと思った。国は敗れて山河あり。小田原あたりで見た紺青の海、広重の浮世絵そのままの松、わたしは〈あア、幸せにも自然は元のままだ〉と思い恍惚とした。

敗戦のみじめさをそのまま物語るように、いらいらするほどゆっくり走る東海道本線のこの列車は全くおんぼろで、座席の布は破れて、中からボロ布や針金のぜんまいがはみ出ていた。押しつめられ身動きの出来ない乗客は、便所にも行けないため、汽車が停車する度に隣人を押しわけ、こわれたガラス窓の隙間から軽業芸で外に飛び降り、並んで小便をしていた。わたしは、戦時中のドイツやフランスで同じ目に逢い、苦しい汽車旅行をしたが、行列して立小便をする光景は見なかった。しかし、荷物よりお粗末に扱われているこの列車の日本人が、腑抜けのようにおとなしく黙々として不平ひとついわないのに驚いた。ところが、やっと沼津に近づいた頃、わたしの近くで焼酎をラッパ飲みにしていた四十がらみの職人風の威勢のいい男が、食べ物の話ばかりしている乗客に向ってどなりはじめた。

「畜生！　クソ面白くもねえ。こちとらに何の相談もせず、バカな戦争をおっぱじめ、何だこのザマは。おれの一人息子も戦争で死んじゃったんだ。天祐だ、神風だとぬかした奴らは、いまどうしとるか知らないがよう、こんなのが、また隙をねらって、いまにまた出しゃばりくさって、うまいこといい、貧乏人をヤケの勘八で働かせるだろうぜ……。世の中は変りっこない。また私腹を肥やす奴らが、おめいたち、食べ物の話に夢中になっている国民を上手に騙し、別な理屈で万事をすりかえるだけさ。クソ面白くもネエ……」

この焼酎男の演説は長々と続いたが、乗客は何もいわず誰一人弥次る者も拍手する者もなく、この呑ん平弁士に顔を外向けていた。わたしは、この沈黙に業を煮やし、この勇敢な四十男に向って、「その通り！」といって拍手をしてやった。

「拍手をしてくれたなア、ダンナ一人か。畜生！　世の中の仕組みがいけないんだ」

こういって中年男は、焼酎をまたぐっとラッパ飲みにした。

汽車が静岡に着いたとき、やっと空席ができたので着席したが、藤枝、島田を去り、大井川を渡ったとき、もう故郷「遠州」の香りを感じた。金谷にしろ掛川にしろ、学生時代に郷土人の「啓蒙のため」といった酒落た口実で、遠州出身だという東京の「名士」の提灯持ちになり、講演旅行をして泊まったところである。その「名士」というのは、人間が何者であろうと、著名で偉そうな肩書のたくさんある奴なら誰でもよかったのだ。そうした下らぬ名士の筆頭は、大日本報徳社長、内大臣秘書官長だった河井弥八（掛川出身）や、一木喜徳郎、岡田良平（文相）などであり、それに太田正孝、児玉九十、吉岡弥生、白柳秀湖、村松梢風なども引っぱり出して、あちこち、遠州の各地を歩きまわり、この〝大物〟（?）どもの講演の前座を努めたことを思い出す。

岡田良平は、「女の夜這い」で有名な相良で講演したとき、平身低頭、大名か奉行でも迎えたように集まってきた町民の前で、「『論語』に曰く、師、師たらずとも弟、弟たらざるべからず」という、彼の得手《おはこ》らしい「名文句」を喋っていた。まだ青二才の学生だったわたしだが、隣にいた慶大の男の尻をつつき、「オイ……。この文相のいっていることは真実《ほんと》だろうか。もしそうなら、どんなバカ君主がどんな阿呆な命令を出しても、民草どもは易々諾々、文句なしに服従せよってことになるぜ」といってやった。

岡田良平をはじめ日本の権力者たちは、いつでも孔子曰く、といって、『論語』ばかりを金科玉条にしていたが、この孔子は、常識的で尤もらしい人物のようにしか思われない。「子曰ク、吾レ未ダ徳ヲ好ムコト、色ヲ好ムガゴトクスル者ヲ見ザルナリ」などという言葉などちっとも面白くない。孔子の教えにも近代人を驚かすようなアフォリスムがある。しかし、この『論語』の真髄とされる個人主義的なくだりは、上手に削除され、専制政治家どものために都合のいい箇所だけが巧みに摘出され、庶民の理性を眠らすための「忠誠思想」だけを育成して来た。大体、わたしが幹事役に祭り上げられて、著名人や権力者を無批判に選んで、郷土の「啓蒙運動」なるものにかけまわったことが土台滑稽であった。これでは、啓蒙ではなく「奨蒙」であり、アメリカ法学博士を看板にしていた牧野という親戚の男が、わたしに「君は郷土のため、人の為に奔走しているようだが、人の為という字は人偏に為、つまり〝偽〟（いつわり）ということだぜ」といって冷笑した。

文相の肩書いかめしい岡田良平も、河井弥八も、みな「報恩思想」の遵奉者であり、権威の提灯持ちとなっていた。いま思うと、その提灯持ちどもの提灯を持ったわたし自身に全く腹が立つ。こうした権威の化身者どもは、貧しくて、疲労しきっていた農民の救済者であった二宮尊徳をたたえながらも、この大先生尊徳が、最初、坊主や学者がいちばん嫌いだと毒づいていた当時の野人的性格を棚上げにしていた。彼らは、「貧しき者よ足るを知れ……。不平をいわずひたすら努力、勉強せよ」といった尊徳的倫理面だけを利用し、「忍従と奉仕」の精神を賛美し、高揚し、これを聖なる神権国家のためというモーラルに結びつけていた。報徳会とは、そうした奴隷的奉仕根性の養成所だったので、文相岡田良平などはこの種の代表的茶坊主であった。とにかくわたしの「啓蒙運動」は封建思想の激励運動でしかなかったのだ。

非国民だけが愛国者

汽車の中で、携えたきた徳川時代の年表なるものを繰りひろげて見ていると、それは、将軍や大名や御用学者や、「忠誠なる臣」たちの業績ばかりの羅列でしかなく、そうした連中の権威をことさら扮飾するために、「非国民」とされている叛徒や、一揆の首領や、秩序や既成道徳を紊《みだ》したといわれる「奸佞《かんねい》なる臣」たちの物語はアクッセサリ（副え物）として書き添えてある。やがて、「非国民」だけが愛国者とされる日がくるであろう。

わたしは別にひねくれたり、すねていう訳ではないが、徳川期の「叛逆人」や、一揆の首領やらに同情をもち、彼らの悲惨な物語にとくに感激を覚え、その果敢な反逆精神と闘争ぶりに溜飲の下がる思いがする。天草四郎時貞でも、大塩平八郎でも、とくに安藤昌益とかいった人物が、日本人自身によって再発見され、これまで誤り伝えられ故意に歪曲されて伝えられた日本歴史の仮面が、剥がされるだろうか？

わたしは、東京からの汽車の中でこのようなことを考え、「先ず隗《かい》よりはじめよ」で、これから先、暇があったら尊崇されている日本の「偉人」をこきおろし、権力者によって捏造された多くの偶像の剖検をしたいと思った。

東京から八時間もかかって、やっと着いた天竜川駅のプラットホームに降りたったとき、生温かい春の夜空に点々と星がまたたいているのを見た。妻の家族の者が二人、自転車で迎えにきていた。電灯が全く稀な故《せい》か、駅前は暗かったが、電信柱に何やら軍の貼紙があった。

「何ですか、あの貼紙は？」

と訊ねると、妻の兄が答えた。

「進駐軍の掲示です」

わたしは「進駐軍」という言葉を改めて考え異様に思った。アメリカ兵は「進駐してきた」のではなく、われわれの国を占領にきたのだ。こうした田舎駅にまで、貼札や掲示を出して全国民に彼らの「占領」を誇示しているのに、何が「進駐」だ。彼らは、堂々たる占領軍なのだ。この日の朝買った新聞には、「終戦後」とか、「終戦は、われわれによって」とか書いてあったが、なぜもっと率直に「占領軍」とか、「敗戦後」と書かないのか……。日本人の甘い〝すりかえ〟根性である。

こんなことを考えながら、わたしは天竜砂利の積み重ねてあった松並木の堤《どて》をたどり、暗夜に仄白く見える細道を歩いた。道の左手には、影絵のような怪しい民家の家並が化物屋敷のように点々とつづき、その陰気な家々の障子越しにラジオが流れていた。浪曲である。久しぶりに聴いた日本の抒情朗詠詩……。わたしにとって、ショパンやチャイコフスキー以上に親しめるこの浪曲の哀調が、付近の蛙の鳴き声を伴奏にしていた。この浪曲で涙ぐましくなったわたしは、自分が日本人であることはどうにもならない現実だと思った。暫く歩いて町筋にあった妻の家に入り、わたしはここで自分の娘と初対面した。ナチス軍による空爆のため、わたしはパリで妻と別れたが、そのとき妻は妊娠二ヵ月であった。フランスのマルセイユを去るＮＹＫ（日本郵船）の最後の船で日本に帰った妻は、いまわたしの前にいる娘春子をこの中の町の家で産んだのだ。そしてその娘はもう五歳になっていた。戦時中、米海軍から、無慈悲な艦砲射撃をうけた浜松市に近いこの「中の町」という部落の住人は、空襲警報の度に避難壕の中に逃げていたのだが、わたしの娘も、抱かれたまま幾度となく壕の中に逃げこんでいたという。

夕食が用意され、わたしは二階の一室で妻子三人で卓に向かった。娘の春子は、不安の混じった興奮で、食欲もなく、箸をとろうともしなかった。丸卓の上に焼魚とオムレツなどの皿が運ばれた。娘にとってこの〈父帰る〉は、彼女なりの大事件であった。だが、わたしは彼女の父であって同時に父ではなく、娘はわたしのことを〝あの人〟と呼んでいた。そしてわたしに対し、奇怪な漠然とした憎しみさえ懐いていたようであった。母を愛するが故に父を憎む「エディプス・コンプレックス」である。

わたしは、驚いて娘の顔をうちみまもった。血縁の実父であるということは、一体、彼女にとって何を意味していただろう。わたし自身、シンガポール陥落の直後、パリの大使館で受けとった娘の写真は、たしか彼女が一歳ちょっとの時のものであった。娘が玩具の馬に跨ったこの写真は、戦時中ボルドオやツールで逃げまわって取材していたときも、いつも身につけて離さなかったが、いま目前で見たわが娘はこちらの愛情などには全く無関心であり、わたしを家族のサークルの中に突然闖入してきた異邦人として観るだけであった。娘は疲れたらしく、妻の膝の上で眠ってしまった。天使のような清浄な寝顔である。五年間、全く逢うことのできなかった、どうにもならない宿命である。だが、幼い子供はイヌと同様、世話し保護する者にだけ所属する。わたしは、ここ数年、愛されていない者を愛さなくてはならない、ドラマの主人公になることを覚悟した。

歌舞伎の『近江源氏先陣館』という史劇の浄瑠璃を聴いても、『寺子屋』を観ても、そのコルネイエ風な義理人情にもろくも涙を流して、ひとから度々笑われたが、家庭にめぐまれない、というよりはむしろ家庭を逃避した永い踉々《りょうりょう》の生活で涙を涸渇させたのは何故だろうか。ジイドと同様、わたしにはファルーシュ（野性的）個人主義者のモーラルを持つ反面があり、そのため近親者である子供や妻との血縁の絆で束縛されたり、自由を奪われることに強い恐怖を感じていた。

北海道の弟正路は、ある日わたしにいった。

「兄貴は、ジイドと親しく、彼の書を愛読しているが、ジイドは、いわゆる家庭の束縛を嫌い、教会の偽善を敵視していた個人主義者であるが、僕はジイドより、やはり社会と四つに組んだゾラの方が好きだ」

なるほど、ジイドは「家族よ。わたしはお前を憎む。鎖された団欒、閉鎖された扉、幸福を一人占めしようとする家庭を憎む」と、どこかで告白していた。だが、ジイドの憎む「家族」というのは、平和と自由の砦であり、愛の団欒の場である「家庭」そのものではなく、個人の幸福と自由を強引に奪う、偽善の「小社会」としての家庭のことでしかない。しかし、幸か不幸か日本は自分自身の「不自由」に鈍感であり、無感覚になっている人たちで充ち充ちている。

おしなべての日本の家族、親戚というものは、結婚という「形式」あるいは「契約」を先に決めてから、あとで夫婦の愛情、あるいは失望を見きわめようとする理不尽な冒険を強要する。これは、小説を終わりから読むことを勧めるのに等しい。

明治の女、昭和の女

蛙の声を聴きながら一夜を明かした翌日、親戚の者や近隣の人たちが来て、わたしを囲んだ集まりが催された。ここに集まった人たちは、わたしの帰国が遅すぎたため、総選挙への立候補出馬に間にあわなかったことをひどく残念がっていた。わたしを何者だと思っているのか分からないが、彼らにしてみれば、人間にとって大臣、代議士たることが最高の栄誉なのだ。そのチャンスを逃したわたしをこの善男善女が残念がるのも無理はない。戦後はじめての衆議院総選挙、的外れとはいえお世辞のつもりでわたしの立候補失格を口惜しがる隣人を見ながら、やりきれなくなった。アメリカ総司令部の差し金で、公娼廃止だとか、農民組合の結成だとか、そうしたことが決定されたのはとにかくとして、この同じＧＨＱが日本政府の行政権行使のワクまで決めたり、教育や警察制度のことまでとやかくと介入してきている今日〝民主的な〟という美名で、日本の衆院に総選挙をやらせて救世主ぶるのは彼らの勝手だが、日本人にとって茶番劇だと思った。

日本の共産党員を牢から釈放したり、四十五に及ぶ右翼団体を解散させたり、いかにも「解放者」

らしく振舞っている米占領軍だが、事実、彼らは日本をどうしようというのか。そして、昨日まで「天皇陛下のためならば」と歌い、鬼畜米英だと穢れた白人どもといって罵倒していた日本人が、GHQの命令に平伏する姿は全くやりきれなかった。しかしただひとつ考えられたのは、かつての夷敵米総司令部が、日本の軍国主義復活をトコトンまで抑えようとしたことである。これは有難いことながら、何故これを日本人の手でやらせなかったのか。いずれにせよ、彼らは彼ら流の民主主義で教育を改めさせ、神がかりだった神宮司庁を廃止させ、行政面では票決で一切を料理させるといった方式で、今度の総選挙を決行させたのである。自己の主張を持たない事大主義の日本人は、易々諾々と〝新しい神〟アメリカの指令に服していたのだ。西ドイツでは、米・英・仏の征服者を前に、かなり激しく抵抗し、すくなくとも教育行政などには占領軍の押しつけに正面から反対し、ドイツ側の妥当とする教育方針を自らの手で定め、それを強く主張し、その目的を貫徹させた。

わたしは、四月三日の午後、妻子を連れて中の町を出、わたしの生誕地である片田舎遠州引佐の金指にいる母に逢いにいった。金指に着いたのは夕方の六時半頃であったが、慶応三年生れの母は、このとき八十歳であった。思えば何年ぶりの邂逅か。昭和三年の秋、父の病気のためパリから一度帰国したわたしは、翌年春結婚し、四月二十日に母と別れて、シベリヤ経由で帰仏した。だが、このときから数えると、何と十八年ぶりの対面であった。

亡父の建てた座敷の小部屋にいた老母は、針仕事をやめ、喜んでわたしを迎えてくれたが、ただ繰り返して「よかった、よかった、元気で生きていてよかった。次男坊のお前のたったひとつの財産は、健康体だけだったからのお……」と、むかしながらのきまり文句をいって涙ぐんでいた。そして、これが彼女のいいたかった全部であった。

母は、典型的な「明治の女」であった。良妻賢母、ストイックで、いつも消極的モーラルだけで生き、喜怒哀楽を曖気《おくび》にも見せず、つねに下積みになって立働き、子供たちの前では愚痴をいいながらも、他人を前にすると毅然として襟を正し、悲しいときでも一滴の涙さえこぼさなかった。西洋の道徳からすれば、この種のストイスム（克己）は異常であり、悪くいえば〝痩せ我慢〟ということになろう。しかし、「明治の女性」が示したストア的な慎みと、その強靭な意志は、ひとつの美徳であった。

大正十三年頃、来日したドイツの哲人カイザーリングは、

「女性の真の良さについて語るなら、今日、欧米のどんな婦人を連れてきても、品のよい日本婦人の足もとにも及ぶまい」

と、惜しみなく日本女性を賛美していた。しかし、敗戦後日本に四年滞在して、多くの日本ムスメを恋人にしたパントマイムと性学セックソロジイの研究家、わたしの親友、フランス人のテオ・レズーワルシュ君は、

「日本の女性は、現代風になったとはいえ、依然、無邪気な若々しさをそのまま残しもっている。しかし彼女らは、西洋風にいういわゆる〝女〟ではない。性的な悦楽においても、また感情の披歴でも抽象の中に閉じ籠り、すべてを未完成のままで残しておこうと努める。そのため日本では男女の恋愛関係ばかりではなく、すべてのことで西欧風に実利的で、そこに確実なものを捉えようとしたら人間関係を複雑にしてしまう」といっていた。

「東洋の朦朧、西洋の明確」という言葉をしばしば聴くが、割り切れすぎる西洋の女は物足りない

し、万事朦朧としていて分からない東洋的な日本女性は人を苛々させる。わたしは、母が自分の肉親の母ながら、わたしへの愛情で彼女が冷たいのか温かいのか、てんで分からなく、心をいらだたせることがしばしばあった。東洋の朦朧か。

昭和の日本女性について、わたしは多くを知らない。が、日本に四年も住み、多くの日本女性を知ったテオ君のいうことは妥当だと思う。しかしアメリカ風に解放されてゆく日本女性は、おそらく強くなろうし、賢母型の旧美徳を失いながら、テオ君のいう〝女〟として別な魅力をもつであろう。

雲助と遠州人

高台の母の家で、懐かしい古里の山のシルーエットを見ながら一夜を明かしたその翌日、二、三人の近親者の案内で亡父の墓参をし、坂町の頂上にあったわたしの母校、かつての尋常小学校の校庭に佇み、遠くに見える浜名湖を眺め、なつかしい木造の校舎を見ながら、天長節など儀式の日に紺絣《こんがすり》の着物に袴をつけ、校長が紫の袱紗《ふくさ》に包んだ桐の箱から手を震わせて出した「教育勅語」を恭々しく読んだときのことを思い出した。「チンオモニ」とか「ケンケンフクヨウシ」といった言葉も、わたしにとって坊主のお経のように思われ、何が何やら分からなかった。分からなかったのは幸福であり、もし先生が優れた人物で、このような〝お経〟を子供に分かるように解説したらどんな結果になっただろう。遊ぶことが全部であった小学校時代は、ただ動物的に生きただけであり、拝まされた天皇、皇后の「御真影」も、校長の訓話で耳にした「御宸襟を悩まし」とか「恐懼おくところを知らず」とかいった妙な言葉も、すべてわたしにとって馬耳東風であった。

文部省の高官どもが、この種の教育を幼少児に叩きこむことで、子供が「天皇陛下のためならば」とか、「国のためなら火水にも」といった玉砕精神が育成されると本当に思っていたとしたら、よほど〝おめでたい〟奴である。キリスト教の坊主どもも同じ手で、まだ批判力も選択能力もない無邪気な子供に、白レースの結婚式用の美服を着せ、処女を象徴する真白の花を持たせ、「コンミュニオン(聖体拝領)」をさせているが、これくらい老獪な瞞着《まんちゃく》はない。天皇を伏し拝ませて騙すなら子供のときを利用せよという奸策《かんさく》だろうが、どっこい父の反骨精神の血をもっていたわたしは騙されなかった。しかし、このずるい欺瞞的教育を、小学校時代にはポコペンであったとはいえ、中学にはいってから理性の眼覚めと共に天皇尊崇教育のからくりが分り、仄かながらわたしの反逆根性は刺激された。

山の上の母校の校庭から眺めると、西方六、七キロ先方に、浜名湖の東端にある引佐細江が銀色に光っていた。この細江に近い気賀町は白柳秀湖の郷里である。秀湖は、わたしが学生時代に浜松に誘って講演をしてもらったこともあり、またパリに行く前にも一度逢って教示してもらったことのある郷里の先輩である。この気賀町にあった小学校には高等科があり、わたしは浜松の中学に入学する前、ここの高等一年を修学するため、金指から一年間、歩いて通ったことがある。この高等小学でも、わたしたちは、むつかしい漢字と片かなで書かれた「教育勅語」なるものを暗記させられたばかりか、この得体の知れない経文のまま、一字も間違えず空で書くことを強要された。何たる知能の無意味な消耗であった。

金指の家を「さよなら」するとき、玄関までわたしを見送ってくれた老母は、わたしの穿いていたスペイン製の靴をしげしげと見ていたが、「いい靴だのお、余計なのがあったら良平（兄）に一足くれないか」といった。わたしは直ぐ旅鞄を開け、マドリドで買った黒靴を一足出して母に渡した。老母は涙ぐんで喜び、「家には何もないけど、間もなく夏になるから、蚊帳でも持って行ってくれ、蚊帳もないずら……」

「蚊帳どころか、鍋も、釜も、蒲団も、箸ひとつないんですが、御心配無用。わたしのような無宿ネコは強いですよ。せっかくの御好意だから、蚊帳だけはありがたく頂戴します」

といって、垢で灰色に汚れた古いボロ蚊帳を紙に包んでもらい、みなに送られて郷里を去った。

戦争協力者たち

至る処で、戦争協力者の公職追放が話題になっていた。この「公職追放」が発表されたのは、わたしが久里浜に着く前の一月四日であり、新聞が精しい報告をしていた。郷里の金指を去って、浜松で農園を経営している義兄（姉の夫）に逢ったとき、彼はわたしがヨーロッパ各地から打電通信していた「読売」の記事を簞笥から出して見せながら、

「お前も追放ということになるかも知れんぞ…」

といった。証拠をつきつけられた犯人のようにギクリとしたが、よく見ると「枢軸の守り固し」とか、「新秩序挺身の誓い固し」、「新欧州、鉄の結合」、「独乙の人間、戦力、食糧、完勝の鉄枠固む」といった派手な写真入りの大見出しの記事ばかりである。そればかりか、ドイツにいた嬉野満州雄や、ロ

ーマの山崎功や、バーゼルの喜多村浩などと、わたしの国際電話も出ていた。

また、ナチ占領下のパリからの電報を読むと、そこにはペタン元帥の写真も掲載された「米・英と一戦辞せず、対独協力の新体制へ巨歩」などという華々しいのが大きく出ている。他方、昭和十六年三月二十二日付の「読売」は「ベルリン経由で延着」と附記されて、ドイツ軍に占領されたパリで、こっそり秘密裡に逢った前首相ピエール・ラヴェル（ヴィシイ政権で一時副総理だった）との会見記や、奇怪な風雲児、ジャック・ドリオや、「国民大衆党」の首領だったデロンクルなどとの会見記、また、ヴィシイ政府の占領地派遣全権大使ブリノンをインタヴューしたときの記事まで出ている。いずれにせよ、すべて、わたしの良心の疵跡《きずあと》である。いい気になって報道した自分の不甲斐なさの記録である。

それはそれとして、ベルリンに缶詰にされていたとき、いろいろな口実で古巣のパリにいって取材報道した自分の原稿を紙上で見たとき、なつかしいやら悲しいやらで、胸が一杯になった。記事には多くの写真まで出ていた。ガソリン不足でタクシーなど一台もなく、ペダルで走る人力の三輪車が、花のパリ、シャンゼリゼを流してゆく光景、またコーランのアトリエにいた映画女優ダニエル・ダリユーに逢い、彼女が湯に入れず愚痴っているときの会見記、また、パリを去り難く寒さと飢えをしのんで踏み留まっていた邦人、とくに諏訪根自子や、音楽家・古沢とし子や、パリ大学で博士号をとった片岡みち子や、湯浅女史などの消息ものっていた。当時パリにはまだ、九十人ぐらいの日本人が残って頑張っていた。

ナチス兵とパリジアンが同居していた当時のパリの光景は、奇怪でコッケイなスペクタークルであった。郷里のドイツでは、ジャガ芋ばかり食べていたドイツの兵たちが、ノルマンディあたりの牛肉をふんだんにむさぼり、奪った食糧でパリ娘を誘惑し、パリの多くのキャバレには、「フランス人の男性立入り禁止」の標札が貼られていた。わたしは、ドイツの同盟国日本の記者だというので堂々入場を許されたが、驚いたことにドイツ兵が「独・仏語豆字典」を手にパリ娘をフランス語で口説いていたことである。戦争には勝ったが、「文明」には勝てないということか。このキャバレで一人のフランス娘は、ナチスの大物ゲーリングがパリに現れ、高価な香水を買い占めて帰ったことをひどく憤慨していた。

フランス人には、外国人のわれわれには推察が出来ない抵抗精神があり、キャバレの女までが敗戦による悲劇的悪条件を忍従しつつ、ドイツ語など一切喋らせない抵抗を示していた。それにひきかえ日本のパンパン嬢は、米兵を前に自己卑下し、精神的独立はおろか無抵抗の中に沈潜していた。これは、日本の為政者が永い間「文化軽視」の暴政をつづけてきた、たたりである。

だがフランスにも、第四共和国の政治を蔑《さげす》み、ナチスを賛美する人が可なり多かった。わたしのパリ通信を読むと、かつて親独だったというので投獄されていた「ジューヌ・フロン」(若い戦線)の首領クレマンチという「英雄」が、フランス敗戦の直後から胸を反らして街に現れ「反ユダヤ・反英」を旗印にし、十六歳から二十一歳までのフランス青少年を率いていたことが報道されていた。わたしはこの青年団長とも会見したが、彼は、祖国フランスの欠点は個人主義過剰で集団訓練のないこと、従って、ドイツを中心としたヨーロッパに「新秩序」をうち建てることが急務だといっていた。このクレマンチは、彼の率いる青年団に濃い茶褐色の揃いのシャツ、カーキ色のスマートな制服を着せて、行列行進をさせていた。政治狂者の打つ手はいつも同じである。制服、揃いのシャツ、旗、足並そろえた行進……、これだけで個々人の批判精神が眠り、魂のない底のぬけた示威でしかないのに……。

義兄の農園の廊下で、ヨーロッパからの戦時中の自分の通信記事スクラップを読みながら、わたし自身も、日本を誤らせた罪をまぬがれない一人だと思った。しかし、もしわたしに弁解の理由があるとすれば、生殺与奪の権を握っていた読売本社の指令に服したということ、次に、たとえこの戦争がわたしに何のかかわりなく勃発したものだとしても、わたしの血はやはり日本人のものであり、すでに戦っている以上、同胞の国日本が負けてもらいたくないと心で願ったこと、最後にいいたいことは、わたしの電報通信文が、その見出しをはじめ内容まで本社のデスクでかなり誇張され、でっち上げられ、軍国調に変貌していたばかりか、現地ベルリンでも、パリでも、わたしの草した文章は、官憲の検閲で大幅に修正され、〝妥協〟〝ごまかし〟を止むなくしていたということである。わたしに代って、同胞は戦場で血を流しているのだ。これは理屈ぬきでわたしの血を湧かせたものであり、日本人を激励したい一念も押さえられないものであった。

わたしは、義兄にいった。

「戦争協力者としての公職追放は、日本の帝国主義的侵略政策に直接参画し、そのため積極的な役割を演じた者だけなんですよ。もちろん、その意味では政界や軍部の人ばかりか、文壇、出版、ジャーナリズムの人間も含まれていましょう。新聞社の社長や、菊池寛や、天皇制軍団を盛んに謳歌した武者小路実篤なんかが、追放されているんですが、もし、わたしのような一介の海外特派員でしかない者まで追放されるとしたら、それこそ何百万という数にのぼる戦犯者リストが出来ましょうよ」

「お前のいう通りだろう。だが、やはり気になるよ。（こういった義兄は暫く考えていたが）追放する責任者は、陰の指導者アメリカ人であり、こざかしい日本の役人どもは、密告したり、GHQに出はいりし、ペコペコしているんだ。この役人根性が残っている限り、これからだって碌なことはないよ。吉田茂なんて奴も、やはり役人なんだ。軍と肌が合わず抵抗者面《ずら》をしているが、天皇に近づくことで栄達を打算しているずるい男だよ。おれは、うちの農園にきて勝手に壕を掘り荒らして威張りくさる軍人や、御国のためだといって何もかも調達しようとする木端役人どもと毎日喧嘩ばかりしていたよ。白たびをはいて貴族ぶったり、侍面をした卑怯な奴らだけ出世する日本に、もう愛想がつきたよ」

こういって、コップの冷酒をぐんと飲んでいた義兄は、大地主であり、少々浪花節型ながら、侠客肌の男で、東京に帰るわたしに、日常生活に必要なものは遠慮なく何でも持っていってくれといった。

詩人川路柳虹との対話

東京に帰ったわたしは、かりそめの塒《ねぐら》であった高円寺馬橋の「松栄荘」の四畳半にあぐらをかき、みかん箱を机にして、毎日頼まれ原稿を書いていた。

疎開先、千葉県の鶴舞町にいた詩人川路柳虹君が、読売本社に訪ねて来たのは四月二十七日だった。久しぶりの邂逅であったが、川路君は思いなしか、ひどく痩せていて元気がなかった。有楽町のあたりを歩みながら、彼はわたしにいった。

「バカな戦争をしたものですよ。わたしの東京の家も、火災でやられ、自分の本も、あなたから送ってもらった貴重な翻訳書、文献、すべてみな灰燼になってしまいました。あなたの訳されたメルキユール版の『アントロジイ・日本現代詩人選集』もまた、この書のイタリヤ語訳書や、クロアチア語版まで失ってしまったのは全く残念。とにかく、日本という国は出鱈目ですよ。一切の不幸、すべての悲劇の原因は、日本全体の精神的後進性によるものだと思っています。つまり、国民を忘れた神がかりの暴政で、民衆が前進性を失い、腑ぬけになっていたんです。あきれて物もいえませんよ……」

わたしの同居人であった法政大の学生からもらった「洋モク」をすいながら、わたしは、川路君に辻潤や、無想庵や、井沢弘などの消息をたずねた。

「辻潤は、暫く消息を絶っていましたが、昭和十九年の十一月、どこか東京駒込の寮で餓死したという噂を聞きました。もし、そうだとすると彼らしい大往生ですよ。無想庵、井沢弘は、健在のようです」

川路君とわたしは有楽町の喫茶店にはいって、なお語りつづけた。川路君はまたいった。

「戦争も末期になっていたとき、昨日まで大言壮語していた軍人どもは狂人になっていました。昭和十九年の十月頃、わたしのいた千葉県ばかりか至る処の日本人が米軍落下傘部隊が降下してくるのを恐れ、街にも草地にも〈殺せ、米鬼〉などと書いた立看板が現れはじめました。そして、工場に行く職工の一団などが『大和男子と生れなば……散兵戦の華と散れ！』などというバカな軍歌を歌っていました。戦時中、武器はすこしも近代化されず、ただ自暴自棄になり〝天皇謳歌〟〝国威宣揚〟〝天祐を待て〟〝竹槍で戦え〟といった愚頑ぶり。全くいやはやでしたよ」

「文化人、とくに大学の教授たちなどで、反戦的な〝レジスタンス〟運動を試みたといった話は聴きませんでしたか」

「ただ消極的に沈黙を守り隠遁していた者はいましたが、いい気になって軍部を喜ばせたプロフェッサーが多かったです。中にはファナティックな〝英雄〟がいましてね。大正大学の教授で、一高帝大出身だという浜田なにがしというのは、『五、六十万の決死隊をアメリカに送り、パナマやアラスカをやっつけよ。そして、その半分は、全国の仏教徒から募集するんだ』などと叫んでいました。これは、戦争末期の昭和十九年十一月頃でしたが。さて、あなたの友人、辻潤が、東京で餓死したのは、たしかこの頃でした。教授仲間で、どうにも救われない神がかりの国体尊崇者には、京都帝国大学の先生が多かったです。開戦二周年を迎えた昭和十八年の十二月八日でしたか、『中央公論』が『赴難の学』と題した座談会を催したことがあります。そのとき、京都帝国大学の教授たちが中心になって出席し、バカなことをヌケヌケと述べていました。この席で小牧実繁とかいう教授が、『大東亜戦争は、天祐神助だ！』といい、その言葉を何回となく祝詞《のりと》のように繰り返していったそうです」

「京都に神がかりの人間の多いのは何故でしょう？」

「京都というところは妙なところで、共産主義やマルクスかぶれがいるかと思うと、他方に〝国粋神学〟の権化見たいのがいるんです。とにかく〝御所〟があり荷田春満とか山崎闇斎なんてえのが育ったところですからねエ……。大体『中央公論』の『赴難の学』座談会などといったものは、全くの茶番劇でしたよ。京都帝大の教授たちは、本居宣長を日本の本尊とでも思っていたらしく、〈西洋の学は西戎学であり、学問と真に名付けられるものは、『日本書紀』だけであり、これを読めばすべてのことが分かる〉などといっていたばかりか、〈国際法なんかは、結局、英・米の謀略法である〉とまでいっていましたよ」

「そいつァ驚いた。京都のインテリは、東京の人に対して妙なコンプレックスをもち、自分を売りこむため何ごとにも出しゃばりたがる癖があるようですね。戦時中、軍に阿《おも》ねっていたこの種の幇間学者どもは、箱根や大井川の雲助にも劣るいやな奴ですよ。しかし、雲助のように単純な動物的悪漢でないこの〝名誉ある〟諸先生方は、敗戦で暫く鳴りをひそめるでしょうが、形勢を伺って、また首を出し、出しゃばるでしょう。インテリの〝偽善〟〝転向〟〝変説〟これらはどうも日本人の悲しい特質のように思われます」

こういったわたしは、話題を変えて川路君にたずねた。

「ときに新居格はどうしています。わたしは彼にまだ一度もあっていませんが、わたしの処女出版の随筆『巴里』（新時代社、昭和四年）が出版されたとき、あなたや朝日の町田梓楼などと一緒に推薦文を書いてくれたのは新居ですが、彼は推薦の辞として、わたしが〈なかなかの文章家だ〉などと褒めてくれたので、つい己惚れ、それが病み付きになり、とうとう新聞記者になってしまったような気がしますよ。近日、手紙を出して彼を訪ねるつもりですが、戦時中、新居はどんな態度をとっていましたか」

「新居君には久しく逢いませんが、彼は彼らしく沈黙を守り、伊豆の方に籠っていたという話を聴きました。この新居の従兄だという賀川豊彦は派手な宣伝屋でしたが、やはりキリスト教徒だけに戦時中、高良富子らと一緒に軍にいくらか抵抗していたようです。この二人は、英国の平和団体に属した会員だったという口実で憲兵隊に呼ばれ、その平和団体から脱会するという手紙を出せと強要されたという話を聴きました。しかし、その後のことはよく知りません。辻潤のように自分の個性をもって、良心に忠実に生き抜くということは天才の業ですよ」

川路君は、このようなことを語っているうちに、その語調が、何やら、熱気を帯びてきた。話は暫く雑談に移って横道に外れたが、また彼は語りはじめた。

「とにかく、日本というところは〝状況追随者〟ばかり多い国ですよ。ですから、すべてが有耶無耶《うやむや》になり万事がぼやかされてしまうのです。天皇を〝天上人〟にしたり、彼に神格を持たせることも容易だったのはこうした風土の故です。そして〝神話〟と〝真実〟との間にいつも煙幕がはられて、すべてがぼやかされ、天皇は国民から何の抵抗もなく被造（つくられた）聖物となってしまったのです」

ここで、わたしは川路君にいった。

「ヨハネ伝などで定義されていたような、イエス・キリストの『神性』は、長い間、神学者や評論家の間で激しい論争の的となっていました。そしてとくに、ルーターとカルヴィンによってなされた論争は真剣でした。日本の歴史には、そうした論争も追求もなかったようですね。すべて、それは、むかしから日本人が全体主義と『絶対主義』の性格で焼きがまわった、その傀儡になりきっていたからでしょう」

「そうですよ。だから、安藤昌益や大塩平八郎のような例外はあっても、西洋の中世紀法学者がいっていたような〝抵抗権〟などを主張する者は全くなく、民衆とか人民の権利を理論付けたような学者論客は、すくなくとも徳川三百年間には皆無だったといえます」

わたしはまた、川路君に質問した。

「わたしが日本本土に上陸する寸前の正月に、天皇は神格否定の詔書を下しましたが、この『人間宣言』ともいわれている詔書は、一体、誰の発案だったのです。天皇のイニシアチヴだったという人もあり、側近たちの作文だったという者もあり、この辺のこともまた有耶無耶にされていますが、一体、どうなんですか」

「分かりませんね。模糊、曖昧、杳《よう》として知り難い。とにかく〝現人神〟であったはずの天皇が、いきなり『人間』に天降りしたということは、国体精神の全面的崩壊であり、ひとつの大革命なんです。だのに、あなたの『読売』も他の大新聞も、このことでは全くおし黙っています。知らせない政治家、真相を知ろうとしない民衆……。よく訓練されたものです」

わたしは後日、マーク・ゲインの草した『ニッポン日記』(筑摩書房、昭和二十六年)なるものを読んで知ったのだが、この宣言は「実は、ダイク准将とやらの事務室で、でっちあげられ、『調理』されたもの」だという。つまりこの「詔書」は、GHQの連中が英文で起草し、それの邦訳されたものが天皇自身によって朗読されたに過ぎなかったということになる。この点で質問された三笠宮も、「その辺のことは、わたしも一向に知りません」と答えていたとか。全く呆れた話である。有耶無耶、曖昧、棚上げ、幻術的すり変え、無責任、無追求、こうしたことが、古来からの因習によるものだというが、これこそ日本の見えない〝暴君〟であり、タブー根性の源泉である。そして、この〝暴君〟は、時に「将軍」、時に「天皇」の名で、〝聖なるもの〟、触れ得ないが形をもったタブーとなって祭り上げられてきたのだ。ばかりか、それがつねに〝忠誠〟という〝道徳〟(思想にあらず)で支えられていたのだから情けなくなる。

後日になって、ある日わたしを訪ねてきた辻まこと（辻潤の長男）は、わたしが口角泡を飛ばして、日本人のタブー根性を罵倒し、為政者たちの偽善や卑怯さをコテンコテンに非難攻撃すると、彼は微笑しつついった。

「松尾さん、あなたは二十年以上も、日本を他所に生き、そのため、ハッキリ率直にいって、あなたは日本の現実を知らない浦島太郎なんですよ。あなたに欠けていることは、ひと口にいって、日本を知らなすぎるということです。あなたのいうことは、すべてオーソドックスですが、それが、一向に日本人に通じないんですよ」

こういわれて見れば、たしかに辻まこと君のいう通りである。しかし、もしわたしが日本にいて、〝日本の現実〟に直面し、その中に浸り、溶けこんでいたら、〝わたし自身の現実〟を持たなくなって、環境の批判者として失格し、憤怒も爆発させず、ウヤムヤの幽霊の一人となり、微温的な日本人のインテリ仲間に加わっていたかも知れない。

第4章　「ほがらか読売」の巡業へ

香具師根性

川路君と別れて、有楽町から新橋の方に彷徨《さまよ》い歩いた。もう夜にいり、あたりは真暗で、ガードの下や街裏の陰に、多くの占屋が角行灯を小机の上に置き、行きずりの客を待っていた。聴くところによると、戦時中、占術はひどく流行し、ある有名な占師が、昭和十九年の六月二十八日に、日本の戦争が勝利に終わるといったとかで、有識者までこれを本気にし、この占師はたちまち有名になり、彼の信奉者が門前市をなしたという。

戦争と迷信は、つきものである。天祐を信じるバカな大学教授のいる日本であることを思えば驚くことはない。庶民が、困ったときの〝神だのみ〟になるのは、もちろん日本ばかりではなく、ナチスドイツ軍がパリに迫ったとき、パリのノートル・ダムでは、パリ市民が集まって、御祈祷の式を催していた。わたしは、少々酔っ払うと、いつも占者の小行灯に近づいて、冗談半分にからかう妙な癖がある。ところが、占業者も商売柄なかなかずるく、運勢がどっちに転んでもいいような、〝ぬけ穴〟をつくってたくみに答える。

新聞宣伝隊「ほがらか読売」一行，漫才の一歩らとともに日光で記念撮影．

わたしの赴任地だったトルコやスペインでは、ヒターと呼ぶ乞食のような跣《はだし》のジプシー女がよく後をつけてきて煩《うる》さかったが、わたしはいつも「よろしい、金はいくらでも出す。ただし、まずオレに、何人子供があるか当てて見よ。あたったらうんと弾んで金を出そう」といって、からかった。もちろん、子供の数など当てた者は一人もいなかった。わたしが永くいたフランスにも、世界的に知名だという占婆さんがいて世界中の客を集めていたが、この種の占屋はみな堂々たるアパートに住んでいた。

かつてスイスのローザンヌ近郊にいたロマン・ローランを訪ねたとき、彼はわたしにいった。

「悲惨な大戦争の後には、人間は、かならず宗教的になり、他力にたよって救われようとする傾向を強くします。第一次世界大戦の直後、南仏ルールドの寺院は大繁盛をし、全世界のカトリック信者がこの寺院に蝟集《いしゅう》したことを御存知でしょう」と。

このルールドという寺院は、南仏のスペイン国境、ピレネー山麓にある有名な霊刹であり、全欧のカトリック信者が巡礼となって集り、ここの聖母マリアに額づくと、どんな病気でもただちに直り、松葉杖にすがって来た男が帰路には元気に歩み、松葉杖を山に捨てて帰るといわれている。わたしは、このミラクール（奇蹟）の寺の背後にある丘に、沢山捨てられた松葉杖を見たことがある。

わたしは神秘の否定者ではないが、カトリック教会の喧伝する「ミラクール」を信じたことはない。ミラクールは騙される人間があって存在するテキヤ的幻術作用でしかない。巷にいる多くの占師をみるたびに、わたしはアジア大陸から渡来したという「幻術」のことを考える。人の弱みにつけこむ占師は、一種の幻術師である。『香具師の生活』（雄山閣、昭和三十九年）という力作を書いた、わたしの友人添田知道君は、エピローグで次のように書いている。

「だます人口より、だまされる人口の方が、はるかに多い。……だまされる者がなくなれば、だまっていても、だますやつはいなくなる。こんなわかり切ったことが、なぜわからないのだろう。それは、みんなに手の内をわかられてしまっては、だます側の《悦》がなくなるから、だます側では、必死になって、それを、わからせまいとする。それが何と教育の名で行われてきた」

この言葉は、一言にしていえば、古来から今日までの日本の政治や宗教のあり方の万事を物語ったものである。添田君はまた、ハッキリいっている。

「明治維新このかた、日本が近代国家への志向を表看板にしながら、政治は封建さながらのものであり、親分乾分の集団による国びと、そして、大衆の血税収奪機関が、政府といわれるものであったこと、つまり日本には、ほんとうの『政治』はもたれず、はじまってもいない……」と。

わたしは至る処で、日本が「集団」あって「個」のない「閉鎖社会」だと書いていたが、もし、優れた社会病理学者がいたら、この点わたしと同意見だと思う。

わたしの郷里、遠州は、むかしから「雲助」の血をもった者や、「仁侠気取りの男」テキヤ風の商売人の多いところだが、日本に帰ってから、わたしの逢うほとんど全部の「有名人」「実力者」が、みな、ひと皮剥ぐとテキヤ的な人間であるのに驚いた。外国にもテキヤはざらにいる。しかし、日本の全社会に瀰漫《びまん》している「テキヤ」は、首相からヤクザや暴力団に至るまで、特異な人間集団の病理が織りなす広範な異状特殊風景だとしか思われない。

とはいえ、西洋にも「占星術」などというものの体系があり、古代バビロニア時代から、ギリシャ、ローマに伝えられていたものが現在でもフランスやドイツに残り現存し、若者はとにかく、中年の男女、とくに老婆などは、「夢占」「神託」「予言」を話題にしている。そしてフランスの大衆新聞などには占星の欄まである。また、コーヒーの出し殻などで占をする民間の信心深い女もいる。これは日本でいう茶占であり、西洋でいうキーポマンシイである。こうした種類の占に迷う人間の弱味は、全世界共通のものであるが、しかし最近の西欧では俗信、迷信に支配されている民衆の数は極めて少数になっていて、それが社会的な問題として取り上げられることはほとんどない。

ところが日本の場合、とくに敗戦後は、迷信も俗信も、たとえそれらが若人の心を支配しないにしても、四十代を越した壮年や老年層の人々、とくに地方の保守的な農山村の民衆は、依然として、過去の「惰力」に生き、とくに右翼的な人たち（知識人を含め）は、口に「近代」とか「合理」を主張しながら、旧態依然たるタブー思想から脱し得ず、迷蒙の中にとじ籠り、およそ「近代」とは縁のない「非合理」「非科学性」の社会をつくっている。

天皇といえば襟を正し、日の吉凶にとらわれ、橋や道路の開通式や新建築の上棟式に御弊を必要とし、お祓いまでやらないと安心できない。そして、すべての原始人の「呪術」に類似した「前近代」に結ばれている。こういったらいい言い過ぎかも知れないが、それは日本人が「個」を持たず、憑かれた宗教人となって神話的な歴史にこだわり、天皇制に迎合しているといった彼らの精神態で立証されている。そうした態度を雄弁に物語るのは、かつての長州藩の人たちが範をたれた「忠誠」という中世紀的至上倫理の残滓が、日本的プラグマティスムと連結し、「立身出世」の捷徑《ちかみち》となっている事実である。山口県人（長州）の岸、佐藤兄弟の例は、端的にタブー・プラス・功利という陰湿なテキヤ精神の存在を物語るものである。

この種のテキヤ根性は、前述のように古くからあるアニミスム（霊魂尊崇）や、迷信俗信の土壌に育った狡猾で「すりかえ戦術」の生んだ落し子であり、下は、しがない賭徒の群、大道商人、パチンコ屋などから、上は誇大広告で万民をつる実業家や、汚職議員や、高級官僚から、大臣・首相に至るまでの悲しい小ざかしい生活倫理であり、これが現代日本の根底をなすものである。

日本の民衆は、世界に類例を見ないほど勤勉であるが、権威や〝金威〟に騙され易い封建的「宗教人」であり、同時に、騙すこと、「すりかえること」に巧妙な才能を発揮する支配者や、「実力者」と称する経済的動物を無批判に尊崇する蒙晦な信者の群である。まだまだポジティヴィスム（実証主義）の生活倫理など前途遼遠、他界のものである。しかし、こんな前近代性のでっち上げた政治機構や、テキヤ教育や、経済体制は、いつまで続くだろうか……。

『蒼馬を見たり』の芙美子いずこ？

スペインの首都マドリドでの沈倫生活は、敗戦になるまでの二年半続いたが、その間、何も出来ず、ただ読書し、執筆し、スペイン語を学び、恋愛し、油絵の画筆まで握って、悠々自適の生活をしていた。このときこそ、わたしの生涯にとって最も幸福な時代のひとこまであったと思う。いかなる運命のめぐり合わせか知らないが、パリを引き挙げてからベルリンを本拠としながら、わたしはいつも中立国のトルコとかスペインが赴任地となり、食糧、酒・煙草、果物にめぐまれ、戦争に対する心のモヤモヤ、憤怒、悄愴は別として、物質的に何ひとつ不自由なく気ままに暮すことが出来た。何故こんな果報者であったのか自分にも分からない。でも、つねに至るところで米・英の記者たちと対峙しつつ、取材に骨折り、情報の探り合いなどで厭な思いをしていたとはいえ、スイス経由で祖国から送られた金が十分であったため、僅かな牛乳にもめぐまれず苦しんでいた同胞に対し全く相済まぬ思いがした。

とある日、昭和七年頃パリで親しくし、大いに世話をしてやった林芙美子のことを思い出し、訪ねたくなり、彼女に何気なく電話をかけると、芙美子はもうわたしの帰国を知っていたらしく、愛想よく返辞し、なつかしがって、わたしにいった。

「逢いたいわ。直ぐいらっしゃいよ。お酒も沢山あるから泊りがけでゆっくり。ヨーロッパの話やスペインの話を聴きたいのよ。何か原稿でもあったら、わたしの顔でどこへでも紹介しますから持ってらっしゃい」

といった。こうした電話での会話のあった翌日、わたしは、うららかな春の昼さがり、下落合四丁目にあった彼女の家を訪ねた。入口の坂道から玄関にかけて、孟宗竹が茂っている細道のある彼女の家はなかなか豪壮で、京都風にあしらった清爽典雅なブルジョア趣味の数寄屋づくりであり、女中に案内されるまま、玄関横、左手の応接間にはいって待った。この仄暗い日本風の応接室には、ガラス障子も下部だけが透明になっていて、座ったまま庭がよく見えるように配慮されていた。ふと見ると、酒脱で粛々たる庭をめぐらせたこの応接室に、文楽人形がひとつおかれていたのはいいとして、わたしの嫌いな武者小路実篤の画が一点、立派な額に納っていたのを見て驚いた。芙美子が武者小路……おかしな組合わせだ。辻潤によって世に紹介され、スティルナアの『唯一者』を愛読した(?)という芙美子が、どうして実篤なんかの絵を聖物のごとく掲げているのだ。辻潤が「ムチャコージ君は好い男だが、彼の〝固定観念〟がいやになる。この観念がなかったら、どんなにいいことだろうが……」と、どこかで書いていたのを思い出したが、ムチャ君が芙美子に与えたらしいこの絵には南瓜がひとつ描かれ、風流人らしく〈南瓜のごとくどっしりと〉といったような平凡な文句が、ありがたそうな意味をこめて書き添えてあった。

辻潤のいった「ムチャコージ君の固定観念」とは、何を意味していたのだろうか。おそらく、この文壇の大家が、他の白樺派の作家同様、「国家」とか「国体」とか、そうした概念から脱却が出来ず、満州事変に際しても、また日支事変が勃発してからも、すべて「国体」という観念に結びついた明治以来の旧体制に何の不審も抱かず、惟神に憑かれた人物だったという意味を述べたのであろうか……。（武者小路は、敗戦直後に出た『新生』に、マッカーサー元帥への公開状を草し、天皇弁護を試みている。）武者小路のセンチメンタル・ヒューマニスムを表現していた南瓜の絵を見ながら、彼が日本で人気を博した理由の何かがよく分かった。

こんなことを考えていたとき、入口の障子が開いて、中年の痩せた男が現れ、わたしを庭の見える日当りのいい茶の間に案内してくれたが、この中年男が、パリの宿でコンニャク酒に酔った芙美子がのろけて度々口にした画家「りょくさん」こと緑敏という芙美子のだんなであったろう。芙美子はわたしの訪問を心から喜び、パリの一別以来の物語をし、二人の会話は長々と尾を引いた。間もなく被風《ひふ》を着た、古風な老母「きくさん」が現れ、丁寧に何度も何度も礼を述べた。やがて日本酒の一升瓶と、つまみ料理が出、わたしは芙美子と久しぶりに杯を挙げお互いの健康を祝し合った。芙美子が「読売」の文芸部長清水弥太郎の紹介状を持って、パリのわたしの宿ダンフェル・ロシュロオ広場のホテルにころがりこんで来た前後の話は、わたしの多くの著書や、また芙美子自身の『パリ日記』などに精しく出ているので省略するが、この日逢った芙美子は、頸すじのあたりも背後姿もショボショボとし、ひどく憔悴し近眼の度が強くなり、たまたま配達された新聞の夕刊に、彼女が双の眼をピタリとくっつけるようにして読んでいる姿を見たわたしは、パリでの同じホテルで暮らした頃の彼女とは全く別人のように思えた。パリの宿でコンニャク酒を飲み干し、おのろけをいっていたときの芙美子は、まだ二十八歳で溌剌としていた。今にして思えば、下落合のこの家でわたしと再会を喜び久しぶりに飲んだ日から約五年後に、彼女は精魂つき、心臓弁膜症が昂じて四十八の若さで死去してしまった。何故こんな若さで冥界入りをしたのか。ひと口にいえば過労の故であるが、彼女はおろかしくも空虚な人気と名声の俘虜《とりこ》となったのであろう。

わたしが彼女と語り合った日、芙美子はわたしに「いま三個所に連載物を書かされているのよ」といっていたが、何と愚かな精力の消耗だと思った。それはとにかく、わたしを前にした彼女はもう一流の「流行作家」であり、わたしが酒杯をにぎり彼女と語り合っている間にも、原稿の注文やら催促やらで多くの人が玄関に現れ、それを「緑さん」が態よくさばいて追い帰していた。

こんな調子でいい気になっている日本の流行作家は、思索はおろか読書すら出来ず、自分の自分を吐き出す一方であり、名声と人気という阿呆な化物にとり憑かれ、自殺の途を急いでいるのも同然だと思った。彼女はもう〝彼女の彼女〟ではなくなっていた。

芙美子は、わたしが帰国した年、つまり敗戦の翌年あたりから、ジャーナリズムの復活とともにひどく多忙になり、八方から執筆をたのまれマスコミの奴隷になっていたようだ。この頃、つまり敗戦後、四十一歳だった彼女は、「反戦作品」を次々と書き、『人間』一月号に「吹雪」、「雨」を『新潮』にのせて、溜飲をさげていたという。（世界的に知られている『悲しみよ今日は』の作家、フランソワーズ・サガンは、かなり放埒無軌道な生活をしていながらも、「わたしは、わたし自身の限界を知って書いている」と述懐していた。また、サガンは、「流行作家」として、全世界から騒がれながら、一年に一冊、しかもに二百頁そこそこの小説を書くため、読書し、図書館に通い研究し、集約的な努力をしている。）

芙美子の家庭のこと、その生涯の委細については、後日、板垣直子の著作を読んで知り得たが、結局、芙美子は詩集『蒼馬を見たり』を世に出し、辻潤や石川三四郎に賞賛された時代の「清貧の美」を忘れ、ひたすら貧乏であった頃の世の侮蔑に復讐せんとして、また「清貧」を売りものにさせるマスコミの誘惑に負け、自ら墓穴を掘った〝個〟のない弱い女性であったように思われる。辻潤は芙美子が出世してパリ行きを宣伝した頃「みそこなった」といって、彼女にひどく失望したが、芙美子には「日本一の貧乏人」たることを誇る気魄はなかった。辻潤は絶望しつつ「芙美子君、君はやはり女人だったのだ」と洩したが、この女人はスティルナアから何を学んだのだろう。

読売新聞の記者どもは、わたしがパリで林芙美子と関係していたらしいなどとバカな噂をしていたようだ。そして芙美子伝を書いた板垣直子さんも度々わたしに電話をかけ、「林芙美子さんはパリで恋人をもっていたようですが、彼女の恋人（？）というのは一体誰でしたか。松尾さんは多分ご存知でしょうが……」と訊ねていた。「その恋人ってのは、実はわたしですよ」といってからかおうと思ったが、それはやめた。芙美子がわたしのホテルにいた頃、かなりノイローゼになっていて、深夜でもおかまいなくわたしの部屋をノックした。芙美子とは会話を楽しみ得たし、人柄もざっくばらんで好感がもてたが、正直にいって、酔興でも彼女と寝て見たいとか接吻してやろうとは思わなかった。魅力あるエロ的な美人の多いパリで、芙美子を抱くなど冗談じゃない。

そして、芙美子は彼女のファンだという金づかいの荒い、のらくら者の文学青年どもと遊びに出ていくようになり、やがて風のようにわたしのホテルから姿を消してしまった。彼女がどんな男を相手にしていたのか、そのようなことにてんで興味のなかったわたしは、ただ自分のことで忙しくしていた。パリにいた日本人の〝雀〟どもは、芙美子についていろいろ意地の悪い取沙汰をし、「芙美子に何人情夫がいたとか、震災のとき、船で東京を去り静岡の方に向う途次、船中で四人の男と関係した女だ」などといっていた。日本人は何とおせっかいな〝のぞき症者〟である。外国にいる同胞たちの多くは、他人の疝気を頭痛に病む者ばかりであり、外国語のへたな日本人は、外国にいる場合、露骨に自分の仮面をはずし破廉恥になっていた。

芙美子の家に一泊したわたしは、翌日の朝、彼女が頻《しき》りに勧めるまま、自分の書きおろしの自伝風随筆『とるこ物語』の原稿を手渡し、どこかで出版してもらうように頼んだ。この原稿の巻頭に、わたしは、『アジアデ』の著者、ピエール・ロティの言葉「別れがいつも悲しいので旅でアミ（女友達）とイヌは、持たないことにする」というのを掲げておいたが、芙美子はこの言葉を繰り返し読み「いいわねエ……この言葉……」といっていた。

しかし、疲労しきっていた芙美子は、多忙過労に押し潰され、わたしの原稿を出版所に斡旋するどころか、二ヵ月ほど棚に置いたまま何の手も打ってくれなかった。この件で電話でたずねると、「本屋の方に渡してあるわ」などといってその場を糊塗し、狼狽したあげくの嘘をいっていた。気の毒に思ったが、辛抱しきれなくなって、高円寺の四畳半に同居していた法政大学の不良君に頼んで、芙美子の家に行って、棚の上に埃をあびていた原稿を強引に返してもらい、さっそくこの稿を欲しがっていた竹内書房の方にまわしてケリをつけた。わたしは芙美子の家を去る時、スペインのトレドで買った、金銀が七宝細工のように嵌《は》めこまれた美しいスペインの鋏を土産として彼女に贈った。この鋏が彼女との「縁切りばさみ」になったのではなかろうか。

芙美子との久しぶりの邂逅はいささか興ざめに終わったが、最初、芙美子を「自然児型」の女性として賛美した辻潤は、パリ旅行前後、俗世間の売れっ児となって急に金が出来、甘やかされ己惚れるようになった彼女に幻滅の悲哀を感じひどく失望した。わたしは辻の気持はよく分かる。彼女は最初、萩原恭次郎や岡本潤や辻潤などいわゆる「アナーキスムのボヘミヤン」（板垣直子の表現）などとの交友で「個性の強い風変りな女」となり得ても、思想的には彼らから何物も吸収せず、アナーキスムの倫理もダダも彼女の物にしていなかったようである。結局彼女は、辻潤のいうように、ダダをポーズにした「女人」でしかなかった。芙美子が俗受けのする才能で、どんなに金を儲けようと勝手であるが、問題はその精神のブルジョア化である。

残酷物語　ヒットラーと東条

林芙美子と別れた一週間後、わたしは読売本社にはあまり顔を出さずにいたが、ふと元社会部長・編集局長の宮崎光男に逢うため鎌倉の彼の家を訪ねた。宮崎にはアナーキスト系の友人が多く、「芙美子を世に出して有名にしたのは、オレだよ」などと法螺を吹いていた。しかし彼には、どこか浪花節風があって、投獄されていた共産主義者やアナーキストなどを側面から扶け、弁護しつつ、一肌ぬぐといった侠客肌もあり、わたしとは気があった。宮崎はベルリンのオリンピック時代に外国語が通じないまま、何も出来ず昼寝ばかりしていたが、夜になると彼一流の底知れぬ飲酒の相手にして連れ歩いて離さなかった。だが、毎日呑みすぎと睡眠不足でノイローゼになり、何かにつけてベルリン支局員をどなりつけ、わたしも度々ひどく叱られた。しかし、新聞人として優れた才能と〝勘〟をもっているのには頭が下がった。暫くの交友で自然に親しい間柄になった。彼が「読売」を去った理由については、よく知らなかった。持ち前の頑固と自信で、正力社長と対立したためだといわれているが、他にいろいろ理由があったらしい。久しぶりにわたしと逢った彼は、大いに弾んで喜び、「君のため酒はいくらでも用意してあるよ。どんどん飲んでくれ」といい、わたしはこの夜彼と軽く二升ほど飲んだ。

酒顛宮崎は、酒を唯一の栄養として生きる男であり、酒のため全身が透き通っているように思われた。日頃、プリプリ怒って苦虫をかみ殺したような顔して蒼ざめている彼だが、酒をくらうとニコニコ饒舌になった。上機嫌になっても彼は、占領下の日本の政治についてはあまり語りたくなかったらしく、ベルリンで飲んだラインの冷たい葡萄酒の味とか、パリでしこたま飲んだ「ヴァン・ローゼ」のことや、そうした思い出話ばかりしていたが、ちょっと東条のことで質問すると、

「東条か……。そう思い出したくないよ。あんな田舎者の小物が、日本を牛耳ったのが運のつきさ。この小人物はイエス・マンだけを側近者にし、彼に反対したり諫言するものを遠ざけ、いい気になっ

ていたんだ」

「その点だけはヒットラーに似ていますな」

「そうだろう。で、君はヒットラーに逢ったか」

「直接逢っていませんが、トットというナチスの大物首領が死んだとき、演説するヒットラーの直ぐ近く、唾の飛んでくるところで彼の大雄弁に接したし、その後六回ほど彼の大演説を聴きましたよ。ヒットラーが演説するときは、いつも物々しい荘厳な音楽ではじまり、足並みそろえ、靴音高くはいってくる、いかめしい衛兵に護られた党の首領株が一糸紊れぬリズムで入場してくる。いよいよ総統が演壇に立ち上がると、一瞬シーンとします。〈大変な大芝居をやるわい〉と笑いたくなるんですが、ヒットラーが蒼白い顔で満座をにらみつけ、額の上に落ちるメーシュ（髪束）をちょっとゆすり、巧みな抑揚で重々しく喋り出すと、ドイツ風の忠誠を示す聴衆は、みな麻薬で眠らされたようになるんですよ。音楽や華々しい舞台装置で地ならしがあるので、批判精神は崩壊し、熱狂して拍手する聴衆は同型同類の木偶坊の一団になって、ヒットラーという『神』を怖れ、自分を完全に失っているのです」

宮崎は、わたしの長広舌を熱心に聴いていたが、

「ドイツの軍楽はジンと胸を打つからなア。しかし、ヒットラーの演説は凄い雄弁だと聴いたが、どんなものかネ」

「大体、政治狂の高校生程度のものですよ。知性もユーモアも何もない……。彼はきまり文句のように〈米・英その他、自由陣営がどうでようと、情勢がどう展開しようと、わたしを驚かせることはない。わたしは、一貫したゆるがぬ信念をもって断乎、われらドイツの偉大な目標を達成する〉とか、

〈一如となった団結精神のみが、我々の行為を成功させる。神は、われらと共にあるのだ〉とか、全く一億一心を叫んだ東条ばりでしたよ」

「東条は途中で追い出されたが、ヒットラーは、戦況が不利になり敗戦濃厚になったとき、どんな態度をとったか」

「僕は当時スペインにいたので、何も知りませんでしたが、マドリドに亡命してきた二、三のドイツ人から聴くと、庶民によって敗戦が予想された頃のヒットラーの示した強気は、ただ暗殺されやしないかとの恐怖の故であったとか。専制者というものは、猜疑深く御自分の暴政で内心戦き怖れ、そうした恐怖を隠すため、強がりをいいながら側近の忿怒や不満を想像以上に感じ、孤独になるんですよ。ヒットラーはもう一九三四年の春、権力の座にありながらも、つねに不信コンプレックスをもち、ひとりぼっちになり、身を護るため疑わしい千人以上の党員を裁判もなく射殺した男ですよ。僕がトルコのイスタンブールから帰った一九四三年頃、敗戦色の濃い憂欝な暗いベルリンの居酒屋で、ヒソヒソ語るベルリン市民の話を聴きましたが、総統はたった一人部屋の中をあちこち歩み、睡眠も乱れ、一時間おきに目覚め、睡眠薬を飲んでも効かず、眼はうつろで、やたら指を動かし幾度か嘔吐し、サムケのため毛皮にくるまっていたそうです。とにかく、彼が一番信頼していた秘密警察ゲシュタポの隊長ヒンムラーまで疑い怖れていたんですから……」

「ヒンムラーのほかに、ヘスとかいうのがいたじゃないか」

「SSの隊長で最後には自殺したハインリヒ・ヒンムラーというのは、ヒットラーの親衛隊長で、ゲシュタポの親分。一、二度、顔は見ましたが、氷のように冷たい奴でしたよ。ドイツには戦前戦中、

二、三年いましたが、ヒンムラー型の人間が多く、戦時中この国の同盟国人でありながらいつも警戒され、疑われ、わたしの下宿の女主人など毎週一回ゲシュタポの事務所に呼び出され、わたしの私生活まで逐一報告させられていました。この国にはゲーテやヘッセのような素晴らしいヒューマニストがいるかと思うと、骨の髄まで軍国主義のビスマルクのような人間とか、無慈悲冷酷、鬼のようなヒンムラー風の怖るべき官僚の育つ国です。しかしヘスというのはちょっと例外で、ヒットラーと牢獄で暮らしたほどの同志であり、ヒットラーの『マイン・カンプ』（わが闘争）の口述筆記までしたインテリですが、ナチスの中では異色の人物だったようです。ヒットラーはすべての人間を疑って、晩年はモルヒネ患者みたいになっていましたが、ヘスだけは最後まで信頼していたそうです」

「ドイツと日本は狂っていた点では似ているが、やはりだいぶ違うな。ユダヤ人の大量虐殺をやったり、政敵やライバルを無慈悲に射殺したり、全く殺伐な国だな……。一般にケトウのやることは婆婆気が多く、あくどいよ。日本も『残酷物語』の国だが、専制ぶりが微温で陰険でどこかずる賢い」

「僕は、ヒットラーがあくどい執念をもって我武者羅に最後まで自分のプランを押し通したのは、この独裁者が『マイン・カンプ』という〝御経〟を書いて、自からその〝御経〟にとりつかれていた故だと思いますよ。ご自分の〝御経〟で自分がしばられてしまったんです。日本にはヒットラーの『マイン・カンプ』みたいな〝御経〟はなかったが、〈一億玉砕〉とか、〈止むに止まれぬ大和魂〉とかいう超自然あるいは反自然の〝精神〟（ドイツ風にいえばガイスト）が喧伝されていたものの、それが上からの御説、教えでしかなく、庶民のものではなかったため自然崩壊したのは当然ですよ」

「そうだよ。東条だって口で玉砕を謳《うた》っていたが、ドイツとイタリアが敗けはじめた昭和十八年の九月頃だったかな、やつは重臣会議で『独・伊の敗色が濃いとは、全く意外だ。見透しを誤った』といい、ひどく狼狽し、いじけていたよ。君はその頃どこにいた」

「トルコのイスタンブールにいたんですが、この年の二月スターリングラードでドイツ軍が潰滅したんで、滞在の意味がなくなりベルリンに帰りました。その頃もう冬でしたが、ベルリンは死んだようで、水の入ったビールばかり飲まされ、食糧がないんで米に醤油代わりのマギーというのをひっかけてたべてましたよ」

月夜にあちこち女の白い臀

「君には外人の友達が多かったし、酒の方では苦労していなかったろうが、女は?」

「女では苦労しませんでしたよ。しかし、自分の荒《すさ》んだ気持ちはどうにもなりませんでした。でも、ベルリンの記者たちが灯火管制で真暗になっていた晩、街をさまよい歩き、女であれば誰でもいい、街頭で顔も全然分からぬ売春婦をとらえて、ホテルに連れてこんで行くといったあさましい真似は出来ないので、料理屋の〝定食〟のように、きまったベルリンの半素人女をひとり探し出して同棲していたんです。ところがその女はポーランド生れのドイツ国籍を持ち、僕と同様、〝定食の男〟を探していた奴でした。よくいって、このポーランド娘はベルリンの〝椿姫〟といった女性でした」

「ドイツ女とポーランド女とは、どう違うのか?」

「違いますよ。ドイツの女性と同居していると、彼女らは、衛生的で、清潔で、奉仕型で、われわれ東洋のパシャにとって好都合ですが、何となく体操の女教師と同棲してるようで、全く無粋で、味もニュアンスもないですよ。ポーランドの女といっても、ベルリンでのわたしの〝旅女房〟であったMという若いポーランド女性は、どこか、芸術家肌の不良型で、フランス的なセンスがあり、センチメンタルで嫉妬深く……」

「おのろけか？　もういいよ。しかし、そのポーランドの不良女性というのは酒好きか？　どんな酒をのんでいた？」

「この女が、わたしを彼女の比較的高級なアパートに連れ込んで同棲を承諾したのは、わたしがパリに根城をもち、パリとたえず連絡のある男だということを知っていたからですよ。つまりコンニャク酒や葡萄酒を入手するルートをもっている男だということが分かっていたからですよ」

「まさか、それだけでもあるまい」

「己惚れをいう訳ではありませんが、ショパンを育てたポーランドで生まれ育ったこの女性は、プロシャ風の軍国型や官僚型のドイツ人をあまり好かないようでした。彼女の兄は動員され、家族は老人ばかりでしたが、みな気さくな人たちで、外国人のわたしを家族の一員のように親しんでくれました。しかしこの女は、あとで分かったんだが、大変な女でした。ある日、ベルリンの街を歩いていると、毎日新聞の特派員Kというのが、『松尾君、君はいま〝大物〟のベルリン女と同棲しているって大変な評判だよ』……といいました。この言葉に合点がゆかず、家に帰ってわたしのポーランド女のことを〝大物〟だといわれた理由を訊ねると、M女は急に憂欝な表情になり、黙ってサロンの片隅にあった机の抽出しから厚い状袋に入れてあった手紙や電報の束をだし、黙ってわたしに手渡しました。何かと思ってその手紙類に目を通すと、それは有名な日本の将軍、昭和四十年末ベルリンに現れ、ドイツの参謀たちと航空兵力充実に関した会議なるものに出席した〝マレーの虎〟山下奉文司令官からの恋文の束だったんです。（第2章マニラの項でこのことは一寸ふれておいた）全く驚きましたよ」

「すると君の彼女は、シンガポールの攻略やフィリピンの第十四方面の司令官として悲劇の英雄にされた山下奉文の恋人だったということだな。山下は二・二六事件では青年将校をかばい、東条なんかに嫌われ貧乏くじをひいた男だ。大物といえば大物かな」

宮崎が、どうしてわたしの私生活や女のことにうるさい興味をもったのか、合点が行かなかった。ベルリンで彼と二ヵ月も一緒に暮したわたしは、いつも彼の酒の相手役をつとめていたのだが、酒さえくらっていれば万事を忘れ、女を欲しがるような様子は皆目なく、たかってくる女を追っ払っていた彼は、酒だけを恋人にするミソジーヌ（女性嫌悪症）か、それともアセックシュエ（無性）の男性だとさえ思われた。ベルリン支局に勤めていた、ロシア人の女中は、「あの酒漬けになったような宮崎さんに、奥さんがあるということはどうしても腑に落ちません」といっていた。

鎌倉の宮崎の家で散々飲んで、翌日、目が覚めて起きたのは、十時頃であった。朝飯を終り、さよならをし玄関に立ったとき、宮崎は染々とした表情でいった。

「ともかく、日本は敗けたんだよ。この敗戦で、誰に責任があったか、そんなこと、いまいったところではじまらないさ。みんなに責任があるんだよ。ここの鶴岡八幡宮には、また大衆がどっと集まり、家内安全を祈り、皆で手を叩いて参詣し、各地で御祭りをやるようになれば、案外早く、すべての過去が水に流されてしまうよ。だから掘り下げたケンカは止め、みんなで協力し、敵も味方も忘れ、御祭りをやり、御祈祷をやり、仲よくすることだよ。どうせ阿呆な世界だ」

宮崎のいう通りであるかもしれない。しかし、シャンシャンと手を打って仲直りをするヤクザ仲間ならとにかく、不明朗な理不尽なこの戦争の原因を糾明せず、また新鮮な現代史の過去を水に流し、すべてをお祭りにして誤魔化し得るものであろうか。日本人が由来「お祭り」好きであるということは、苦悶をひたすら避け、安易を求め、もうろうとさせることを好む国民性の故である。

これまで日本の権力政治家たちは、この「お祭り好き」の習癖を巧みに利用し、国民の理性を眠らすことで成功している。後日、友人添田知道氏と、度々新しい劇団の芝居を見に行ったが、それらがイプセンもどきの社会問題や革命的なテーマによる真剣な演劇であり、深く感銘し考えこんでいると、最後に景品のつもりか、必ずバカ気た踊りを加えた「御祭り」を演じるので全く厭になる。添田君は、「いつもお祭りで万事をケリにし帖消しにする。日本人の悪い癖だ！」といっていた。

あア　大臣様

「政治屋族」には逢いたくもなかったし、逢う必要もなかったので、暫くの間、ただ旧友、親友にめぐり会うことしか考えなかった。ところが、パリ以来の旧知楢橋渡弁護士が、官房長官、国務大臣になっていることを知ったとき、いささか意外に思ったが、ある日彼から電話があり、信濃町にあった彼の「御屋敷」を訪ねたのは、五月の上旬、うららかな日であった。楢橋は喜んでわたしを迎えてくれた。電話のベルが絶え間なく鳴り、多くの新聞記者、政客が出入りする多忙な彼が、約四十分ぐらいわたしと逢い、政界の話、とくに幣原喜重郎や戦時中のパリ大使沢田廉三などとの交友、憲法改正のため幣原と協力し天皇の存在を「象徴」ということに決めたときの腐心談をひとくさり語ってくれた。しかし楢橋は、例の「天皇人間宣言」の詔書起草については何も話してくれなかった。ひどく多忙らしかった彼に遠慮し、わたしはパリで親しくした美貌の夫人に挨拶し再会を約して別れたが、この美しい夫人はわたしを玄関に送った直後、この屋敷の番頭らしい男に向かって「電話の位置がダメよ。早く何とかしなさい。大臣の家の電話なんですよ」といった。また、彼女の坊やが理髪所に行くといって出てきたとき、「何も歩いて行くことはないわよ。車で行きなさいよ。大臣の子ですもの……」という声がわたしの耳朶に残っている。

あア「大臣」という名称。この古びた骨董的な名称は、アニミスムに結びついた聖なる中世紀的というよりは、むしろ古代的な称号なのだ。「左大臣」「右大臣」などといった制度は七世紀（六四五年）頃からのもので、右大臣には「みぎのおほいまうちぎみ」などという国訓もあり、古色蒼然たる有難いものである。

おしなべての日本人は、アメリカに降参しつつ独立精神を失ってしまったとはいえ、大臣という名称に恋々としているあたり、古代的な迷蒙の中に沈潜しているのだ。敗戦後の新聞のコラム欄には、この「大臣」号に対する冷笑記事が度々出ていたが、政界に「大臣」と呼ばれることをこの上もなく「いみじきこと」だと思う人間がウヨウヨいる限り、この後進性に根を張った根性は当分つづくであろう。新居格のいう「前進型の現実のない日本」というのは、この一事でもよくわかる。親鸞のいった「背後《うしろ》を見る眼」の意味の歪曲がたたっているのか？

漫才と一緒に地方巡業

別に用事はなかったが、ある日ふと読売本社を訪ねると、外報部の記者が「武藤三徳さんが、松尾さんを探していた」といった。社内で「天一坊」といわれていた武藤三徳（業務局長）とは一体何者かと思ったが、ひとに聴いて彼の部屋を訪ねた。部屋の様子から見て、この三徳さんは重役だろう、と思った。ちょっと剽悍《ひょうかん》な感じのしたこの「重役らしい」のは、わたしを見ると直ぐいった。

「君、これから当分の間、社のために地方講演に出てくれないか。鈴木東民の思い上がった編集で、読売はいま危機に直面して入るんだ。部数は半減し、販売店はこのままだと御手上げになるといっているんだよ。地方では、〈共産党の新聞、読売をお断りする〉といって、不買同盟まで結成されているんだ。企画部には、もうスケデュールが出来ている。五月十三日、浦和をふり出しに、埼玉、栃木、群馬あたりを回ってもらいたい。君にちょっといっておくが、現在の日本人は敗戦で腑抜けになっているんだ。共産党の連中は〈占領軍〉のことを〈解放軍〉だといい、一般人も新聞までもが、占領軍のことを〈進駐軍〉だなどといっている。とにかく、みんな甘いんだ。君は、ヨーロッパに長くいて視野も広いし話題も豊かだろうから、ひとつ、ヨーロッパの話でもして、地方人を導き啓蒙して、読売が、共産党紙ではなく、立派な民主主義の新聞であることを喧伝してくれたまえ」

わたしはこの日の夜、企画局長の「おかびん」さんこと岡野敏成氏と夕食を共にし、五月十一日の朝、企画部員村上徳之らと大宮に行き、深夜に必ず死霊が現れると噂されていた「白田屋」というのに宿をとり、ここの汚い映画館で、石川達三の『結婚の生態』という映画上映の前座講演をやらされた。講演といっても欧州土産ばなし程度であり、最初から映画見物をねらって集まってきている湊《はた》れ小僧や、ミー・ハーあんちゃん族を前に何を言っても分るまいと思い、何もかも漫才風に喋り、時々国際情勢を喋った。本社の美川企画部長が応援に来て、「あなたには御気の毒ですがジャリが多いんだ。でも凄い大入り盛況だ。もう立錐《りっすい》の余地もない。とにかく新聞社の企画ですからこれでいいんです。松尾さんには、さぞやりにくいでしょうが、大衆的に話の内容をぐんと下げてやってください」

一時間にわたるわたしの漫才講演が終ったとき、物凄い拍手があったので、講演は一応成功だったのかなと己惚れたものの、実はそうではなく、国際問題などといった面白くない話がすんで、扶かった、いよいよ映画だ!というので、〝ジャリ〟も大人も一斉に拍手したのであった。

大宮の講演を終り、行田、桶川、浦和、秩父と、巡業講演をつづけて歩きまわったが、やがて漫才の外、浪曲、その他の芸人たちが次々と参加するようになって、この講演旅行に「ほがらか読売」という妙な名がつけられた。佐野では校庭で野外講演をしたが、約三千人の聴衆（むしろ見物人）が集まり、足利では講堂が超満員で凄い「おしくらまんじゅう」の騒ぎとなり、警察の手を借りたほどであった。こうして、全くの旅芸人となったわたしは、日光、大田原などで喋っては泊り、泊っては旅し、ときにはひどい木賃宿でみなと雑魚寝をしたが、連絡にきた本社員たちは、この「講演旅行」（?）は、非常な好評で本社はひどく喜び、編集局長の鈴木東民まで満足し、「松尾を企画局次長にしたら」といっていたとか。

武藤三徳は、たしか東民をやっつけるためにわたしにドサまわりをさせていたのだが、東民と彼とはどんな対立関係であったか。東民はドン・キホーテといわれ性格も明朗だった。しかし三徳さんは、争議のとき明らかに東民派であり、反正力であった。転向か、裏切りか……。何とうるさい人間関係の国だ。人間関係の無益な複雑さは、ひとり読売の場合だけでなく、政界も、官界も、学界もそれが同様であり、わが祖国が首鼠両端《しゅそりょうたん》、形勢を見て右に左に二転三転する者ばかり、策動し器用に世渡りをする国であることに全く驚いた。

いかに東民がドン・キホーテであったにしても、共産主義を表看板にしたり、日本の革命を推進させようと焦っても、それはひとり相撲であり、大変な認識不足であろう。

二宮金次郎の銅像をぶっつぶせ

漫才や芸人たちと共にわたしは、関東の各地を転々と旅し、その後も熱海をふりだしに静岡県の諸都市をまわって、講演をつづけていたが、この間、多くの地方人に接した。何よりも、印象深かったことは、われわれ同胞の誰も彼もが、衣食住に苦しみながらも、この厳しい敗戦の現実についてほとんど苦悶の象徴が見られなかったことである。彼らは全くの放心虚脱状態にあり、その日その日の享楽、というよりむしろ気晴しの瞬間を求め、お金のことや食べること以外の一切を忘れようとしていたことであった。「先ず食わなくては」ということは、切実な先決問題であるが、ただそれだけですまされない問題があるのだ。地方の小学校長も、百姓も、吏員も、みな思考を刺激しない安易な会話を求め、誰も彼もが同型同類で、みな同じことをいっていた。このような国民に革命を呼びかけ、反省させ、前進型のモーラルを育み、これまで戦争教育で打ちのめされ育てられてきた一般大衆に向って、民主主義だの平和教育だといっても、却々のみこめないし、とくに彼らの考え方の切り替えを求めるとしても土台無理なことだと思った。みんな眼をあけて眠っているのだ。

民衆は、たしかにトコトンまで虚脱させられていた。しかしこうした放心虚脱には、当分治療法も薬もない。戦いに敗れ、制度がアメリカ風の民主主義に切り替えられても、この惰眠はつづこう。日本には、理性や頭脳によって政治権力が使行された歴史はなかった。アメリカのデモクラシイは、投票制による民主主義でしかなく、アメリカは、芸術や音楽やローマン的な恋愛の育たない国である。このことは、作家スタンダールが、とっくの昔、喝破しているが……。ここ数年で、もし日本がアメリカの指導を受け、彼らの金に支配され、科学技術で産業を合理化し、人間をロボット化する教育に成功したら、日本はどうなる。徳川時代から今日まで、日本はこの悲しいアメリカ化を急速に進めていくための地ならしが十二分に出来ている。こうした精神状態のうつろにほくそ笑む日本の政治屋たちの顔がありありと眼に浮かぶ。この調子では、わたしが地方講演でどんなに意気まいても、所詮、暖簾に腕押しであり、豆腐にかすがいだと思った。

だが、演壇に立って、旧軍部の思い上がった専横ぶり、その無知や愚劣さをこっぴどく批判し、日本の在外外交官たちの無気力、怠慢、奴隷根性を酷評すると、聴者は、多少、色めき、賛意を表していた。だが、熱して拍手する者を反駁するような情熱漢はひとりもいなかった。

もしわたしが、イデオロギイに陶酔した共産主義者とか、右翼的で偏狭な愛国者らしい口吻《こうふん》で喋り、外国を罵倒するような演説をぶったら、大昔から絶対主義の倫理で固っている彼らは、大いに拍手したかもしれない。わたしは講演しながら、時々校庭を見、そこに薪を背負い書を読みつつ歩む二宮金次郎の像をにらみながら、

「あの銅像は、勤勉努力の奨励という意味ではよろしかろうが、権力に盲従する無批判な良民となれという宣伝に使われていたんだからやりきれない。出来たら、あんなもの早くぶっ破《こわ》した方がいい。あんた方は、大名の行列に土下座し、顔さえ挙げることが出来なかった時代の民百姓の悲惨な生活を思い出せば〝忍従の美徳〟なんかを教えるための道具となった二宮尊徳思想など無視したほうがいいですよ」

といった。こんなことを臆せず喋ったとき、満座の聴衆や先生方は「とんでもないこと」といった表情でわたしを冷たく見ていた。とはいえ、誰一人、わたしに反発もしないし、講演がすんだ後の座談会でも、わたしの「無謀」な発言について質問する者は一人もいなかった。

パリで親しくした画家・岡本太郎は、ある日わたしに次のようなことをいった。

「官僚教育によって、日本の地方人はシステマティックに叩きこまれ、一流のことはすべて東京でなければ駄目だというコンプレックスを持っている」と。

だが、わたしにいわせると、地方人はむしろ、官僚的な教育にのまれ、彼らの狭い谷間のような鎖された社会にあって、妙に己惚れ、過去にしがみついて自閉的になっているのだ。

国民の封建根性棚上げのドン・キホーテ

講演の旅をつづけ、静岡県の西端、わたしの郷里浜松での講演を終ったとき、事業部長の美川が現れ、

「社は、いま大変な騒ぎなんですよ。スト紛争がいよいよ伸《の》るかそるかの天王山で、白熱状態になっ

ていますよ」といった（六月二十六日）。　いずれにしても、社内はスト派と反スト派が対立し、階上では、社員大会が開かれ、時々激しい拍手が鳴り響いていた。わたしは、この紛争の結果がどうなるか大体分かっていた。山浦のいう現実主義、つまり〝金のある方が最後には勝つ〟という冷笑的な観方は、悲しい現実なのだ。ばかりか、占領者であるアメリカが、日本の軍国主義化を抑止するためいかに努力していても、かれらはあくまで自国アメリカ本位の姿勢を崩さず、必ず「反共政策」を打ち出し、巧みに労働者階級を押え操りながら、いつか鶴の一声で日本の資本家側の味方になって、鈴木東民側を弾圧してくるであろう。それは、見えすいたプログラムであった。

わたしは事実上この闘争の圏外にあり、所詮、流れ者でしかなく、出来るだけ傍観者となって形勢を見る以外に打つ手を知らなかった。掲示板にベタベタ貼られたアジビラ〈戦犯正力を追い出せ〉〈馬場恒吾よ去れ〉などという派手な文句を眺めながら悲しくなった。美川の話だと、この日、米総司令部の情報担当官インボデン中佐が、午後二時、「読売」に向って重大な声明を発表するという。スト派の熱狂漢たちは、自分の国が占領下にあり、アメリカ側の指令ひとつで社が解散の憂目を見るという冷たい現実の中にあることを忘れているのだ。対立抗争している両派の人に逢ったが、彼らは、性格的に「絶対主義」の感覚を五臓六腑に染みこませ、敵か味方かということ以外に何も考えていない、「両感情対立型」の人々ばかりであった。インボデンだかインポテントだか知らないが、このアメリカの中佐がどんなに低級な下らない男かどうかは別として、彼は勝ち誇った占領者の一人であり、生殺与奪の権をもっているのだ。こんな時、天皇陛下も臣吉田茂も、勤労者のためには何の役にも立たない。

共産党の総帥徳田球一がこの争議に乗りこんできたのは、日本の労働史上で稀に見るこの争議が、重要な理由をもっていたからだ。こうして読売争議は、次第に共産党対既成の旧勢力との対決になり、日本全国民の注目の的になっていた。この頃、「読売」は築地本願寺に借り事務所をもっていたが、争いのそもそもの発端は、敗戦直後の九月十三日、社の論説委員や編集各部の副参事を中心とした四十五名と、正力社長との対決であったという。いずれにしても、天皇制反対の共産党がこの紛争の只中に乗りこんできたことは、争議の勝敗に重大な影響を与えた。

反正力派、つまり旧体制を崩そうとした争議派は、何よりも敗戦直後、日本の旧権力や資本家に対する、貧しい民衆の強い怒りや反感を利用しようとしたばかりか、彼らはアメリカの「占領政策」における日本の反軍国民主化政策が左翼革命を奨励するものと早合点し、それに便乗しようとしていた。だが、わたしは日本に上陸してから気づいたが、アメリカは生ぬるく、彼ら流の民主主義を標榜し、それを日本人に課しながらも、一途に彼らの利益だけを護るため、温存すべきは残し（例えば、あくまでも天皇を奉じようとする旧モーラルとその護持者らを、最大限度に利用して、日本を精神的な腑抜け状態にし、あわよくばこの旧モーラルを彼らの反共政策の盾にしようと考えていた）、そのためマッカーサー元帥は占領政策に危険と思われる改革のすべてを警戒しながら、左翼の動きにはっきりした態度を見せず、わざと日本国内のあらゆる紛争に直接介入しないといった、ずるい受身の政策を徹底させつつ彼らの出番を待っていた。

当初、争議の主役は、志賀重義（経済部）、長文連、坂野善郎、武藤三徳、菱山辰一、渡辺文太郎、それに、かつてナチ系ドイツ官僚からいじめられていた鈴木東民（外報部）などといった「進歩的」

不平分子で固められていた。読売争議はやがて「朝日」にも飛び火し、「朝日」では「社内大会」の名で、村山社長以下の重役が戦争責任者として退陣させられたのだ。これに勇気づいた「読売」は、しばしば、社員大会を催し、鈴木東民が議長に推され、つづいて争議委員長となった。こうした勢が燎原《りょうげん》の火となって広がり、編集局や工務局の一部まで鈴木と協力連携するようになり、ついに争議派が職場を管理するようになった。

アメリカ側は、最初、封建的旧組織、旧制度の一切を破壊するため、革新勢力を支持するかのごとく見せていたが、次第に本性を現し、とくに争議の革新派に共産党が勢力を浸透させはじめた頃から態度を変え、紛争のなりゆきを鋭く警戒しはじめた。その後、共産党は鈴木東民をはじめ、志賀、岩村などを党員にすることに成功し、社内に結成された執行委員会は、組合員の除名、退社といった「非常時大権」に似た権力を握るに至った。勢に乗じた東民一派は、狡猾に立ちまわっているかに見えたが、全くの認識不足者の集まりであり、彼らは日本の社会革命により旧制度の顛覆が可能だと妄想しながら、永い歴史的惰力により九〇パーセントの日本国民が賤民化されていたことや、依然として虚脱白痴状態にあるといった倫理的土壌の封建制を忘れていた。そして同時に、どこまでもユーテイリタリアンであり、とことんまで日本の利用者であるアメリカのＧＨＱが何を考えていたかについて、ひどく鈍感であった。

こうした騒ぎの最中、わたしは、すでに述べたように〝知らぬが仏〟で、悠々、「ほがらか読売」の「巡業」に出て、講演の旅をつづけていた。東民さんは、ダントンか、ロベスピエールにでもなったように編集の実権を握り、馬場社長を無視し、社長の草した論文を加筆したり削除したりしていた。頑固でバカ正直な東民は、共産党員の記事ばかり優先的に出し、アメリカの占領政策を批判するような勇敢な記事まで出して、自ら墓穴を掘っていたのだ。彼の抵抗精神は諒とする。しかし、その「抵抗」が急性で、一途にイデオロギイの化物に憑かれていたものであったため、当然、必然の自壊をうながしてしまった。共産党の「天皇制反対」にしても、その政策は勇敢で妥当であった。だが、それが赤旗をかかげた「党人」の反逆であったことが、逆にマイナスの結果をもたらした。もし、共産党ではなく、日本の右翼人や官僚や文化人が「天皇制」に反対したら（そのようなことは金輪際あり得ないことであったとしても）、そのときはじめて日本は、真に近代国家となり、共和制も可能になったであろう。

第5章　読売争議に巻き込まれる

後退した近代の曙　集団主義のはずかしめ

日本の小ロベスピエール鈴木東民さんとは、何者かよく知らない。直情径行の好人物だとか、一本気の硬骨漢だと噂されていたが、何となく政治づいた偏狭な人物だとしか思われなかった。パリにいたとき、改造社社長の山本実彦が来て、わたしにスペインのフランコのことをしきりに訊ねたので、「ではマドリドまで急行してフランコと対談してみませんか」と誘ったところ、彼は喜んで「じゃア、君と一緒に行こう」といった。さっそくマドリドの友人に打電して、フランコにインターヴュする手配をしてもらった。

数日して、マドリドから「会見できる直ぐこい」という返電があり、出発の日取りも決めた。そのまま行こうと思ったが、一応、本社外報部長の鈴木東民に伺いをたててみると、折返し彼から〈フランコはいらぬ〉という全くぶっきらぼうな返信がきた。人民戦線派でフランコを嫌っている彼らしい返信であったが、礼を欠いた電文にムッとなったわたしは、彼に不服の電報を彼流の「ぶっきらぼう」な調子で打ち返した。ところが短兵急《たんぺいきゅう》な東民はひどく怒り、二、三回、双方でバカ者呼ばわりをした

正力松太郎氏の衆院議員当選祝賀会，正力氏（中央）の右が松尾、左が小島編集局長，後ろに近藤日出造．（1955 年）

電文の応酬を繰り返したことがあった。わたしは情報主体の報道者として、右に偏せず、左にも加担せず、バランスのとれた態度を堅持していたので、東民の偏向に憤りを感じた。

その後スペイン内乱で、わたしが西・仏両国境を越え、サン・セバスチアンに行ったときも、わたしの報道電報がスペインの人民戦線側に不利だと思ったらしい彼は、相変らず〈面白くない電報を打つな〉とかいろいろ難くせをつけた上、ひどく礼を失した訓電ばかり打ってきた。その電文内容をいちいち覚えていないが、わたしはサン・セバスチアンにあった日本公使館でタイプライターを借り、東民に宛てて〈愚劣な訓電は打つな〉といってやった。傍にいた公使館の書記生たちはひどく驚いて、「そんな電報を打ったら、あなたは馘《くび》になりますよ」といった。

いずれにせよ、東民は人民戦線側の忠実な番犬であり、いつも政治的な偏見を持って自分の敵味方を決めていたようだ。わたしは、事実、東民と同様、人民戦線側の勝利をひそかに願っていた一人であったが、この内乱での敵味方のどちらにも加担しない冷たい報道者として取材すべきだと思っていた。スペインの哲人ウナムノと同様、わたしはバルセロナの共産党やバクーニン思想で感情を硬化させていたアナルコ・サンディカリストのテロ行為に絶望していた一人であったが、同時に、独・伊枢軸派に扶けられていた軍人上りの専制者フランコ将軍に対しては、それ以上に失望していた。政治的情熱！　あァ、これくらい唾棄すべきものはない。政治とは一体何である。ひと口でいえば主義主張の争いで美名のもとに正体をかくしている利害関係の衝突以外の何物でもない。そして、内実、政治家とは私利私益のため民衆を誑化《たぶらか》す業深きペテン師なんだ。

帰り新参のわたしを東民が妙な眼で見ていたのは、日本共産党員たちに気がねしていたのか、それとも、ヨーロッパからのわたしの電報内容や、お互いに度々バカヤロー呼ばわりをして争っていた過去の思い出にこだわっていたのか、その辺のことはよく知らなかったが、彼は彼であり、この種のイデオロギイ妄者に何の興味も感じなかった。

敗戦による苦杯、物質的困窮、旧軍部への呪詛、それだけで東民さんは日本の革命ができると考えていたようだ。西欧にあったルネッサンスもなく、抵抗精神の何物もない日本の大衆は、食うことと敗北の悪夢を早く忘れること以外、何の欲望もないのだ。かてて加えて、天皇制へのタブー根性は根深い国民感情になっている。

会社側は、賢《さと》くもこれを知り、ついに吉田茂を動かして東民一派を押さえるための工作を行い、この間、柴田秀利と武藤三徳が暗躍し、彼らは「読売は、あくまで天皇制擁護と反共で前進する。そのため、国民を蹶起《けっき》させることに努める。従って、GHQも反共的政策をハッキリ打ち出してもらいたい」と依頼したという。アメリカ側にとっては「待ってました」の好条件であり、とくに、反共、天皇制護持が日本側からの申し出とあっては、願ったり叶ったりであった。

ここで、アメリカの支持を得た馬場恒吾さんと、小型ロベスピエール東民との対決となったが、東民が頑強に構え編集局長の椅子を去らないため、馬場さんはついに怒って辞表をたたきつけ、逗子に去り、自宅に引きこもってしまった(六月七日)。こうした間に馬場さんを扶け、アメリカの渉外局長ベーカーと馬場さんに握手をさせたのが、東京外語のわたしの後輩細川忠雄であった(後日「読賣寸評」で才筆名文家として知られるようになった)。わたしが信州で講演していたとき、この細川から電報をもらい、急いで社に戻り、囂々《ごうごう》、鎮まることのない従業員大会で柄にもない演説をぶったときでも、わたしはこのような社内の激しい権力闘争、米側との取り引きについて、何も知らなかった。思えば呑気な話であったが、この無知無関心は、ある意味でわたしにとって勿怪《もっけ》の幸であったようにも思われる。

東民君が、共産主義に未来を賭けようと、人民戦線的イデオロギイの心酔者であろうと何であろうと、彼の勝手である。だがわたしは、東民風の集団主義信奉の理念が日本を支配したら、それはかつて日本が右翼による軍国主義理念で突進したことと形の上で裏腹であっても、同じ結果をもたらすことでしかないと思った。何故かといえば、両者とも「集団主義」という同じ理念の上に立ち、そこには個性もなく、人格もなく、そして二つとも左右の差こそあれ、等しく個人の自由を奪う力となる以外の何物でもないからである。「集団」には自主性はないのだ。

「読売」の紛争は、どちらが勝とうと、いっぽうが右寄りの集団主義に行き、他方が左の集団主義に突進するだけである。敗戦による反省によって、日本の近代化の曙を夢見ていたわたしは、「やはりダメだ」と、ひとり深刻な絶望を感じた。

信州路でめぐり合った坂本直道、鳩山一郎

六月下旬、わたしは社の騒ぎを他所《よそ》に、美川事業部長の依頼で信州一円の講演の旅に出、まず軽井沢に行くことに肚を決めた。この間、東京の鱒書房という出版社に務めていた広井文子という若い女性社員が来て、『フランスの再建』とでも題した三百枚の随筆を書いてくれないかといった。無聊《ぶりょう》に悩んでいたので、「何が書けるか分からないが、とにかく承知しました」と答えた。

軽井沢駅に着いたとき、かねて手紙で連絡しておいたので、パリ時代に世話になった元満鉄パリ支社長、坂本直道氏が迎えに出ていた。わたしは、坂本さんの家に一泊することを約し、樅《もみ》や白樺の茂った森の中にあった彼の山荘で温かい接待を受け、パリ以来のつもる話で時のたつのも忘れた。

坂本龍馬の血をもった直道さん（父親が龍馬の甥）は、つねに国事を憂い、悲憤慷慨する志士型の人物であり、パリにいた頃から彼は屡々《しばしば》、憂国の闘士、北一輝を論じ、日本の政府要人どものフラフラ腰を罵倒し、軍部と財界人との不潔な結びつきを憤っていた。しかし、憂国の士とは何者なのか。わたしは民百姓のことを一途に考えたニヒリスト的な高杉普作の人柄とその倫理を愛したが、他の志士たちの大政治家気取りはすべて鼻についた。坂本さんの山荘に清潔なる批評家・清沢洌が時々訪ねてきたらしいが、この山荘の近くには鳩山一郎が住み、坂本さんと鳩山とは昵懇《じっこん》の間柄であった。

ベランダで坂本さんと語っていたとき、着流し姿で庭口からひょっこり訪ねてきた男があった。坂本さんの紹介ではじめて知ったが、この飄々とした男が『草枕』を愛読していたという鳩山一郎であった。彼は、わたしより十六年も先輩であったが、まだまだ元気で、若々しかった。鳩山さんは、温厚ながら、どこか気骨のある人物であり、戦時中に中野正剛など共に翼賛会を脱会した一人であるという。

坂本さんが勧めるまま、わたしは鳩山さんと一緒に湯にはいった。風呂場というものは、人間が全裸という自然状態、ありのままになる故か、人間と人間との隔壁《かくへき》が除かれる。鳩山さんは、湯につかりながら、打ちとけていろいろ語ってくれた。

「あなたのことは、坂本から度々聴いていましたし、読売へのヨーロッパ通信もみな読んでいましたよ。御苦労さまでしたな。とにかく日本も大変なことをおっぱじめ、大変な結果になりました。わたしが、はじめからこのバカな戦争に懐疑的だったので、軍から嫌われ、翼賛会からも脱会するようになり、自由な立場に置かれたことは勿怪《もっけ》の幸でしたよ。今更、何をいってもはじまりませんが、軍部の人たちの愚かさ、その無計画ぶりには呆れて物もいえませんが、事情通だとか世界情勢の専門家として知られていた多くの評論家などまで、とんでもない見透しの誤りを繰り返していました。心に紐を持った人間の犯す誤りでしょう。仕方ありません。しかし、真相を伝え、正直なことを臆せずにいったり進言する者は、みな嫌われ排除されていた御時勢でしたからね」

「そうでしょう。わたしの同僚の経済通の一人も、アメリカの経済力を正直に公正に報告したため、軍からひどく吸鳴られたといっていましたよ」

「独・ソは必ず握手するとか、英・ソが宿命的に衝突するから日本は大勝利を占める、などといっていた有名な評論家もいましたよ」

「その評論家というのは、武藤貞一とかいうひとでしょう」

鳩山さんは、ただ笑って何も答えなかった。この聡明な政治家の肌合は極めて庶民的で、謙虚で、好感がもてた。彼は、上り湯で、肩を流しながら、またいった。

「わたしは、右翼の人たちを前にしても、はじめから、今度の戦争に、日本が勝てるとは思わないと平気でいっていましたよ」

「坂本さんは、北一輝の思想に共鳴していたらしく、パリにいた頃もこのオリジナルな革命家のことをよく語っていましたが、北一輝などが権力の座についたとしたら、どんなことになったでしょう」

「北一輝は、少々ファナチックに過ぎた人のようですね。でもとにかく、この人は美濃部さんと同様、天皇機関説を主張し、『国民あっての天皇』といった態度で一貫していましたから、〝危険人物〟にされましたよ。しかし、彼流の『革命』を一気に軍事独裁でやろうとしたことは急性、早計でしたよ。とにかくとして、この人はあまりにも政治に憑かれた人で、西洋思想を罵倒しながら、その実、西洋文化について浅薄な知識しかもっていなかったようです」

「でも、北一輝は、伊藤博文流の国体論には正面から反対したばかりか、明治の伝統的な国家主義から脱していたようですね。社会主義者まで曖昧な態度をとっていた『国体論』に対しても、かなり批判的であったようですな。こんな人物が、もっと幅をもって根気よく無血革命の線で、万事を改善していったら、日本の独自な倫理革命が出来たんじゃないかと思いますが……」

鳩山さんは、わたしの言葉が過激すぎると思ったらしく、急に口を噤《つぐ》んでしまった。いずれにせよ、北一輝という男は、「持たざる国家」は、「持てる国家」に宣戦する権利があるなどと率直にいっていた男であり、従って、北一輝はヒットラーやムッソリーニと握手の出来た単純な人物であったともいえよう。だがこのような「宣戦の権利」を暴力戦争に持ちこめば、世界は仇討、返り討、またその仇討という修羅場になってしまう。

一輝は、外来思想のすべてを葬ってしまえとか、フランス革命のマイナスが個人主義であったとか、時代遅れのおかしなことをいっていたが、もし彼が、「近代的な自我」を身につけていたら、思想の「外来」とか「固有」など問題になる筈はない。また、「個人主義」が「困った思想」だと考えるあたり、所詮、彼も政治狂者の範疇に入る男であったように思える。

北一輝は英雄型の人間であり、人間の内側の人生を無視しているあたり、所詮、解脱し得ない人だと思っている。わたしは鳩山さんに、日本の敗戦の根本原因が国民一般の自意識欠如、その奴隷根性、天皇を利用して栄達を狙った、正に奸佞《かんねい》偽善なる側近重臣どもの前近代性、軍人の浪花節的仇討根性にあったことを語ろうと思ったが、のんびりした湯殿の中で論争するのも大人げないと思い、話題を転じ、パリやベルリンの戦時中のエピソードなどを語っただけで浴室を出た。

抵抗の有島生馬　無抵抗の高浜虚子

坂本直道と別れて、読売のやとった旅芸人やイタリア通の山崎功と落ちあうため小諸に向ったが、小諸での昼の講演を終った日の夕方、ふと思い出して、この地に疎開していた高浜虚子老先生を訪ねた。高浜さんは、段々畑の一角にあった鄙びた田舎屋でわたしを迎えてくれた。拙著『巴里物語』（論争社、昭和三十五年）で、虚子のことや「フランス・ハイカイ」のことや、フランスの俳人ヴォーカンスや、ルネ・モオブランのことを精しく書いておいたので、ここでは繰り返さないが、この日逢って語った虚子はまだ耄碌《もうろく》はしていなかったが、功なり名とげて、無風帯に沈淪し、もう懐旧談しか楽しみ得ない、全き無抵抗な人間のように思われた。この虚子先生とはパリで度々論争したことがあるが、虚子は、俳句は花鳥風月を観賞する人間感情の表現だけで足り、それ以外は余計なことだといっていた。わたしは、それだけでは一種の逃避であり意味がなく、もし俳句が芸術であるのなら、作者の「個性」や「人生哲学」や純粋な思考から生ずる憤怒も主観も加味され、すくなくともそれが内在されるべきだ、と反駁したが、虚子はわたしの主張を笑っていた。

虚子の家を出て、小諸の町筋を歩みながら、ふと見あげた電信柱の大きな貼紙を読んで驚いた。〈芸人どもとの鳴物入りでやる松尾邦之助の講演などきくな！〉とある。有難い無料広告である。これはもちろん、このあたりの地区の共産党員の「いやがらせ」であったが、わたしは至るところで、民衆の無抵抗と理性の惰眠しか感じていなかったので、この貼紙にある〝抵抗〟に一種の痛快さを覚えた。

小諸から中込に行ったとき、「北真館」という商人宿で、夫婦漫才や講談師ら旅芸人たちと仕事（？）の打ち合わせを終わったわたしは、自転車を借りて有島生馬のいた田舎家を訪ねた。有島生馬とわたしは外語の同窓生でもあり、パリで度々逢った旧友の一人であった関係から、老いたる虚子大先生の場合と違って話が弾み、長い間、染々と語り合うことが出来た。有島生馬は自作の油絵が多く飾られたサロンで、わたしにいった。

「戦争に敗けたとはいえ、われわれ同胞の無抵抗、あの平身低頭ぶりには、全く絶望しましたよ。先日、東京からの帰路、列車の中にいた一人のアメリカ人将校の示した傲慢無礼な態度にひどく腹が立ちましたよ。坐っていた日本人の老人を起ち上らせ、自分がどっかとその坐席に居坐るのを見たので、たまりかね『あなたはいかなる権限で、日本人の席を強引に奪って居坐るのですか』とやりこめました。このアメリカ将校は、ちょっと不愉快な表情を見せましたが、渋々起って老人に席を譲りました。とにかく、これは、わたしなりの愉しい抵抗でしたよ。正当な権利も主張せず、筋の通らない不法に抵抗もしない同胞への見せしめでしたよ」

わたしは有島さんの言葉を耳にしながら、アメリカという国が、物質的には文明なる国だろうが、文化をもった近代国家であるのかどうか疑問を抱いた。アメリカ人も、日本人も、一般性と個人性の衝突において、個人性をつねに無視し抹殺している国である。両国人は、一切の創造的要素が個人から出てくることを知らない。

「松尾さんは、パリから絵やデッサン類を持ち帰りましたか」

「絵？　冗談じゃありません。ピカソ、シャガル、デュフィー、アンドレ・ロートなどから貰った名画の数々も、みなベルリンの戦火で灰燼に帰し、身のまわりの物以外、何も持たずに風のように上陸したんです。何もないということは、気軽いものですよ。しかし、『こん畜生』と思って癪に障るのは、在欧二十六年間に、ジイドや、ロマン・ローランや、アンリ・ド・レニエや、その他わたしに親しくしてくれた二、三十人の作家や思想家から貰った肉筆の手紙の束が、ベルリンの宿で英国の爆撃機モスクィトーによって灰にされたことですよ」

「それは残念なこと。その気持ちはよく分りますよ。わたしも、兄有島武郎からの多くの手紙類をみなこの戦争のどさくさで失ってしまいましたが、全く、これだけは口惜しかったです。戦争の犯す最大な罪は、あなたのいう〝個人価値〟の抹殺と、文化への侮辱ですよ」

「でも、戦争末期に日本のほとんどの都市がやられたのに、米空軍が京都、奈良を残したのは、彼らとして上出来でしたね」

「あれは、元ハーバート大学付属美術館東洋部長のウォーナー博士が、懸命になって米軍当局に直言したからですよ。さもなかったら……」

「そういわれて思い出すのは、ナチスの連中が敗北してパリから逃げ出すとき、パリの街を破壊せず去ったことです。ベルリンがほとんど灰燼にされたのに、ドイツ・ナチス兵は何故パリをそのままに残して退去したか、ということです。フランス当局が、あの頃ルーヴル美術館のすべての美術品、ミロのビーナスでも、モナリザでも、みな地方に疎開させていたのです。ドイツ人は、ヴァンダリスム（芸術品破壊）とフィリスティニスム（文化盲目）の人間だといわれているんですが、さすがに奴らも西欧人ですね。パリ全市が、美術的な建築物でおおわれた、ひとつの美術館みたいなものであることをよく知っていたようです。また、フランス人自身も最初、パリ陥落のとき、わざとこの街での市街戦を避けていましたよ。作家モーリアックは『パリ解放』の頃、パリ北郊の農家に疎開していましたが、廃墟になると思っていたパリが、ほとんど無疵で救われたことを〈世紀の奇跡だ〉と述懐していました」

有島生馬氏との会話は尽きるところを知らなかったが、付近の農家の夜の灯が点滅する頃、再会を約して去った。自転車のペダルを踏みながら、わたしは、いま別れた生馬氏が、パリで金にならないわたしの日本文化紹介の仕事、日本の古典文学書の翻訳や日本の劇の上演やら、その他多くの日本文化紹介について声援し、激励してくれたことを思い出した。わたしがパリの土を踏んだ頃には、インド・中国などの古典や詩や文学が仏文に訳されていたのに、日本のものが全く無視されていた。わたしの仕事は、このようなことへの悲憤であり、反発であり、フランス人の友人の一人が、「松尾邦、君は愛国者だよ、現代の日蓮だよ」と大袈裟にほめてくれたのを忘れない。

生馬氏は、パリで、わたしにいった。

「あなたの仕事は、地味で、縁の下の力持ち仕事になっていますが、貴いことです。どんな仕事でも、コツコツ十年続けてやれば、何らかの形で実を結びますから……」

彼がわたしに「何事でも十年つづけよ」といった言葉は、肝に銘じて忘れられない。

国家の現実、自分の現実

飄々の旅がつづき、七月四日、諏訪に近い大町というところの宿にいたとき、前述の細川忠雄から電報があり〈君を論説委員に推薦すること、すでに内定す。講演を打ち切り直ぐ社に戻れ〉とあった。何ごとだろう……。本社は激しいストの最中であり、この騒ぎの帰趨も分からないのに、急に社に帰れというのは何か重要な理由があってのことだろう。そこで細川に宛てて〈とにかく、諏訪の講演を終え、直ぐ帰る〉と返信を出しておいた。わたしは諏訪湖畔の宿で、書きなぐりの原稿を纏め整理し、翌日(七月十日)の朝、東京に帰り、高円寺の四畳半に戻った。

七月十四日、本社に顔を出すと、社内は相変らずスト騒ぎで、わたしは開襟シャツを着たまま階段を登り、従業員大会を催していた講堂の入り口に立ったとき、約千三百人ほどの社員が拍手と怒号と罵声で沸くような騒ぎであった。わたしは細川と一緒に、鮨詰めになっていた従業員たちの坐席のやや前列に進み出て、黙って佇立《ちょりつ》したままで騒ぎを傍観していたら、暫くすると阿部さんという議長が、演壇の上からわたしの姿を見つけたらしく、ちょっと目配せをしながらいった。

「いまこの席に、前パリ支局長、松尾邦之助氏が姿を見せています。同君は、ドイツ軍がパリを占領していた当時、一年間もパリに居残り、その後ナチスの敗北も眼のあたりに見て来た本社外報部員です。氏は、現在本社の争議では圏外にあり、最も公正な立場で意見を披歴してくれると思います」

この不意打ちの名指しで、わたしはいささか面くらったが、傍にいた細川が、「頼む。一席ぶってくれ。自由の思ったままででいいよ」といったので、暫く考えていたが、頼まれた以上仕方がないと思い、演壇に登って二十分ほど喋りまくった。何をどう喋ったか精しく思い出せないが、大体、次のようなことを力説したように記憶している。

「諸君に何よりもまずいいたいことは、諸君の〝現実〟、つまり正力社長の代表としていま社にある馬場恒吾氏への不満がなんであろうとも、日本の置かれている厳しい今の〝現実〟、つまり占領された国に生活しているということを、冷静に観ていただきたいということです。次にわたしは、ナチスに占領されたフランスのパリに約一年滞在して、占領された国のみじめさを目撃した男だということをハッキリ申上げておきます。ヒットラーの命令で、パリの新聞は全部人事異動を強制され、記事もすべてナチ官憲の検閲を受け、占領軍司令部の命令一下で、フランスの新聞社は直ちに解散させられる運命にありました。なるほどアメリカは、一応民主主義国家であり、ナチスの場合と違いますが、アメリカのGHQは遠くでわれわれを寛大に見守っているようで、しかも厳しく詳細に、内部の動きを警戒しています。わたしの予感では、諸君のあり方を見定めてから、彼らは必要とあれば、直ちに、そして無慈悲に、本社を解体させるでしょう。これくらい、はっきりしたことはなく、もしそうなれば、諸君は失業し、諸君の妻君も子供も犠牲者になり、路頭に迷う羽目を覚悟しなくてはなりません。それを覚悟していますか？　あなた方は、御自分の〝自由を！〟と叫んでいますが、占領軍でしかないアメリカ軍の脅威の下では、たとえその自由が正当なものとして要求し得る当然な権利であっても、必ず押しつぶされるでしょう。ＧＨＱは、彼らの占領政策を日本の民衆の利益のためでなく、彼ら流の国家的エゴイスムと実利主義で断行することしか考えていません。ここで性急な革命的改革を行うことは、自らの墓穴を掘ることでしかないのです」

大体、このようなことをいい終わって降壇したとき、驚いたことに、わたしは従業員の大部分から凄い拍手で迎えられた。わたしにこのような演説をぶたせたのは、細川のたくらんだ好意的プランであったのか、それとも誰かの差し金であったか全く知らなかったし、わたし自身そうした舞台裏について、全く無関心であった。

ひとつ確実なことは、馬場社長にも逢ったことはなく、東民とも無関係である、つまり何ら紐づきでないわたしが、白紙の立場で率直に言いたいことを全部ぶちまけたということであった。「白痴は予言す」といったのはヘルマン・ヘッセであるが、わたしはヘッセのいうような無の境地にある虚心坦懐《きょしんたんかい》に喋ったつもりである。

わたしが、ひとをかきわけて講堂から出てきたとき、外報部長の堀清一が他の部長たちと一緒にわたしを呼びとめ、「いまのあなたの演説はよかったですよ。従業員の大部分が、強い感銘を受けたようです。あなたの演説は速記させてあります。あれを明日の朝刊に載せます。いいでしょう」といった。

翌日、ふと朝刊を見ると、一面の中央にワクでかこんだ、わたしの演説要旨が「自由の行きすぎ」と題してデカデカと出ていたのに驚いた。この日から二日経った七月十六日、社のストライキは一応終止符を打ち、社は平静を取戻した。だが、こんな演説ぐらいでスト派の執念が雲散霧消することはない、必ず巻き返しがあろうと思った。しかし、わたしのタイミングのいい演説が影響して、激しかったストが終わったというような楽天的社員もいた。「どさまわり」の弁士となって、地方で「漫才演説」をぶち歩いていたわたしは、ひとから雄弁だといわれたことは一度もない。ただ、話し振りがざっくばらんで面白いといわれたことはある。後日、いろいろ社内事情が分かってから気づいたが、わたしの「自由の行きすぎ」演説なるものは、結果的には争議の「反動派」（会社側）のために肩入れをしたばかりか、GHQの政策に加担したことになったということである。わたしの「反動派支持」については、数年後に近藤日出造も皮肉に笑いながらいっていたが、あの場合、正邪善悪はとにかく仕方ないことであった。

わたしは、馬場さんがいささか時代遅れの旧式な感覚をもっていたとはいえ、彼なりの自由主義者であり、戦時中も節を守った希《まれ》な人格者であり、東民派の人々の硬直したイデオロギイとその愚頑な態度に、泣いて憤慨していたという話を聴いたが、細川と馬場社長の協力は、その天皇制護持は別として、大体において賢明なものであったように思った。そして、巣鴨の留置所で毎日坐禅修行をしていた正力社長が、彼の代理社長として馬場恒吾を選んだということは、その経緯や動機の何たるかを問わず、とにかく適材を選んだものと思った。

アナーキストの石川三四郎でさえ、「『君が代』を聴くと涙を感じる。日本は天皇中心のアナーキスムの国にすべきだ」といっていた。わたしが石川さんのこの発言を弥次ると、「僕もやはり明治の人間ですからねエ」と答えたが、オールド・リベラリスト馬場さんが天皇制を支持した気持ちも、結果そんなところであろう。

オールド・リベラリスト馬場恒吾

スト騒ぎが一応鎮まり、みなとビールで乾杯した。この日の夕方、パリで知った画家、児島善三郎に強引に誘われ、銀座のキャバレ「南蛮」で遊び、渋々高価な勘定を払って帰り、ぐっすり眠った翌日、社に現れると給仕がきて、「松尾さん、馬場社長があなたに直ぐ来るようにいっていました」と告げた。何事かと思いながら社の三階にあった社長室に行くと、馬場恒吾社長が前本社主筆の岩淵辰雄氏と雑談していたが、例の温厚な顔に微笑を浮かべながら、わたしにいった。

「ヤア……社のことでいろいろ有難う。もう細川から聞いて知っておられようが、今度、君の地位をはっきり決めたいと思っているんだ。海外生活も長く視野も広いんで、君に論説委員をやってもらいたいと思うが、どうですか。君が望むなら、もちろん、他の要職についても貰おうとも考えているが、どうかね」

わたしは、「よく考えてみますが」といいながらも、馬場さんの好意に深く感謝し、原則的に諾意を表して社長室を出た。このとき、廊下で『森格伝』の著者山浦貫一に偶然に逢った。山浦は、「論説委員が君にふさわしいよ。鈴木東民は君を企画局次長にしたいといっていたそうだが、岡ン局長の下なんかで働くのはよせよ。論説なら、勤務時間も呑気だし、原稿稼ぎも出来るってことよ」といっていたが、この頃、社の論説委員というのは、高木健夫と山浦貫一の二人であり、わたしは別に山浦に誘われたからという理由ではなく、自分で肚を決め、翌日、馬場社長に論説委員受諾の旨を伝えた。

馬場恒吾には、学生時代から、その歯切れのいい人物評論などで親しんでいたが、「読売」に戻って彼と協力するようになろうとは夢にも思っていなかった。この穏健なオールド・リベラリストは、戦時中もなかなか元気で、意気旺盛、日本の政府も国民もともに狂った時代の乱調の中で、ひとり世相を痛憤していた。

わたしは、度々馬場さんと語りながら、彼がリベラリストといわれながらも全く旧式な保守的人物であり、オールド・リベラリストの渾名に相応《ふさわ》しい人だと思った。彼に『伊藤博文』とか『大隈重信伝』などがあることでも、その辺のことはよく分かる。肌合いのいい幅のある好々爺ではあったが、フランス的な教養、その伝統、とくに、この国の個人主義的自由主義などには全く理解のない人であり、わたしを前に、「君、フランスはデカダンな国で、赤ちゃんなど皺だらけで生まれてくるっていうじゃないか。第一、産児制限なんかやって、子供を産まないなんて感心しないよ」といっていた。

かつて松岡洋右は、わたしとジュネーヴからフランス領にドライブしたとき、「ヨーロッパは没落するよ。髭の生えた女が多いことで、それが分かるよ」といっていたが、馬場さんも松岡洋右のようにアングロ・サクソンの米・英文化しか分からない人であった。フランスには「ビフテキ」などといった上等の料理さえないじゃないかなどといい、この国の料理まで貶《けな》していたので、わたしは彼に反駁し、それは大変な誤りである、この国の上等のビフテキ、「シャトーオブリアン」とか「ポトフー」とか「ブイヤベース」は、全世界から賛美されていると説明し、最後に、フランスは世界で最大の厨房の大哲人ブリア・サヴァランの祖国であり、サヴァランは、新しい御馳走の発見は人類の幸福にとって天体の発見以上のものである、というアフォリスムを残した偉大な粋人である。従ってフランス料理を知らずしては、料理を語る資格はない、美食を戒めるのは日本の偽善な旧道徳だとまでいって馬場さんに食い下がったが、頑固な馬場さんは「どうかな」といった顔をしていた。

最後に馬場社長は調子をやわらげ、「フランスは廃頽国だといったが、それはパリのことで、フランスの地方人は堅実で、素朴で、なかなか剛健な人が多いといわれているよ」といった。

伝統への挑戦者、織田作之助

月日が経つにつれ社内で多くの記者たちを知ったが、暫くして、社の幹部に「ハラチン」とか「オカビン」などという妙な醜名《しこな》の主がいて、それが誰なのか分からなかった。「ハラチン」とは原四郎（当時の文化部長）のことであり、この原四郎部長は、わたしが上陸して間もなく社の編集局に現れたとき、わたしに「すまないが至急、サルトルの実存主義を解説した記事を書いて下さらんか」といった。「ハラチン」君はまた数日たって、「君は、ジイドと親しくしていたようだが、『ジイド会見記』といった題で何か、彼の思い出みたいな随想でも書いたらどうかね、当たるよ」といい、わたしに執筆を勧め、岡倉書房の主人をわたしに紹介した。

この「ハラチン」君は、私大で仏文学を修め、フランス文学についてもいくらか話題をもち、何かとわたしのことで骨折ってくれたが、彼はジャーナリストとして、たしかに優れた才能と「勘《かん》」をもっていた。わたしは度々彼と会い、酒も一緒に飲んだが、彼は当時、問題の作家として知られた織田作之助に『土曜夫人』を書かせた経緯とその苦心について語ってくれた。西鶴とスタンダールの影響を受けたという織田作之助は、戦後のいわゆる〝堕落〟した時代の肉体派文学者であった。彼が、錠剤のヒロポン・マニアであったため、既成作家や世の常識人から「デカダン作家」だともいわれた。敗戦後、旧秩序、旧体制が崩壊した中で、正直に心のままに世の中のスキャンダルを描くことがデカダンといえようか。破廉恥にならずして小説を書くことができようか。

フランスでも、わたしが親しくしていた親日作家「バタイユ」の著者クロード・ファレルでも、ジャン・コクトウでも、阿片の力で創造力を豊かにしていた。ただしこのようなフランス作家たちは、つねに阿片を適当に呑む術を知っていて、織田作之助のように自爆するような狂気な行為を敢てしなかった。

原チンの機転と努力で、織田が「読売」に『土曜夫人』を連載しはじめたのは、昭和二十一年の八月からであり、彼の作品の価値は、志賀直哉など一連の権威追従者や伝統派や旧体制の護持者たちには捉えられないものであった。新居格のいう「苦悶」に全く無縁な、伝統主義者という固定観念の妄者たちによっていかに酷評されようと、坂口安吾や織田作之助は、辻潤や萩原朔太郎と共に俗世間の「虚妄の正義」「旧因習」「旧権威」に敢然と挑戦した、正に「前進型」の革命家であった。こうした作家は、「デカダン」により自らの価値を創造する人たちであり、彼らのニヒリスト的思考は、西欧のシュールレアリストの場合と同様、創造のための苦悶に充ちた破壊と否定でしかなかったのだ。

織田作之助は、未完成の人間だったとはいえ、あくまで自己創造者として生き、宿で大量の喀血をし、襖や畳を赤く染めつつ、昭和二十二年の一月、三十三歳で世を去った。彼の創作の価値は別として、わたしは彼を偲ぶたびに、何となく、モディリアニや、モンパルナスのホテルの壁に「パリの娘たちよさようなら」と書いて死んだ画家パスキンのことを思い出す。

わたしは、日本に着いてから数ヵ月して多くの同胞に接し、「読売」その他の新聞社に勤務している、どちらかといえば〝自由人型〟ジャーナリストとつき合いながらも、日に日に自分の孤独を感じるようになった。ばかりか、日本の社会全体が自分の思考と無縁な人間の集団であり、日本がわたしにとって〝鎖《とざ》された社会〟となり、どうにもやり切れなくなった。そして自分自身が異端の人間であることを知り、染々と孤立感を味ったが、それによって自分を寂しく思うどころか、逆に、〈オレはみなと違っているのだ〉という痛快さを覚えた。

日本よ　もっと堕落せよ　坂口安吾を偲ぶ

日本へ上陸してから、わたしは逢う人ごとに辻潤のことをたずねていたが、辻を思うたびに「堕落論」を書いた坂口安吾を連想した。昭和二十年、敗戦の年の四月四日の大空襲のとき、東京に踏みとどまって、「堕落論」を書いていたというが、その書の中で「人は、正しく堕《お》ちる道を堕ちきることが必要なのだ。そして、人の如くに日本も亦堕ちることが必要であろう。堕ちる道を堕ちきることによって、自分自身を発見し、救われなくてはならない」と説き、また、この年の十二月「続堕落論」で、「大義名分だの、不義は御法度だの、義理人情というニセの着物をぬぎさり赤裸々な心になろう」と書いている。

パリ以来、辻潤の書をひとつひとつ読んだわたしは、このような安吾の言葉を奇異だともオリジナルだとも思わなかった。辻は、彼の予言した敗戦の惨めさを見ずに『絶望の書』を残して餓死したが、安吾よりもさらに深刻に痛烈に彼らしい「堕落論」を草していた。

坂口安吾は、とにかく人間はとことんまで堕落しなければ自身を発見し得ないという。正にその通りであり、『歎異抄』で散見される親鸞の思想、信仰と解脱の一体論とて同じ心境のものである。親鸞を〝聖者〟として拝みたがる人々には、この辺のことは分かるまいが……。こうした意味での〝堕落〟は、卓抜異色の作家や、少数エリートの哲人が把握するものであり、いわゆる大衆や固定観念の亡者には通じない内側のものである。われわれ同胞はやがて、この敗戦による物質的困窮に反発し、経済的に、おそらく他国をぬいて伸び上がるであろう。だが、精神的には元のままかあるいは過去に逆光し、〝堕落〟の醍醐味も、それが到達する「無」の境地もぜんぜん知らない木偶坊として残るであろう。辻潤は「賤民化された低能の民衆」といっているが、民衆を低能化し賤民にした支配階級人の方が、さらに賤民的存在だったといえよう。

フランスやイギリスなどと比べ、日本の国民の〝バカさ加減〟はあまりにも著しい。民衆は原始形のエゴイストであり、自分や自分の家族を中心として打算して生きることしか知らない。しかし、彼らが愚かなのは、彼ら自身、自分の環境の何たるかを批判し得ず、政治的に社会的に、あまりにも無知であるということだ。このような無知の民衆は、政治家どもがいつも奸富《かんぷ》どもと組んで民衆の無知を奨励し、それに乗じて打ち出す政策の〝裏〟に気づかず、目先の利益に迷い、民衆の福祉に反するブルジョア政党や軍人に拍手しているのだ。農民やいわゆる大衆の「賤民根性」は、当分アメリカの属国としていき、アメリカ的物質万能主義によって拍車がかけられ、焼きがまわるであろう。

もちろん、日本人の一部には、「憂国」の名で政界人や財閥の元凶どもの〝堕落〟に反発し、大改造を念じた「暴れ者」もいた。ここでいう〝堕落〟の意味は、安吾のいう堕落とは底も心も違う。だがこの連中は、悲しいかな、みな政治づいた右翼のファナティック漢でしかなく、凡そヒューマニスムにも個の覚醒にも無縁な者ばかりであり、これが太平洋戦争を誘発させた要因であったことはいうまでもない。

この種の愛国的右翼人は、国体論にだまされた、とんでもない超国家主義者となって国を誤り、個人の自由を扼殺した人たちである。例えば、わたしがフランスに旅立った前年の大正十年（一九二一）の九月に、安田善次郎を私邸で刺殺した朝日平吾にしても、また首相原敬を殺した青年中岡艮一でも、ちょっと西欧では類例のないファナチックな「殺し屋」であった。しかし、「殺し屋」はシカゴやパリの町裏にもいる。いわゆる「アッフランシ」（無法漢）であり、法も、道徳も頭から小馬鹿にしているならず者であるが、さもない限り、自意識のない政治狂である。

敗戦後の日本の社会には、といっても、戦前、戦中も同じだったが、坂口安吾や辻潤のようにニヒリスティックに現実に対処し、大脳で抵抗しつつ堕落する純情漢は探してもほとんどいなかった。ソクラテスは「汝は汝自身を知れ」と白面で説いていたが、彼もまた、トコトンまで堕落して彼自身を「無」の出発点に戻したればこそ、このような哲理に到達したのである。

わたしの観た日本は、新居格がなげいたように、「苦悶の象徴」のひとかけらもなく、イージイに妥協するプラグマティック・オポチュニストのみ蝟集《いしゅう》する大集団国であり、真の堕落や絶望によって再生することの出来ない国だとしか思われなかった。

日本人は、過去数百年にわたる「虚妄の正義」（辻潤を愛した詩人萩原朔太郎の書名）によって毒され、絶望のどん底で、蘇ることの出来ない人たちの集団である。したがって、日本の歴史は、昔も今も巧みに泳ぎまわり、首鼠両端、右し左する転向者どものやたら多いことで特徴づけられたものである。

「前進型の現実」のない国　新居格と語る

わたしは、山浦貫一や高木健夫と机を並べて働いていたが、時々、社説を書かされた。「社説」とは一体なんなのか。「社の説」であるというが、書くのはわたしという個人である。個人が、社という集団、つまり抽象体の名を枠にして書くということは、全く不自由なことであるが、鈴木東民に代わって新たに登場した安田庄司編集局長は、馬場さんとは違ったアナーキスト的風格をもった自由人であり、わたしの原稿を読みながら、「これでいいよ。自由に奔放に書けばいいんだ。君の文章は少々風変りでどぎついが、読む方は喜ぶよ」といった。ある日、社のうるさ型が安田庄司のところへ行って「松尾君は、アナーキストらしいぜ」と中傷した。安田は笑ってその男に、「アナーキストでなかったら、ジャーナリストとしての資格がないよ」と答えた。

妙な宮仕え型の多い新聞社の雰囲気がいやになったわたしは、ふとある日、まだ見知らぬ新居格に一筆してみた。すると彼は、さっそく返信をくれた。

「君とは思想の共感者だと思っている。是非来てくれ、待っている」というハガキがとどいた。小さな字で綴った友情のこもったものであった。

新居は当時、高円寺の一角に住んでいて、わたしが訪ねた日（九月一日）庭先で鋤を握って土いじりをしていた。新居は狭い小さなサロンにわたしを招き、次のようなことを染々と語った。

「戦争に敗けたが、日本人はこの敗戦で苦悶していないんだよ。この点は、もう君も感じているだろうが、何故戦争をしたのか、何故の敗戦か、責任は誰が負うべきか、今後はどうあるべきか……、そんなことで一向に思索し苦悶していないんだ」

「文字通りの虚脱状態ですね」

「そうだよ。ただ、それだけなんだ。日本人には、前進型のモーラルが無いんだよ。北条時宗が、まだ日本人の神なんだ。永野修身でも、井上幾太郎なんていうのが、なにかいうと元寇の話を持ち出していたんだからね。君は、パリから『セルパン』など度々送稿して、よく辻潤のことを書いていたようだが、辻潤は人間としてのあり方とその思想を一致させた希な文化人であったよ。彼のような人物は、日本にほとんど一人もいなかったよ。ダダイスムも、ニヒリスムも、日本では新しがり屋の流行語でしかなく、それ以上には出ないんだ。君は、辻の訳したマックス・スティルナアの『唯一者』を紹介したいといっていたが、スティルナアの哲学は、最高のものだよ。是非やってくれ。矢橋丈吉（新居の友人）とか、荒川畔村（終戦後『虚無思想研究』を出した奇特な人）などという辻のファンたちが出版をやっているから、本の出版はオレが世話するよ」

「しかし、スティルナアの『唯一者』は、版を重ねるほど売れたそうですが」

「日本人は、新しい物なら何でも飛びつきたがるオッチョコチョイなんだ。売れるということと、著者の思想が正当に解され読者の心に滲透することは別なんだ。もちろん、スティルナアの作品についても少数の理解者はいるが……。繰り返していうが、日本人の生活倫理の中に〝前進型の現実〟がないということが癌なのさ」

新居のいう〝前進型の現実〟がないということは、何なのか。それはおそらく、ドイツの社会学者マックス・ウェーバーのいう「過去にこだわり、未来を開拓する創意の欠如した状態にとどまり、前進することがない」ということであろう。

わたしは、新居の書斎にならぶ書物を一瞥したが、彼の書棚には、わたしの好きなウナムノや、パピニや、ヒュネカアや、ピオ・バロハなどの翻訳書や英文の原書がならんでいた。

新居は、わたしが玄関に出て、さよならをする前、ちょっとわたしを呼びとめ、

「近いうちに、日本のペンクラブを再建したいんだが、そのときはひとつ協力してもらいたい。豊島与志雄、青野季吉なんかにも話してあるが、この再建だけは是非やりたいんだ」

といった。高円寺の街筋を歩みながら、スペインにいた頃、わたしの家に訪れて来たマドリドに住むバロセロナ生れの若い詩人が、仏文で書いてくれた詩の一節を思い出した。

Dans le coeur de l'Espagne,
Terres pauvres, terres tristes,
Si tristes qu'elles ont une Ame.
（スペインの心臓部にありて、思いや切なり。あ、この貧しき土壌、痛ましき土地。
あまりの痛苦の故に、スペインは、ついに「魂」をもつに至れり。）

永い間、外国から幾度となく征服され、占領され、忍従の悲しみをトコトンまで味わってきたスペイン人は、碧空の下で明るい陽光を浴びながら荒れた不毛の土を眺め、よく歌う悲しい国民である。だが、この国に前後約三年間、庶民と共に沈淪の生活をしたわたしは、このスペインの人たちの〝魂の悲哀〟、ウナムノのいう「生の悲劇的感情」の何であるかを知った。スペイン人がギターをひきつつ哀愁を帯びたフラメンコのメロディを流すとき、寺々の仄暗い隅にかかっている、何ともいえない悲しい表情をしたマドンナ（マドレ）の顔を眺めるとき、この民族の忿怒と絶望の何たるかを、洞察することができた。

いずれにしても日本人の性格は、気候風土、その歴史に左右されたものであり、新居のいう「前進型」のモーラルを持つべくあまりにも過去の「業」が深いと思う。しかしスペインには、一時は奴隷にされた苦難の大作家セルバンテスや、哲人ウナムノや、ピオ・バロハや、近くはピカソやダリの祖国であり、ゴヤ、ベラスケス、グレコの国でもある。ところが、日本はどうか。

セルバンテスが、世界的な名作『ドン・キホーテ』を書いたのは彼が五十八のときであった。この作品は、世の不正に強い抵抗を感じた苦悶の哲学小説であるが、彼がユーモアを籠めて描き出した対蹠的人物、従者のサンチョ・パンサのような人物は、日本に溢れるほどいる。世故にたけ、欲が深く、現実主義で通す男どもであり、こんなのが政界にも財界にも掃くほどいる。ただし、サンチョという従者はいささかバカで愛嬌があるが、日本のサンチョ・パンサどもは、狡猾で、偽善で、汚く出世をねらい、よく眠る〝悪党〟である。

日本の精神的風土の中で、セルバンテスのような苦悩と抵抗の哲人作家など育つとは思われない。

第6章　アナーキストのシンパを任じる

「美徳」の仮面擬装

七月の暮、鱒書房から新たに頼まれた四五〇枚の原稿『フランス放浪記』を書きはじめたが、喫茶店に行ってもキャバレへ行っても、不愉快でどうにも耐えられないまま、蟄居《ちっきょ》して毎夜おそくまで執筆をつづけ、疲れると気分転換にパリ以来の友人を訪ね歩いた。パリからデュフィーの画を送ってやってから、親しく文通していた『天の夕顔』の作家・中河与一の家を訪ねたり、外務省に行って、上陸のとき差し押さえられたナイフやフォークや時計などを受け取ったりして、その日を送った。中河君の妻君、歌人の中河幹子さんはある日、わたしが学生と四畳半で、ごろ寝生活をしていることを気の毒がり、わたしの案内役をつとめ、八月の暑い日、赤堤にある、ある会社の重役の家の空き間を見せてくれた。高円寺馬橋の四畳半は、たとえわたしにとって天国の小空間であっても、やがて上京してくる妻子と暮らすことは出来ない相談であった。数日後、中河幹子さんの斡旋で、小田急線に近いこの赤堤の家の空間八畳に移転することにした（八月三十日）。さっそく学生松岡青年の協力を得て、大八車を借り、凄く暑いこの日の午後、「青シャツ」と渾名《あだな》された学生の手を借り、高円寺から世田

松尾サロンの右から田辺一夫，上原利夫，村松正俊と．（1947年，大田区桐里の自宅で）

谷区赤堤町一ノ一三七の家に引っ越した。八畳間に荷物を運び、やっと安心したとたんに、どこからともなく、ひと組の見知らぬ若夫婦が荷物をトラックに満載して門から這入り、彼らの荷物を降ろしはじめたのはいいとして、八畳間にやっと落ちついたばかりのわたしに、ご主人公らしいのがいきなり食ってかかり、「あなたの荷物ですか。外に出しなさい。この八畳は、わたしたちのものです。隣の六畳の方へ行って下さい」と呶鳴《どな》り散らし、荒々しくわたしを突き飛ばそうとした。理不尽な申し入れにムッとしたわたしは、この四十がらみの〝かまきり〟のように痩せたヒステリー男に答えた。

「違う。何をいっとる。幹子夫人との話が纏まり、この八畳間は僕が借りたんです。君は一体誰なのか」

どこかのサラリーマンらしいこの男は、痩せた青白い顔をひんまげて、わたしと烈しく口論したが、この〝かまきり〟は、幹子さん門下の歌人の一人であることが分った。

「八畳の方は松尾さんに……」といった幹子夫人の言葉がまだ耳朶に残っていたが、この〝ヒステリー・かまきり〟と諍いをするのが面倒になり、

「君は、とんでもない不作法者だよ。歌人だか粋人だか知らないが、たたみの数で蒼白な顔をひんまげてるのは詩人らしくないよ。こちらは無宿に慣れた天下の風来者だ。三畳であろうと六畳であろうと、雨さえ凌げればそれでいいんだ。僕らは家族三人、君らは夫婦二人だそうだが、僕と喧嘩してまで、それほど八畳が欲しいなら譲るよ。こんな汚い争いまでして、君らと隣同士になるのは不愉快だから、いつか出て行くが、それまで、隣の六畳で我慢するよ」

こうしてわたしは、おとなしく隣の六畳間に荷物を運んだ。夕方、使いに出た松岡青年が戻ってき

て、わたしの話を聴き、ひどく憤慨し、柔道三段の彼は、

「畜生！　隣の夫婦をぶん殴ってやる」

と意気まき、襖を開けてなぐりこもうとしたが、わたしが、

「止めろよ。あいつは、八畳なら良い歌がつくれると思っているらしい。いまビールを二本ばかり手にいれたから、一緒に飲もう」

というと、松岡三段は「こっちは虫がおさまらない。隣室の野郎をいつか手ごめにしてやる」といった。松岡青年は、「部屋に本棚がない。僕が造ります」といいつつ、会社の重役の家だというこの空家の一角にあった雨戸を強引に外してきて庭に放りなげ、その雨戸を鉈《なた》で叩きこわし、六畳の片隅に本棚をつくりはじめた。松岡は、戦争の最中に育った青年である。どこか侠気肌の善良な若者だったが、こうした空家とはいえ、小ブルジョア然としたこの家の雨戸を平然と叩き潰している彼を見たとき、戦争による死や、掠奪や、破壊に慣れた日本の青年の荒んだ気持ちが汲み取れた。彼にとって、私有財産がなんだ、戦争とは合法的な大量殺戮であり、財産の強奪しかないのだ。雨戸の一枚や二枚、問題ではなかったのだ。

貧しい地方の農家に生まれ、稼いだ金で大学にはいったという松岡青年と語りながら、隣の八畳を借奪した、あの隣人サラリーマン、自称歌人が、わたしに食ってかかったときの相貌、あの眼つき、貪欲そうな表情を思い出した。このような夫に唯々として服従している不甲斐ない妻君はいま、襖越しに何やら喋っている。永いヨーロッパ生活、とくに戦時中に接した「文明なる」白人どものみじめな狼狽ぶり、その醜い我執と妄念、それらが誰の責任であろうと、人間の「美徳」なるものが、つくら

れたものでしかないということを証拠だてているのだ。しかし今日、まざまざと眼のあたりに見せつけられたわが同胞の慳貪《けんどん》醜悪な態度は、外国人の場合とは違い肌にしみ、染々と厭になった。いずれにせよ、すべて戦争という社会悪が、人間を赤裸の姿にしただけであろう。おそらく、これから先も、わたしが生きることを運命づけられているこの社会で、わたしは幾度となく、この種の醜悪に対峙し、反発し、それに忍従してゆかなければならないだろう。あア、世界に無比の崇高な風俗をもった家庭国家に住んでいたという日本人よ……。

他人の雨戸をあられもなく叩き潰して、怛然としていた松岡青年も、相棒の「青シャツ」君も、いま一緒に、わたしとビールを飲んでいる。夏の夕陽の残照がうすれ、やがて暗くなった頃、二人の若者は黙々とどこかへ消え去った。

締め出されて八つ当り

長い間、フランスに住んでいた故か、学生時代に何よりも得意だった英語の実力が退化し、英語で喋るのが億劫になっていた。ヨーロッパでは、ドイツ以外の国ではどこでもフランス語で押し通した。といっても、もちろん巷の女や旅女房にした女と親しくするためには、土地の言葉が必要であり、スペインではスペイン語を学び、トルコのような特殊国でも四、五十語のトルコ語を覚えて土地の女を喜ばせた。しかし、アメさんに占領された日本で、米語が下手で喋るのが億劫であったことは、わたしにとって、幸せであったように思う。パリで聴く米・英人の英語が野暮で田舎じみていて、何となく教養の低いフィリスタン（俗人）の言葉と思っていたのは、わたしだけの勝手な妄想であったろうか。

ある昼下がり、丸ビルに近い横丁の外人クラブに行って、友人のフランス人記者と食事したことがある。ドルや外貨をたんまり持って美食をとっている外人たちに、サービスしていた女性の得意になって喋る英語が厭らしかったのはとにかくとして、彼女らが、敗戦後、にわかづくりの「アチラかぶれ」になって、同胞である日本人をひどく見縊《みくび》っていたと思ったのは、こちらの僻《ひがみ》であったろうか。このクラブで食事が済んだとき、日本娘のサービス・ガールに、「ねえさん、楊子をくれないか」というと、大根足で洋装のこのサービス娘は、わたしをひどく蔑んだ目付きで見下ろし、ぶっきら棒に、「あちらの方は、楊子なんてそんな野暮なものは使いませんよ」といった。

ムッとなったわたしは、彼女にいった。

「そうかな。でも、トウス・ピックという英語もあるし、フランス語のキュール・ダンというのは、楊子のことなんだよ。僕は二十数年、君のいう〝あちら〟のレストーランで、いつも楊子を使っていたんだ」

娘は、わたしに冷たい一瞥を送って去ったが、これも、敗戦日本の女たちの日本男性に対する見当ちがいの侮蔑をこめたしっぺ返しであったろう。「あちらかぶれ」は、われわれ同胞が自らを侮辱する悲しいコンプレックスの故であり情けなくなった。

数日後、ある外人に用があって、帝国ホテルに行ったが、ホテルのロビーに通じる玄関に、大きな立札があるのに気づいた。〈日本人の立入りを禁ず〉とある。畜生！　占領された国だ、仕方がないと思ったが、このホテルの「用心棒」に雇われていたらしい一人の日本人が、玄関の階段に登ろうとしたわたしを呼び止め、片手で押し、「ダメだよ。君は日本人だろう。ここは這入れないんだ。直ぐ出てくれ」と、突慳貪《つっけんどん》にいった。この権柄づくな中年男の態度が気にくわなかったので、わたしはわざとフランス語でベラベラ喋りたてた。米語しか知らず、米語だけが世界語だと思い込んでいたらしい中年の日本人は、わたしの顔を訝し気に見ていたが、トルコかアルジェリアあたりの外交官だろうと思ったらしく、彼は急に米語で、

「御免なさい。あなたはどちらの国のお方ですか」

と急に語調をやわらでて、慇懃にたずねた。そこでわたしは、ぐっと身を逸らし、米語で「ぼくはクースクース国の代理公使なんだ」といってやった。クースクースとは、アラブの料理名であったが、この出たらめな言葉に気づかなかったこの「用心棒」は、彼らの尊崇する「ガイジン」に化けたわたしを、いとも丁寧にイエス・サーとかいってフロントに案内してくれた。

わたしは、この日、フランス語を使った効果覿面《てきめん》、あちら尊崇の日本男を騙し得たことを染々有難く思った。こうして東京の帝国ホテルでは、わたしの戦術は見事に成功したが、その後、フランスから有名なルポルタージュ記者ブロンベルジェ君が来日したとき、彼の依頼で京都に旅したときは手の打ちようがなく失敗した。

ブロンベルジェ君は、東京から電話で京都ホテルに二つの部屋を予約しておいた。もちろん、そのひとつは、わたしのための部屋であった。わたしたちは京都駅からこのホテルに直行したが、ホテルの使用人たちは、わたしをまさかフランス人だとは思っていなかったらしいが、わたしがフランス語をベラベラ自由に喋るので、チュニスかアルジェリアあたりの人間だと思ったらしく、荷物を運んで

三階の部屋に案内してくれた。ところが、やがて宿帳記入のとき、わたしが日本人名を書き、職業を記入すると、急に開き直ったフロントの男が、

「困りましたなア。日本人は、いけないいんだそうですよ」

と横柄に構えていった。

「ここは日本のホテルじゃないか。日本のホテルで、日本人御断りとはなんだ」

といって、米語使いのノッペラボーみたいなマネージャーらしい男と大喧嘩をはじめた。やがて、ブロンベルジェ君が現れたので、諍の理由を説明すると、彼はこのマネージャーに、何がしかのチップを握らせてから、ホテルの宿帳に彼の友人らしいGHQの男の名を書き、その場の機転で、わたしを米人の秘書ということにした。このスリカエ戦術が成功し、これで万事OKとなった。すると、蒼白い顔をしたノッペラボーの米語使いは、にわかにペコペコし、わたしに「済みません。じゃア、どうぞ、ここに御自由に御泊り下さい」といった。

「ガイジン」に弱く、権威の前にすぐ自らを崩してしまう日本人の性格をよく知りぬいたらしいブロンベルジェ君は、たくみにこのノッペラボーのマネージャーを骨ぬきにして工作には成功したが、全く情けなかった。わたしもドイツにいたとき、このフランス人記者と同じ手で、ドイツの官僚や、窓口の木端役人どもを丸めたが、日本人とドイツ人は、権威に弱いことで実によく似ている国民である。

わたしは、ブロンベルジェの厚意に感謝したものの、少々依怙地《いこじ》になって、ノッペラボーにいった。

「もういいよ。アメさんの御威光で、こんな西洋をまねた贋ピカ・ホテルで、まずい、国籍のない

西洋料理を食いたくはない。僕は、今夜、日本の宿に泊る」

わたしは、大方、こんなことになるだろうと思い、京都の御馴染宿「ちきりや」というのに話をつけておいた。B君（以下、ブロンベルジェ君のことを略してB君と書く）とは夜のランデ・ヴーを決めて別れ、「ちきりや」に行ってあぐらし、久しぶりの京都料理を味い、京美人の女中を相手に飲みながら、のんびり夕食をした。

わたしの同行者メーリイ・ブロンベルジェというのは、百万部以上出している有名なパリ夕刊紙フランス・ソワール・パリ・プレス（もとパリ・ソワール）の極東特派員で、「東京の印象」と題して、「読売」その他に記事を寄せていたが、彼は東京の復興が力づよいことを述べながらも、それが「ヤミ取引のおかげである」と書いていた。

パンパンと祇園で遊ぶ

夜の九時半、わたしは京都ホテルのバーでB君と逢い、ウイスキーの水割りを飲みながら彼と語った。B君は、わたしにいった。

「京都を見物してから、わたしは広島と長崎に行く予定です。アメリカの支配下にあるので、新聞記者が自由に取材出来るかどうか分りませんが、わたしは例の〝もぐり〟戦術でいろいろ調査して見ます。放射能の痕跡とか、これが及ぼした人間の血液内、内臓の恐ろしい作用など、これから勉強します。アメリカは戦争に勝ったとはいえ、この原爆投下によって人類の歴史に大きなマイナスをつくりましたよ。そしてこれを逆にいうと、日本は敗れたとはいえ、この非人道的で、卑劣な、そしてアンフェアなアメリカの殺人的凶悪兵器使用で、一点取ったということになりましょう」

「広島に原爆が落とされたとき、わたしはスペインのマドリドにいましたが、スペイン市民もあなたと同じことをいっていました。しかし肝心な日本人一般は、この凶器で自己卑下を感じ、あなたのいうように一点取ったとは思っていませんよ」

「率直にいって、あなたの同胞日本人は、あの二発の原爆の直後はとにかく、その数週間たってからも、アメリカの野蛮な手段に対し憤怒したり抵抗も見せなかったし、異常と思われるほどの自己卑下を示していたようですな。ミカドの国のサムライは、どこに姿を消したんですか、そして、忠誠無比な国民は？」

「そこが問題なんですよ。長い間、知る権利を失っていたわれわれ日本人は、〝国民〟であったのかも知れませんが、一個の独立した個人であり、民（ピープル）ではなかった。日本には個人を単位にしたピープルという概念はないのです。みんなミカドに奉仕する集団的〝国民《ピープル》〟なのです。ミズリー号の艦上で、マッカーサーとニミッツを前にして、日本の官僚が正式に降伏したときでも、この〝国民〟は、〈なぜ、こうなったのか〉と問いながらも、その忿怒の的は、ただ日本の軍部に向けられました。そのため、アメリカへの抵抗は、免疫になっていたんです。免疫、免疫……、これが日本人の正体なのです」

このような会話の後、わたしが京都が古い歴史の都だと語ると、B君は、「日本ムスメを一人紹介してほしいんだが、どこかに案内してくれませんか」といった。二人は肩を並べて街に出、タクシイで祇園に行き、かねて世界文学社の社長が紹介してくれた庭の美しい料亭に入り、さっそく女将にたのみ自由になる芸者を二人呼んでくれないかと申し入れた。

女将は、何もかも承知していたらしいが、困った顔をし、

「芸子さんは呼べば来ますが、〝枕〟の方はアメリカの〝お偉い方〟ならとにかく、フランスの新聞屋さんではどうにもなりません」

といい、女将は占領下の京都でのいろいろ煩い事情のあることを管々と述べ、気の毒そうに詫びを入れ、弁解していた。

わたしと女将との日本語の会話を不安気に聴いていたB君は、

「何か、厄介なことがあるんですか」と訊ねた。

「エ、厄介なんです。婀娜《あだな》芸者もアメさんに占領されているんです。でも、何とかして話をつけてくれと、いま強引に頼みこんでいるところです」

女将は、こちらに同情し、芸子さんはどうしてもダメだが、いま京都には「外人専門の娘」がいるので、その方とかけ合って見ようといった。この女将のいう「専門の女」とは、もちろんアメリカの兵卒どもを相手にするパンパン嬢のことであったが、京都くんだりまで来て、しかも「ぼんぼり」の灯のゆらぐ祇園でパンパンと寝るなど、野暮の骨頂だと思ったが仕方がない。そこで、B君に事情を大掴みに語ると「あなたに任せます」といったので、一応、京のパンパンを呼んで首実験をすることにした。

B君とわたしが二階の一室粋な日本座敷で待っていると、障子をあけてアッパッパー洋装姿の若い二人の娘が現れた。一人の娘は、大根足の素人くさいお白粉気のない田舎女で、われわれを前にして、

俯向き、オドオドしていた。もう一人は対蹠的に占領軍ずれのした、いけずうずうしい堂々たるパンパンであった。擦れ枯しのこのパンパンは、座ると直ぐB君に寄りそい、例のカタコトの「パングリッシュ」で語り出したが、わたしを流し目で見ながら「あんた、日本人？　通訳？　うちは今夜の相手、この外人さんに決めたわ。いいでしょう。この外人、アメリカの方？　違う？　フランス人ですって。まアめずらしい。パリの方？」

「そうだよ。パリからきた僕の友人なんだ。だが、君が勝手に君の相手を決めては困るよ。御客さんが自由に選ぶんだから……」

「何いってる。うち、日本の男なんか相手にしたくないのよ。あんた方がダラシないさかい、戦争に敗けちゃったのさ。うちの両親《ふたおや》は栄養失調で半病人だし、一人きりの兄貴のやつは戦死したのよ。あたしたちは〝パンパン〟だなどといって小馬鹿にされているけど、日本の男どもの方がもっともっとずるくて卑劣な男、パンパン男じゃないの？」

わたしは、厚化粧したこの女性の荒《すさ》んだ顔を見て、「とんでもない女」が現れたと思った。だが彼女の「男パンパン説」は当っていたし、面白い女だと思ったまま、B君にわたしたちの会話を通訳して伝えた。

宿の女中が、日本酒とウイスキーを運んで来た。B君とわたしと、このパンパンの三人は、次第に酔って話もはずんだが、大根足の田舎娘はいよいよ寂しそうだった。

ひどく荒んでいたパンパン嬢は、ウイスキーをしこたま飲んだ機嫌で、膝頭から太腿のあたりまで露出させながら喋り出した。

「あんた方は、新聞社の方だってね。その新聞が、日本の御役人や兵隊を威張らしたんでしょう。うちはネ、いま京都在に住んでいるけど、名古屋生まれよ。焼夷弾にそなえる訓練とやらで、とにかく毎日、水運び。それからアメ公をぶち殺すためだといって女にまで竹槍の稽古……。戦争でどしどし敗けはじめていたのに、新聞はウソばかり書き、政府も空爆によるひどい被害などについてちっとも発表せず、わたしたちの国の〝御偉方〟というのは、みな、番頭根性のバカタレばかりだったのよ。このフランスの外人さんにも、そういってやんな。小磯とかいう総理大臣は、宮内省の主馬寮とかいうのが敵のめくら弾を受けて焼けたことばかり大袈裟にいいふらし、『おそれ多くも』とかいってひどく恐縮し、ブルブル震えていたそうですが、何ですかこの総理大臣は？　国民のことなどちっとも気にしていない奴だったの。人をバカにしてらア。うちは女学生だったのですが、工場で軍人どもにこき使われていて、学校などあっても名ばかり。今思うと、文部大臣様というのが、揃いも揃ってみなバカ者ばかりでしたよ。あんたは日本にいなくてよかった」

「戦時中の文部大臣様というと橋田、岡部、二宮、児玉ってのだな……」

「そんなバカタレの名前なんか覚えてないわよ。うちは、戦時中、あちこちで、憲兵どもからこき使われたけど、戦争が終わりに近づく頃には、死んだ人の棺桶が無くなり死体を焼くことも出来ず、山の木もなくなりかけ、ほんとにひどかったわ。まア、バカな思い出話はこのくらいにし、歌でもうたいましょう」

こういって、思う存分に啖呵を切って、すっかり気をよくした文ちゃんという名古屋生まれの彼女は、ズンドコ節や祇園小唄を歌ったが、急に悲しい表情をし、ヤケッぱちで泣きながら「こんな女に誰がした」という歌を歌った。何と憂鬱なメロディである。

星の流れに身を占って
どこをねぐらのきょうの宿
荒む心で、いるのじゃないが
哭《な》けて、涙も涸れ果てた
こんな女に誰がした

この娘の哀愁のこもった〝絶望の唄〟は、東京にいたときも度々呑平横丁から拡声器で送られていたメロディであった。歌詞は多分、わたしの友人、田村泰次郎の『肉体の門』の映画主題歌の文句であったと思う。

この悲しいセンチメンタリスムの歌詞を、わたしはB君に解説してやった。B君は、いささか興奮し、「甘いメランコリイ……。何ともいえぬ日本調ですな。そして聴いていると自殺したくなるような気がする。アルゼンチン・タンゴのメロディや、スペインのフラメンコの歌詞にも、これに似たセンチメンタルな憂鬱がありますが、日本のものはトコトンまで行って、涙も涸れてしまうような、悲しくも甘い絶望の歌ですね。とにかく、この『こんな女に誰がした』は傑作ですよ。立派な叙情詩です。ヴェルレーヌ級ですよ」

といった。B君の賛辞を耳にしながら、かつてパリで大酒をくらって、西行やヴェルレーヌの詩歌を歌って往来に倒れ、ブタ箱に放りこまれた佐藤朝山を思い出した。わたしはパリの警視庁に行って、この朝山を度々扶け出したが、日本美術院の彫刻家朝山は、「ナポレオンの業績よりも、偉大なセンチメンタリスト、詩人ヴェルレーヌの作品の方が、それ以上のものだよ」といっていた。「偉大なセンチメンタリスム」。わたしはこの言葉を幾度となく心に反芻《はんすう》した。怪傑朝山は、石井鶴三や辻潤の友人であり、晩年、玄々と名を改めた。わたしは大森馬込で彼のフランス語の先生をしたことがあったが、酒ばかりくらう彼は、酔っ払ってフランス語を学ぶため、いつまでたっても、ヨチヨチで、パリにいた頃でも、わたしの通訳でフルデルを師としていたが、この頃から彫刻の本質をとらえられるようになったという。戦後、彼に逢う機会にめぐまれなかったが、三越に行くたびに、彼の傑作のひとつだといわれる「天女像」を見て彼を思った。

B君は、畳の上に寝ころんでパンパンの歌を耳にし、わたしとこのパンパン嬢の会話を訝し気に聴いていたが、酒宴も終わり夜もだいぶ更けたころ、この二人の女性をどう始末するかの問題で戸迷った。B君は、わたしの立場を察したらしく、

「あの米語を使う娘には気の毒ですが、わたしは、あの寂しそうな田舎娘の方が気に入ったので、よろしく後始末をつけて下さい」

といった。そこで、困ったことになったと思いながら、このことを荒んだパンパン嬢に伝えると、彼女はひどく憤慨し、口汚なくわたしを罵倒し、口笛を吹き、わたしが握らせた金をひったくってサッサと階段を降りていった。

B君が、この祇園の宿で、どんな一夜を明かしたか知らない。わたしはひとり、夜更けの京の街を

さまよい歩いた。「だんな、いい娘を世話しますぜ」といってくる若者もいた。闇屋となった旧軍人らしいのがアメリカの水兵たちの後を追った。この人たちもつい最近まで、「大君のへにこそ死なめ」と歌っていたのだろうか……。

『平民新聞』のサンドウィッチマン

赤堤の家で、やっと落ち着いたとはいえ、隣の男の妙に感傷的で陰湿な朗詠を聴きながら執筆をつづけていたわたしは、むしろ、この執筆を憂さばらしと考えるほど厭な環境にいた。幸いにも付近には空地も畑地もあり、蝉の声も聴こえた。ある日、小田急線を新宿で乗換え、出社すべく東京駅についたとき、ヨーロッパでは全く聴いたことのない寒蝉《つくつくほうし》の鳴くのを駅前で耳にして心を踊らせた。昼は出社し、夜は遅くまで黙々と執筆をしたり読書をするのを楽しみにするといった単調な生活がつづいたが、毎夜の停電でうんざりした。しかし、ローソクを五本ぐらい立てて原稿を書き続けるのも楽しかった。

当時、わたしをアナーキストのシンパと思っていたものが多く、わたしも敢えてシンパたることを自ら任じて憚《はばか》らなかった。そして、読売本社の論説委員室には、「アナーキスト系」だという怪人物がいろいろ訪ねてきた。久しく逢わなかった武林無想庵が、ヨレヨレの着物姿で、中年の婦人に連れられて社に現れたのもこの頃であった。盲目になっていた無想庵は、わたしに逢えたことをひどく喜び、感激していたようだったが、わたしと語りながら別にこれといった話題もなく、四方山話をしただけで淋しく帰っていった。この頃、どう血迷ったのか、無想庵が共産党員と親しくし、『赤旗』に執筆しているという話を聴いたが、ニヒリストらしくない転向だと思った。チャーチルは、彼自身が政治的に変説したとき、「沈む船からはネズミは逃げる」といっていた。無想庵がコンミュニストになる。ちょっとおかしいが、おそらく経済的な理由があったのであろう。

ある日、読売の工務局に働いていた一人の若い社員が、印刷インキで汚れた労働服のまま現れて、九月十六日に大杉栄追悼講演会を、社の前にある保険協会の講堂でやるから是非出演してくれと頼んできた。彼の説明によると、これまで講師として決定したのは、白井新平、岡本潤、岩佐作太郎、石川三四郎の四氏であり、ぜひわたしもそれに加わってくれというのであった。辻潤についてならとにかく、大杉栄とは別段親交もなく、この〝英雄〟大杉栄がパリで投獄されたとき、「毎日」や「東日」のパリ特派員たちと一緒に、大杉の収容されていて牢に「差し入れ」をすることに協力した程度であった。しかしわたしは、何ら躊躇することなく、この講演に出席することを受諾した。社の同僚たちは、わたしの大胆さに驚いていたが、「オレは一切の暴力に反対だが、言論思想は自由だ。気にするな」といっておいた。大杉であろうと誰彼を問わず、権力に抵抗したあらゆる闘士にわたしは、敬意を表していた。

この講演会が契機となり、わたしは石川三四郎氏としばしば逢い、大井にいたアナーキスト岩佐作太郎氏の家を訪れた。また、石川三四郎氏が参加していた週刊紙『平民新聞』にも、現代のソクラテスといわれるアン・リネルに関した記事を出すことを約した。誰にも相談せず大杉栄の追悼講演に出席したり、『平民新聞』に執筆したことについて、友人から「君も変っている」という程度の批評を受けたが、誰もわたしを正面から非難攻撃する者はいなかった。というのは、敗戦後の日本には、何か半無政府的な自由なフンイキがあり、権力側（新聞社の社長や役員をふくめ）がひどく萎縮していたし、毎日の苦しい生活の中で戦っていた多くの勤労者たちは、大杉の名を聞いても『平民新聞』を読んでも、驚くどころか、内心、溜飲を下げているような解放された社会環境が、たとえ一時的であったにせよ支配的であった。

わたしが『平民新聞』に三回ほど連載したアン・リネルの個人主義思想紹介にしても、日本では、辻潤や、石川三四郎や、片山敏彦や、その他数人の少数の人たちがこの哲人を評価していたに過ぎず、一般のインテリは彼の名も著作も知らなかった。東大の仏文学教師たちの一部は、アン・リネルの存在を漠然と知っていたが、この哲人が個人主義アナーキストであることをひどく怖れ、触れると損するタブーにしていた。（アン・リネルについては拙書『近代個人主義とは何か』参照）

いまにして思えば、この『平民新聞』が街で売れていた時代、つまり終戦直後の一、二年が、日本にとって最も自由な時代だったともいえよう。有楽町や新宿あたりでは、岩佐作太郎翁や、その門下の人たちが、『平民新聞』の広告看板を胸から背に吊るし、サンドウィッチマンとなって懸命に売り歩いていた。しかし、アメリカ側が彼らの懐柔政策で追放解除をし、二十一万人ほどの戦犯や戦犯まがいの右よりの人間がぞろぞろと娑婆に流れ出てきて小秩序が保たれ、ブルジョア的復旧気分がみなぎるようになってくると、個人の自由は次第に狭められ、『平民新聞』的な自由は次第に圧縮され、巷にいたサンドウィッチマンも姿を消してしまった。

敗戦と共に、神々は一時姿を消したかに思われたが、その「神々」は無感動な庶民の心に生き残り、やがてかくれたネズミのように、チョロチョロ出てきた保守的な旧戦争屋や為政者たちの老獪《ろうかい》な工作で再び蘇がえりはじめた。パリで知った東大の宮沢俊義さんが『神々の復活』（読売新書）という随筆を出したが、やおよろずの神々の問題を少しずつでも人間の問題に置き換える方向をとらず、大衆の虚妄を利用しつつ、その逆を行くようになった。そして寄生虫的惟神の支配階級人は、至るところで手ぐすねひいて日本の反動化を待っていた。明治の歴史がそうであったように、今後の日本も当分は民主主義のヴェールをかむりながら、御自分の出世のため利用する「神々」を頼りにする者どもが続出するであろう。

ダダは、ア・ポリティク（非政治）であるため甘く見られ、日本の形式主義のフィリスタン官憲どもからは、全くつかみ所のない狂気じみたノッペラボー思想として見逃され得よう。しかし、ダダの親戚であるアナーキスムは、革命を信ずるファナチックな人々による政治づいた行動となるため、つねに弾圧を受ける。

日本でも、元禄時代に「君を立てるは奢の始め、万悪の本なり、人欲の始めなり」と喝破した安藤昌益のような大胆不敵な自由主義者がいたのだが、彼のような〝超人〟の思想は、元禄時代はおろか、文化文政時代にも明治の文明開化時代にも、無視され棚上げにされ、明治末期になって、やっと発見され掘り出されるといった体たらくである。

二世検閲官殿と「大和魂」

この頃、郷里の妹や友人からの手紙は、一週間か十日も遅れて配達され、すべてが検閲されていたばかりか、「読売」の記事のゲラでもわたしの著作でも、占領軍の奴らがみないちいちケチをつけていた。日本語の分かる、そして軍服だけスマートな二世たちが、日本人をあごであしらい、余計なお節介をやいていた。かつて「横浜事件」なるものがあって、『改造』や『中公』を廃刊に追いこんだ日本軍部の言論圧迫からやっと解放されたと思ったとたん、また今度は米軍による検閲や禁止で、「自由」は連続的に抑圧されたのだ。しかし今度は、戦時中の左翼ばかりが敵視され弾圧されていた時代を経て、いま日本の文化全体の右翼化、軍国化を懸念して、米軍がコッケイな抑圧をはじめたのだ。そして「チャンバラ」や、柔剣道や、歌舞伎ものの一部まで、右よりの軍国調だという理由で抑えられるようになった。軍国日本を賛美した志賀直哉は、「日本語をやめてフランス語にしたら」などとヤケの勘八になっていた。「奴隷の平和よりも戦争を」と叫んだ亀井勝一郎その他の諸先生方は、戦時中の御自分の前言を「カムフラージュ」するため、知能的にその場を糊塗する名人芸を見せはじめた。

手紙の検閲といえば、ナチス占領下のフランスでは、ヴィシーを中心とした自由地帯と、パリからボルドオ、ポオあたりにかけての占領地帯との二つに区分されていた頃、ナチスの連中のやった手紙検閲は全く人を愚弄したものであった。それに比べたら、日本の場合は問題にならないほど寛大であったといえよう。自由地帯のニースやカンヌあたりに疎開していたフランス人の友人や娘たちに、パリから手紙を出したが、印刷されたハガキの用紙に、〈無事ですか〉とか〈御両親は達者ですか〉とか、限られた平凡な質問状みたいな文句だけしか書けず、それに対して、先方からの返事も狭い欄に

〈はい元気です〉〈別に不自由なく暮らしています〉とか、まるで暗号のやりとりみたいな書きこみしか許されていなかった。もし日本もフランスのように、対米レジスタンス運動とか山の中に閉じ籠って抵抗したマキ部隊のようなサムライがいて、アメリカ兵を手古ずらしたら、ナチスばりにもっと無慈悲な検閲をしたであろう。

ある日、わたしの著作のゲラ刷を検閲していた二世君がいった。

「あなたの作品には、フランスの文化に触れたことばかり綴られていますが何故ですか。アメリカに扶けられてやっと勝った国でしょ。フランスは、半病人の二流国ですよ」

GHQが検閲などで寛大であったということは、厚木飛行場に丸腰で着陸したマッカーサーをはじめ、アメリカ人が、日本人の腰くだけと無抵抗を見ぬき、安心していたからであろう。この無抵抗は、原爆に怯えたということでなく、この太平洋戦争の目的が明確でなく、少なくても心ある兵にとって、これが単に軍に嚇《おど》かされていたための恐怖で起ち上がった戦争であったからだ。日本の兵たちは神を怖れ、恐怖で前進し、服従し、恐怖で銃を捨てたのだ。

『東洋経済』の社論に大胆にも「徳富蘇峰に与ふ」（昭和二十年三月）という題で、蘇峰の無責任とひとりよがりを難詰した清沢洌は、彼の日記に、「僕が迫害されたのは、〝反戦主義〟だという理由からであった。戦争は、そんな遊山に行くようなものなのか。それを今、彼らは味っているのだ。それでも彼らが、ほんとに戦争に懲りるかどうかは疑問だ。結果はむしろ反対なのではないかと思う。」（昭和二十年一月一日）と書いていたが、敗戦直後に声をひそめていた人たちは、敗戦後にたとえ日本の民主化が前進し個人の権利が拡大しても、平和な日がつづけば、旧い伝統に向かって撚《よ》りがもどり必ず保守的になり、おそらく浪花節風に反動化し右傾するであろう。平和がつづき敗戦の反省が忘れられたとき、彼らはまた「正義」（虚妄の正義）をふりかざして必ず抬頭するであろう。

スペインを引きあげて日本への帰路、地中海上で、釈放されたドイツの若いファナチックな捕虜たちとわたしはデッキの上で語り合ったが、このドイツ人たちは、いった。

「ヒットラーは、絶対に死んでいません。必ずどこかに姿を隠しています。わたしたちは、帰国したら必ずナチを再建させて見せます。再建ドイツは異なった様相を呈しても、ドイツのガイスト（精神）は復活しますよ。米国は、いつか欧州から手を引かざるを得なくなります。東部ドイツやステーテン地方は、必ずわれわれのものになります」

日本の右翼は敗戦後、東条の「東」の字も口にしないし、「黒龍会」の頭山秀三など「一億総懺悔」などを説いていたが、ここでもまた「一億」などという抽象語を使って、反省と懺悔を「一億」におっかぶせようとしていた。この右翼、浪花節文化の人たちは、何かというと〝大和魂〟をふりまくが、これは、ドイツ・ナチのいう「フォルクス・ガイスト」に可なりよく似たものである。〝大和魂〟は宗教的に信じられていた、日本的非合理性のガイストであり、本居宣長が歌でこれを表現し、吉田松陰のいう「やむにやまれぬ大和魂」といった、分ったようで分からない旧概念によって、国民感情に溶けこんでいたものである。それが西欧文化との接触で多少脱皮し、井上哲次郎などは、この〝大和魂〟を、ヘーゲルのいう「ガイスト」に焼き直し、他方、新渡戸稲造はこれを「武士道」と結びつけた。こうして〝大和魂〟は新思想らしく塗り変えられ新装されてはいるが、そこに「政治」が混入されている限り、断じて真の意味における思想ではないどころか、むしろそれは、「思想」圧殺の役割を演じた日本的イデオロギイ以外の何物でもない。

食い下がる老婆　鶴岡市と石原莞爾

旅をつづけ、鶴岡市について、ここの公民館で講演したとき（十月二十四日）、わたしが少々激して、日本の因習、迷信、浪花節型のセンチメンタルな熱狂をこきおろし、貶《けな》し、罵倒したとき、聴衆は、シンとしていたが、やがて演壇から降り、控え室に戻ってお茶を飲んでいると、六十がらみの一人の婆さんが現れ、興奮してわたしに食ってかかった。

「先生。先生は何と情けない非国民です。失礼ながら、率直に申し上げますと、あなたには日本精神も大和魂もなく、愛国心のひとかけらさえありません。外国に長くいらして、少々外国かぶれになっているのでしょう。日本が戦争に敗けたからといって、日本を貶《けな》したり罵倒したとてそれが何になりますか。日本にも立派な人が沢山いました。戦争に敗けたのは、運が悪かったからです。私たちの郷里には、石原莞爾先生のような偉人、国家のためのお役に立った本当の愛国者がいました」

少々興奮していたこの婆さんの、率直な臆することない抗議にいささか驚いた。この婆さんは、わたしのぶっきら棒で単刀直入な、同胞に対する人間性欠如の指摘に、忿怒《ふんぬ》の炎を燃したのだ。わたしは、この婆さんにいった。

「外国かぶれの非国民といわれましたが、わたしは仰有る通りの〝非国民〟かも知れません。〝非国民〟だというあなたの言葉で、わたしは別に憤慨しません。しかし、わたしを〝外国かぶれ〟だといわれた貴女の言葉は、返上します。わたしは、日本という『国家』が他の国より特別優れているとは思いませんし、そうかといって、わたしたちの国が他国より劣っているとも考えていません。それはそれとして、あなたにいいたいことがひとつあります。ちょっと難しい説明になりますが、わたしたち個人、少なくともわたしは、御国のために役立つ人間になるということより、もっと以前の問題を考えなくてはならないと思います」

婆さんは訝し気に聴いていたが、

「何ですか、お国のために尽くせば、それだけでいいでしょうが」

「もちろん、自発的に、自然に、皆が国のためにつくすならいいです。しかし、その国のためといっても、そのお国がどんな支配者によって統治されているかを考えるべきでしょう。〝国家〟というものは、わたしたち個人の幸福と自由を守るために、つまり、わたしたち個人の幸福を保障するために存在するものであるということに、意味があるのです。ところが日本人は、〝滅私奉公〟などという言葉に酔って、個人の幸福や自由を無視している神がかりの国、ウソの歴史を教えていた軍国主義の国を盲目的に信じていたのです。そのため、すべての個人が『国家のため』にだけ存在するものだと妄想しているのです。戦前も、戦中も、戦後の今日も、このような中世紀風の錯迷が、同じようにわれわれ日本人の心に〝固定観念〟となって残っているんです。といっても貴女には、お分りならないかも知れませんが……。もしわたしが、いまいったような錯迷をもったままの日本を賛美したら、つまり現状肯定者として、ただあなた方の人気を集め拍手をして貰うことを狙ったら、あなたは満足なさるでしょう。票集めのため、あなた方にへつらう代議士ではありません。現状肯定は破廉恥な人間のやることです。ここであなた方に媚びて、日本が世界に比類のない至上の国だといっても意味のないことですよ。今、わたしがいったような線で、本当のことを正直にいった人は、戦時中みな〝非国民〟といわれたでしょう。わたしもその意味で、たしかに非国民の一人です。石原莞爾という陸軍の偉い方は、わたしもジュネーヴで度々逢い、個人的によく知っています。この人は、たしかに東条に反対した率直果敢な人であり、戦争の拡大を妨げようとした賢い人でした。その点、わたしは彼を高く買っています。しかし、彼も国家至上主義者であり、日本国民の個々人を中心にして物を考えた人ではありません」

老婆は、わたしの言葉を、腑に落ちない顔で聴いていた。いま、この婆さんを相手に幾ら語っても説いても、所詮堂々めぐりの水掛け論に終るだろうと思ったので、笑い話で、その場を濁して「さよなら」をした。

君がエゴイストだということは「君は君だ」ということだ

金峰山に近い湯田中温泉の宿に帰ってから、湯上がりの浴衣姿で胡座したわたしを取り巻いた車座の座談会が催された。この集まりには、先ほどの鶴岡の婆さんとわたしとの対話を傍聴していた人ばかりか、地方記者や、学校の教師や、画家や、文筆業のひとまで加っていた。話題は、この地方出身の「大物」石原莞爾の人物論その他であったが、この石原莞爾とは、一体何物なのかと考えてみた。彼は一度、ドイツに留学したこともあり、関東軍の推進力となり満州事変を強行したり、「満州国」の建設に活躍した男である。彼が日中の戦争拡大に反対したのは、一途に対ソ戦のことを憂慮していたからであった。東条と肌が合わず、内地に帰され、中将で現役を追われているが、もし彼が東条を交代させて首相になったとしても、事態は変らず、国を誤らせたことでは同罪者となったであろう。彼はナポレオン戦術研究家として知られているが、晩年に「世界最終戦論」を主張していたあたり、いささかイリュミネされた（幻想に酔った）人物のように思われる。彼は昭和二十四年に死去しているが、ジュネーヴで彼と度々語ったときの印象では、この異色の将軍は、「穢らわしい白人どもめ！」などという言葉を度々口にした東洋の豪傑であり、少々思い上がった日本製の怪漢だとしか思えなかった。この人の浦塩キンタマ論は有名だが、とにかく一種の硬骨漢であり、東条英機などよりも遥かに先の見えた秀才型軍人であったことは確かである。しかし彼も軍人であるという宿命の子であり、〝白人ども〟を不潔だといい、日蓮を尊崇し得ても、親鸞や道元の宗教倫理にまで自我を押し進め高めるような哲人ではなかった。昭和十四、五年頃、石原は京都帝国大学での講演で、「為政者は世論など無視すべきだ」と大言壮語し、彼らしい武断政治を謳歌していた。

ビールを飲んで陽気になった記者や、小・中学校の先生たちは、わたしにいろいろな質問をしたが、ひとりの中学教師はわたしに訊ねた。

「先生のお話は、すべて、これまで日本の指導者や学者の説いた倫理や国体論などとは全く逆ですが、現在の日本の政治評論家やジャーナリストについて、どうお考えになっていますか」

「真に政治評論家といえる人物など、今の日本にほとんどいませんよ。また、経済評論家と自称する人々についても同様ですが、この種の専門家たちは、漠然とした自由主義者であっても、アナーキスム的な批判精神を持たず、それぞれ専門というワクの中に閉じこもっていて、彼らの狭い窓から世の中を観ているため、幅がなく、多角的に物を観る哲理がなく、いわゆる知識を売り物にしているだけなんです。

日本のこうした評論家たちは、多くがヒモつきであり、鵺《ぬえ》的存在であるばかりか、金を持った権力者に左右され、彼らの専門的〝予想〟なるものが結局、財界人か政治家の誰かのための〝希望的予想〟でしかなく、彼らは競馬の〝予想屋〟以下の存在ですよ。アンドレ・モオロアというフランスの作家は、『フランス敗れたり』の著者として諸君も御存知の文学者ですが、彼は〈今日まで、いわゆる経済恐慌など予言した経済評論家など一人もいない〉といっていました。それからジャーナリストですが、新聞記者も一度稼業になると因業な商売人ですよ。わたしもその一人なんでしょうが、勤勉な情報通というものは、何でも知っているようで、そのくせ何も知らない人たちです。それは、新聞稼業をしていると、事件や現象ばかり追い、考える能力を失ってしまうからです。経済、政治を批評し、そうした部門の情報の伝達者となることは大変な責任を伴うものです。

戦時中、この種の批評家や、情報通の有名なジャーナリストが、いつも誤った予想や〝予言〟ばかり流していたのは、彼らが、いつもヒモつきであり、無打算、無欲恬淡、ヘルマン・ヘッセのいう〈白痴になった予言者〉となる資格がなかったからです。かくいうわたしもその一人でした。それに反して、純粋な感情を持った少数の作家や詩人が案外公正な予想をするのは、彼らにヒモがなく、〝勘〟で物をいうからでしょう。わたしの友人だったフランスのサンスクリット学者、シルヴァン・レヴィ〈元日仏会館長〉や小説家のファレルなど、日本の敗戦を最初から予言していました。真の評論家になるには、前提として、現象にとらわれず、全面的に、多角的に、文化を捉え得る文明評論家としての資格を持つべきです」

中学教師は、またいった。

「先生は、〝国家〟は〝個人〟のために存在すべきだといわれましたが、また、日本をはじめ大国の米・ソも、現在は個人が国家に奉仕するといった逆な現状であるとも仰有いました。強大な国々までが、全体主義で、個人を無視して国力を伸ばしているとしたら、今後はどうなるでしょう」

「わたしは、たしかに非国民といわれるほどの個人主義者ですが、決して〝国家〟を否定しないし、わたしが日本国民の一人であることを無視してはいません。日本人は、〝国家〟という抽象物が〝家〟という字に結びつけられて、それが特殊な概念にすりかえられていることに気づかないんです。英語の〈ステート〉にしても、フランス語の〈エタ〉にしても、〝家〟という意味は含まれていないでしょう。天皇の取り巻きは、日本の国家が天皇に帰一した世界無比の〈美しい家族国家〉だといっていましたが、これこそ封建神学の産んだ旧概念であり、特異な日本の精神状態です。人はよく、〝明治の偉大さ〟を喧伝しますが、それは、外国からの圧迫に反発し、天皇制を至上最高の聖物とし、ひたすら国力だけを伸展させたという意味でいえば、たしかに明治は〝偉大〟だといえましょう。しかし、この間、〝国家〟の基礎であり、母体であった人民、つまり〈民草《たみくさ》〉は、その偉大さの栄光の下で自由を奪われ、個が圧殺され、萎縮し、リンカーンのいう〈人民の、人民による、人民のための〉民主主義など空念仏であり、たとえそれが明治初期の自由民権派から叫ばれたにしても、日本の庶民階級一般がそれを受け入れて、権力に抵抗するような地盤がなかったのです。残念なことに、大国のアメリカにもソ連にも彼らの集団主義がたたり、個の自由による〈人民による〉民主主義が育ってはいません。まして、日本においておやです。わたしはあくまで、個人のため奉仕する国家だけを真の国家だと思っているのです」

先生たちも記者たちも、わたしの話を耳にして、分ったような分らぬような妙な顔をしていた。わたしの前に坐っていた一人の青年にたずねた。

「君は、君自身が、〝国家〟だとは思っていないでしょう。国家というのは抽象物であり、君にとって、ただひとつの具体物は、君の肉体と君の魂だけの個体と思わないのですか」

「そういわれると、そうだと思います。しかし〝国家〟の名で戦争に動員されるとしたら、弱いわたしたちは、やはり銃を持たざるを得ません。たとえ〝国家〟が具体物でなく抽象的なものとしても、わたしという具体物の価値は、国家から離れると無意味になり、崩壊すると思います」

「そう思うのは錯覚だよ。君は国家権力による強制を前に恐怖していながら、内心では抵抗を感じるだろう。そうした抵抗精神を君の内側に持っていれば、どんな強い権力でも、抵抗する君の精神を殺したり奪うことは出来ないよ。どんなに強い権力でも、君のエゴを奪うことは出来ないのだ。君はつねに〝個〟であり、最も自然な意味でエゴイストなんです。君のことをエゴイストだということは、所詮、君が君であり、君以外の何者でもないということなんだ」

夜が更けたので、この会は、おひらきになったが、帰って行くこの地方人のうち二人が玄関に立ち、わたしに「もう一度、ゆっくり語って討論したい」といっていた。

この日の夜、ひとりになったとき、いましつこく残っている滓《おり》のような〝国家〟あるいは〝国家観念〟というものが、戦後の若い目覚めた人たちから、無縁のものとされるようになるのではなかろうかと考えた。というのは、若者にとって、戦前戦中の「国家体制」というものが、彼らのつくったものでないことを意識し、戦後の保守的政治家たちが、無責任にも進化した時代に即した新体制を創造し得ないとしたら、世の中は支離滅裂になり、狂気じみていた旧体制が次第に崩壊する運命を持つであろう、と思った。

第7章　ペンクラブ再建へ挺身

「古い自由人」の意気

暮れになって遠州から妻と娘春子が上京してきた。狭い赤堤の六畳間で、どうにか家庭らしく整ったばかりか、「読売」の第二次争議なるものもやっと解決し、多少落ち着いた生活が出来るようになった。六畳間暮しのわたしのところには、訪問客などめったに来なかったが、十月中旬、辻潤の息子辻まこと君が、彼の妻イヴォンヌ（武林文子と無想庵の子）と子供を連れてひょっこり遊びに来た。イヴォンヌは、知的チンドン屋の母親文子には似ず、インテリで変ってはいるが、すこぶる家庭的で、純情で、優しい心根の女性になっていた。

こうした希な訪問客以外に、五人の青年が日を決めてやって来るようになったのは翌年六月からだった。わたしから「アン・リネルの個人主義哲学」なるものを学びたいといい、土砂ぶりの日も、風の日も、熱心に足を運んできた。彼らは『平民新聞』に連載されたわたしの記事、アン・リネルの近代個人主義解説に刺激され、わたしから直に話を聴くためであった。この青年たちの熱意にほだされたわたしは、彼らと語り合うことを何よりの楽しみにした。この青年たちのうちに、東大・大学院

「赤いスフィンクス」出版記念会，マヤ片岡らと．（1956 年，蔵前工業会館）

生、哲学専攻の大沢正道君が混じっていたが、他は、雨野一雄、上原利夫、田辺一夫であった。この四人を中心に同志が集まり、後日、二、三十人の集りとなって自由クラブという会が出来た。

大沢君は、後日『自由連合』に連載した「戦後日本のアナキズム運動」の一節「日労会議の運動と自由クラブ」(昭和四十年五月一日号)で次のように書いている。

日本アナキスト連盟の青年組織であった解放青年同盟の活動メンバーは、フランスから帰国したばかりの松尾邦之助を囲んで、アン・リネルの研究会を組織した。やがてスティルナー研究会となり、辻潤愛好会となり、メンバーも村松正俊、市橋善之助、辻まこと、佐藤豊、矢橋丈吉など多彩になってきた。こうして、ごく広い意味での個人主義アナーキスムの立場に立つ団体「自由クラブ」が発足したのは、一九四八年であった。

自由クラブ、無規則の規則〈自由クラブは、何物にも促われない、何者も尊崇しない、自己の思想の発展のために努力する全き自由の友の会である〉。この規則のうちに、自由クラブの雰囲気が読み取れるであろう。「自由クラブ」は、翌四九年に「アッフランシスムの宣言」という、いわば一種の個人主義宣言を発表、五一年からは機関紙『アフランシ』を発表して、思想宣伝につとめる一方、駒込の西福寺で、無縁仏になっていた辻潤の墓碑を建立するなどの活動も行った。

「自由クラブ」には、石川三四郎、新居格、西村伊作といった古い自由人も参画し、ひとつの風格がつくられるかに見えたが、新しく参加した青年たちの中から独創的な自由人を生み出すにいたらず、一九五七年に解散するころは、松尾、大沢らごく少数の人々の力で、維持されるにとどまった。

以上が、大沢正道君の記事の要約である。彼のいう「古い自由人」というのは、暦の上での古い人たちのことであろうが、わたしをはじめ、石川、新居、西村など、決して戦後用語となったいわゆるオールド・リベラリストではなく、「永遠の青年」ともいえるアッフランシ（超自由人）であり、大沢君のいう「解放青年同盟」の若人たちよりもずっと若い年輩者であった。駒込の西福寺に集った多くの「自由人」の会合では、いつも東大その他の大学の青年が参加、同席したが、われわれ「古い自由人」の新鮮さ、その意気に圧倒されていた。

アウトサイダーが歴史を変える

大沢正道君のいう「古い自由人」西村伊作を、わたしは好きだった。好きだということは、その人を尊敬するというのとは別である。何となくわたしの性に合い、好感がもて、好きになれるということは重要なことだと思っている。もちろんそれには、趣味とか思想上での類似点が多いということが考えられるが。福沢諭吉や二宮尊徳は尊敬できる人かもしれないが、好きになれない。

西村さんの文化学院が文部省の手で閉鎖されたのが昭和十八年の八月で、清沢洌は日記に次のように書いている。

「駿河台の文化学院を文部省が閉鎖。〝自由主義的〟だからとのことだ。役人の一存で、こうした刑罰的なことができる組織は恐ろしいことだ。日本には憲法存せず。嶋中君の第二女が行っていて、ともよかったといっていた。」（八月三十一日）

清沢はさらに、「西村とはかつて文化学院の経営者。不敬罪と言語取締法（？）にて、八ヶ月の禁固の宣言を受けた人である。明けっ放しで面白し。しかし誤解さるるおそれは充分ある人だ。」（昭和十九年八月十七日）と記している。

以上のような批評は正しいが政治や外交の評論家である清沢らしく、西村伊作の思想家としての内面に触れていないだけに、物足りない感じがする。「誤解される恐れがある」といっている意味は、同情的な批判であろうが、誤解されなかったら西村伊作の人間価値はない。

西村伊作が六本木警察の留置所に引致されたのは昭和十八年四月十二日であった。このときのことを、西村さんは自叙伝『我に益あり』（紀元社、昭和三十五年）で次のように書いている。

「私の事件は何であるか。私は拘引されるとき、自分がどんな罪に関係があるのか心当りはなかった。……私が学校で学生に講話したときに、秘かに警察官が来て彼の都合のよいように筆記したものを根拠として拘引されたのである。

それは、日本は侵略戦争をやって世界から敵視されてはいけない。戦争をしても世界から憎まれぬような戦争でなければならない。というもので、それだけでは罪にすることはできないものだった。それで警察官は私に他に何か書いたものがあるだろうと言うので、私は学校で学生に話したことを速記したものを家に置いてあると告げた。私の部屋を捜索した警官はそれを見出し、そのうちから天皇や、伊勢神宮のことについて書いたものをとりあげて、私を天皇及び神宮に対する不敬罪として、起訴したのである。

『明治の初め、日本の指導者たちは、日本をどんな政体にしようかと相談した。日本は百二十二代も続いた皇室があるから、その天皇を立て、それを尊敬するように教え込んだ。そうしたら今は国民は天皇を神と思い、天皇が無ければならないと思うようになった』と私の速記録にある。『天皇の無い国もある。天皇は無くてもよい』……。こういう私の講話が、天皇と神宮とに対する不敬罪、戦争反対の罪とされたのである。

もう一つ、『我々は、皇后陛下からこじきの娘に至るまで、だれを愛してもよい権利を持つ』と書いた手紙のコピーを取り上げられた。皇后とこじきの娘を比べて書いたのは、不敬罪だと言うのである。

……私は百十日間、この留置所にいた。」

西村伊作は、辻潤と共に狂人扱いされたが、二人とも〝狂人〟ではない。〝狂人〟扱いした日本の全社会が、また、当時の政治的環境が狂ったとんでもないものだったのだ。本当のこと、自然なことのいえない人間群が蠢動《しゅんどう》していたとき、本当のことをいいふらす人は狂人にされる。

西村伊作も辻潤も、真実をずばりずばりいい放ったためアウトサイダーとなっていたが、人間の歴史を変えるのはアウトサイダーだけなのだ。人間の真の価値は、おしなべて死後に発見される。西村伊作は、「わたしが死んだら、すべてがパーだ」といっていたが、生き残ってつねに新鮮なのは彼の思想である。

「天皇旗」を尻に入墨している人たち

十二月になってから、馬場社長が突然論説委員室に現れ、「文相田中耕太郎氏と昼食するんだが一緒にこないか」といった。馬場さんと社を出て、有楽町のとあるレストランで文部大臣田中に逢った。

この頃の馬場さんは、東民や長文連の退社（十月十六日）で心の安定を得、のんびりしていた。やがて、編集局長の安田庄司も少し遅れて来て、彼も文相を囲んでの食事に参加した。

田中耕太郎などという人物について、わたしは全く知らなかったが、どうせ東京帝国大学法科出の「御用学者」であり、しかもコチコチのカトリック信者ときいているので、わたしと調子が合うはずがない。第一、この文相は激しい反共主義者であり、いわゆる「赤」を毛嫌いしている男である。「赤」が不逞の輩か、反赤の「白」が聖者かしらないが、そのケジメをつけるのはすべて〝政治〟という曲者なのだ。文相は、馬場社長と親しく話し合っていた。とはいえ、馬場さんは田中とは全く違う〝オールド・リベラリスト〟であり、九月一日に「読売」が発表した例の「読売信条」なるものは、彼の発意によるものだと聴いていたが、この「信条」は、中庸を得た常識的なものであり、肝心のところはぼやかしてあったとはいえ、当時としてはそれなりによく出来た作文であった。この信条の三条には〈われらは、しいたげらるるものを助け、個人の自由と権利を守るために戦う。それを勝利の日まで断じてやめない〉とあるが、これはそもそもどういうことなのか。「個人の自由」とは何か、そして、その自由をだれに対して守るのか。権力者の対してか、それとも眼に見えない社会の圧排を押しつぶして排除に対してか。また「戦う」とあるが、いかにして何者に対して戦うというのか。ナポレオンは「憲法というものは、なるべく曖昧に書いておけ」といっていたそうだが、その意味で、この抽象的な信条は実によく出来ていた。

馬場社長と文部大臣の話は、「法と秩序を護るべきだ」とか「組合運動は行きすぎだ」とか、平凡月並で全く面白くなかったが、傍にいた「安さん」こと安田庄司も、ニヤニヤ笑う以外に何もいわなかった。田中が文部大臣に推されたのは、日本共産党の進出にブレーキをかけようとの政府や占領軍の意向に副ったお誂《あつら》え向きの人間であったためであり、別に驚くことはなかった。戦時中、お粗末な文相ばかり出て、彼らが大臣風を吹かせながら易々として軍の太鼓で踊っていた直後であって見れば、田中などというスタイリストの「紳士」は、恰好のいい人物であったかも知れない。馬場社長のおつき合いをした安田編集局長は、後日、第三次吉田内閣の文相天野貞祐というカント学者が「君が代」復活を主張し、例の「天野勅語」なるものを出そうとしたとき、忿怒したわたしたちに共感し、論説委員諸公と相談した上、現状のような文部省は「文部事務局」で沢山だ、従って文部省はむしろ廃止した方がいいといった。そこで、わたしは尾崎行雄に私淑していた論説委員伊佐秀雄に頼んで、こっぴどく天野を攻撃した社説を書いてもらった。この天野というのは、やはり田中耕太郎と同様に帝大出であり、天皇旗を尻に入墨しているような男ではないかと思った。

だがしかし、敗戦後の世の中は、この種の骨董的御用学者を無条件で認めるほど甘くはなかった。この「君が代大臣」は愛国心を高揚するためだといって、「道徳実践要項」なるものを制定しようとしたが、マスコミからコテンコテンに非難されて、ついにひっこめてしまった。田中文相は、天野ほどボロは出さなかったが、「反共」を「忠誠」を具とする点で、やはり天野と似たりよったりの存在であった。わたしも「反共」ではあるが、それは現存する共産主義国家がコレクティビスム（集団主義）によって固定し、個人の自由を奪っているという理由によるものである。ともあれ、馬場さんの天皇擁護論や「反共」にも拘らず、わたしは安田庄司という自我に徹した自由主義者の編集局長と肌が合い、快適な協力が出来たため、思い切った大胆な社説が書けた。しかし、こんなことがいつまで続くものかと、内心不安であった。新聞は、それが巨大な組織を持ち商業主義に支配されている限り、そこには眼に見えぬ制約があり、いつか権力筋や実業界から思わぬ制肘を受ける言論が陰険に圧迫され、独立し得なくなる時がくるという宿命をもっている。「赤」になっては新聞は売れないという理由で鈴木東民は追放され敗北者となったが、東民の「赤」は、愚かにも彼が「自由」という人間の根本精神を忘れた幼稚な〝政治的赤〟でしかなかったからである。

終戦後、だいぶ月日が経ってから、評論家竹内好はマスコミに関して次のように述懐していた。

「マスコミの変質、新聞の変質、いま一番悪いのは新聞でしょうね。政府から独立していない。口では独立しているといって、実は独立していないんだから二重に悪い。ごまかしです。天皇制無責任体系の代表が、新聞ですよ。新聞が責任をとったことが、一度でもありますか」(『読売新聞』新春インタビュー昭和四十三年一月一日)

わたし自身マスコミで飯を食った共犯者であるが、敗戦直後、日本の大新聞が戦前戦中の執筆陣を改めたとはいえ、題字をそのままにし、昨日まで鬼畜呼ばわりしていた敵国米英のことを掌《たなごころ》を返したように尊崇し、聖物扱いしつつ恬然《こうぜん》としていたのに驚いた。敗戦ドイツでも、一時ナチスやヴィシイ政府を賛美したフランスでも、時局の逆転と共に人心一新のためかつての新聞題字を改めるのに恪《やぶさか》ではなかった。日本人は、みな「進駐軍」の命によりペコペコしていながら、そうした〝命〟がない場合、旧制度・旧名を残して、〝もぐり〟で行こうとしたのか。

何となく集まる会

それからだいぶ経った昭和二十六年の正月だった。「何となく、気のあった同志だけで時々集まろうじゃないか」といったのは、新居格であった。その後、それとなく人選が決まって、大森新井宿のわたしの間借り部屋に何となく集まったのは、新居格、石川三四郎、村松正俊、小牧近江、大沢正道の五人であった。顔ぶれで分るように、みなこだわりのない自由人ばかりであり、集っても別に決ったテーマもなく、お互いのウップンを晴らす放談雑談車座の会でしかなかった。

最初集ったとき、小牧近江は、

「ひとつ僕らで、どこかに島を買って、この阿呆な世の中を忘れ自由に暮らそうじゃないか。松尾さん、いい案はないかね」

「夢だネ」

「夢だから提案したんだよ。夢想夢幻の境を彷徨《さまよ》う……。いいじゃないか」

そこでわたしは、みなにいった。

「とにかく、やり切れない毎日ですよ。考えれば考えるほど絶望的になる。辻潤のように酒顛《しゅてん》となって、この世この現実を忘れても、それは結局一時的な夢。夢はさめる。西村伊作は〈過去、それはパーだ〉といっていましたよ。われわれのユートピアは、やはり過去をパーだと考え、未来図を描いて生きることかも知れない。つまり自分を未来に脱出させていくこと……。ゲーテのいうように、毎日自分が今日生まれた誕生日だと思って暮すこと。そのために、その日その日を〝旅行者〟になったつもりで生きぬくこと。いまのわたしに出来ることは、この煩い日本という娑婆にあって、自分が外国人の旅行者だと思って暮すこと。自分を〝エトランジェー〟だと思うと、自由感がみなぎる」

わたしの言葉を耳にした石川三四郎はいった。

「僕は松尾さんに賛成する。しかし、未来図を描いて生きるために、わたしは、いつも日本を〝小国寡民〟で楽園にすることを空想するのです。いま思い出しますが、河上肇は晩年になって執念の彼のマルクス主義を放擲《ほうてき》したかのように、老子にあやかった『小国寡民』という短文を書いていましたよ。その中で、〈……人おのおの、その俗を楽しみ、その居に安んずる小国寡民のこの地に、無名の良民として、晩年、書斎の傍に、ひとつの東籬をいとなむことが出来たならば、地上に置ける人生の清福これに越すものはなかろうと思う〉などと、彼らしくない意外な述懐をしていました。このマルクス博士も、敗戦色が濃くなり、日本の軍国主義が崩れかけた頃、ようやくこのようなことを彼の絶筆として書く心境になったんです（この絶筆は、敗戦の日から数えて約二週間後の昭和二十年九月一日に脱稿したもの）。河上がもっと早くから辻潤と飲んでいたら、野暮なマルクス論なんかを捨てて老子に関した本でも出版したろうに、六十七歳になって『小国寡民』の説に気づくとは……あきれたもんですね」

石川さんは、明治九年生まれで、このときもう七十歳だったが、なかなか元気で、昭和二十一年の八月に復刻した『社会美学としての無政府主義』というパンフレットをわたしに渡しながら、

「日本には、わたしのイメージとぴったりするようなアナーキストはいませんよ。自分で〈オレはアナーキストだ〉という連中は、本物のアナーキストではありません。アン・リネルでもスティルナアでも、自分をアナーキストだっていっていないでしょう。辻潤が誤解されているように、わたしも、ひどく誤解されている一人です。あなたが『平民新聞』に紹介されているアン・リネルでも、タッカー

でも、彼らは、ただ、独自の彼らなんです。彼らを〝何とかイスト〟として呼ぶのは、呼ぶ方の勝手ですが。わたしたちは、エチケット（貼紙）で分類されるビールや葡萄酒ではありませんよ。日本人は人間をすぐ類別したがり、思想を政治と結びつけ、それをイデオロギー化されないかぎり承服が出来ないんです。こうした連中の大部分が、アナーキスムでも、それに〝共産主義〟を加えないと、つまり〝無政府共産主義〟でないと、本物ではないというのです。『現段階に於ける無政府主義理論』（昭和二十三年）を書いた大滝一雄という男がいますが、彼の説によると、個人主義者はすべて、生きるために戦っている勤労階級の叫んでいる革命的な立場から全く遊離している存在だとか、中産階級のインテリゲンチャを地盤にして育った小ブルだと決めこんでいるのですよ」

そこで、わたしは石川さんに答えた。

「社会運動の実践家であるあなたが、スティルナアやアン・リネルを賛美しているという思想的な根底が理解されないということは、日本の悲しい現実です。日本人の大部分が感覚的に全体主義者でプラグマティックな人間ですよ。もしこうしたプロレタリア革命論者が、一度金を握ったらどうなるか……。金を握ったトタンに、彼らはたちまち卑劣なブルジョアになりかねないでしょう。日本人は、アン・リネルもスティルナアも、単なる〝観念論者〟だと思いこんでいるようです。彼らには、ジェームスの多元論も、アン・リネルのプリュラリスム（複数主義）も、とうてい理解し得ないでしょう」

石川さんは、また言葉をつづけた。

「アン・リネルを理解するためには、ギリシャのアナクサゴラスや、ローマのエピクテートスに遡らないと駄目なんですが、というと難しくなりますか。何も、学問しなくてもいいですよ。手っ取り早い方法としては、思想のある小説を読むことでしょうね」

こういって石川さんは、アン・リネルがエピクテートスの思想を小説にした『赤いスフィンクス』の仏文原文を貸してくれることを約した。（数日後、石川さんが送ってくれた『赤いスフィンクス』がとどいたので、むさぼるように読みはじめた）。

この日村松正俊氏は、「無価値の哲学」を語り、新居格はシュペングラー風に「真理というものは、自分がつくり上げたものではなく、自分の中に自分が発見するものだ」などといい、結論するように、「僕は、松尾君が、辻潤の存在とその思想を紹介するとともに、いつかスティルナアを日本人に解り易く紹介することを勧めるよ。日本がみじめな敗戦に追いこまれたのは、結局日本の民衆はもちろんのこと、饒舌をたくましくする自称政治家が、みな集団主義の奴隷になり、ただ〝国家の現実〟ばかりに捉われ、〝自分の現実〟を持ち得ない人間の集団でしかなかったからだよ。われわれは、みんな〝自分の現実〟を持つため、毎日自分と戦い、社会と戦わなくっちゃァ。西洋の文明が優れていようと堕落していようと、白人どもは十五、六世紀に、神を怖れない人間として、一応文化革命を行ったんだ。このようなルネッサンスを思想的に体験しなかった日本なのだ。だから、いまの日本には〝自由思想〟なんていうものは、多少あっても、全く未熟のままなんだ。」

夜の九時頃、この雑談・放談の会は、おひらきになった。最後にわたしたちは、日本の解放者だと自称しているアメリカ人とアメリカ文化のことを語り合ったが、結論は悲しかった。日本を占領しているアメリカは、ヒュネカアのいっているように、投票で万事を決するという意味でのデモクラシイ国家であろう。この国は芸術やローマン的恋愛や、個人的アナーキスムの育たない実利万能の国である。そして、大国のソ連も中国も自由がつねに抑圧される運命を持った国である。

われわれの「何となく集まる会」は、今後アナーキスムなどという看板は無視し、古代から今日まで、美しいけれども、そして空しく見えながらも、必ずわれわれの主張することが権力の横暴や専制と対峙する賢明な抵抗力となるであろうことを信じ、そのために協力し合うことを約し合って四散した。

再建ペンクラブと「戦犯文化人」

二・一ストが不発に終って、一応世相が小康を得た昭和二十二年二月十二日。新居格、川端康成、豊島与志雄などと協力準備していた、日本ペンクラブの発会式に出席した。

このペンクラブは、戦時中の文化人の言動を審査するための仕事で、前年から度々開かれていたが、わたしや、他の幹事は、戦時中の一連の「文化戦犯者」のリストをつくり、その〝容疑者〟をどしどし除名していた。中島健藏や新居が多く発言していたが、わたしはこのような審査に全く無資格者であり、終始傍観者とならざるを得なかった。審査の幹事たちは、札つきの右翼的評論家を次々と除名していたが、林房雄の名があげられたとき、あっさり彼を排除した。

実存は不条理であり、世の中の一切が矛盾とウソ、偽善欺瞞のカラクリだと思えば、誰が戦犯者だ、誰が転向の卑怯者だといってせめたてたところではじまらない。だからといって、日光のサルみたいに〈言わざる〉〈聴かざる〉〈見ざる〉で過ごされるものではない。わたしには観る眼と聴く耳があり、忿懣する感情がある。他人がそれに共感しようとしまいが、それはどうでもいい。それぞれの人間が、御自分の体験で主観を述べ、思うままに発言し、勝手に振舞えばいいのだ。だが、わたしが癪に障るのは、頭と胴体と尾が別々な動物みたいになった「鵺」という怪物のような人間である。

ペンクラブの幹事たちにいわせると、林房雄は戦時中にマニラ通信を書いていたが、彼はその通信で、「フィリピンは独立させるべきではなく、日本領土にしてしまえ」とまで主張していたというのだ。これはたしかに正岡子規ばりであり、当時の林房雄は、そう信じていたのだろう。

だが、問題はこの大衆作家の今後である。このような作家が、ときには戦争賛美者になったり、平和主義者になったり、時局と共に、二変化《へんげ》も三変化もするとしたら、みじめにもコッケイである。辻潤の友人で『遍歴』の著者宮嶋資夫は、「転向する人とて、それは食わなきゃならないからだ。夏に氷を売って生業を立てていた男が、冬になったら焼芋屋を始めたとて、それをいちいち咎めることもなかろう」といっていたそうだが、転業と変節は別である。もちろん宮嶋は皮肉を籠めてこんなことを放言したのだろうが……。

いずれにしても、ペンクラブ再建で「文化人戦犯者」を俎上にのせていた幹事たちにしても、いわゆる「戦争屋」にはならず、ただ消極的に沈黙の抵抗で終始していた者が多く、決して積極的な「レジスタンス」を試みてはいなかった。観る人によっては、彼らの行動は卑怯であったりずるかった点もあったろう。しかしここで問題にすべきは、そうしたインテリ文化人たちの内側の良心が何であったかということであり、彼らが小脳的に服従したとしても、大脳でどんな抵抗をしていたかが吟味さるべきだ。清沢洌の随筆や、馬場恒吾の書いたものや、下村千秋の小説までが禁止されていたとき、正直なインテリ、自己の良心に対して忠実だった思想家たちは、もし彼らが御自分の自我を通せば、辻潤のように餓死する外に道はなかったであろう。

昭和十八年に自殺した中野正剛は、「開戦すれば、米国は直ちに屈服する」とか「日本が加担する方が勝つ」などといっていたそうだが、幸か不幸か、彼は敗戦の現実を知らずに世を去った。戦時中、「読売」紙上で軍にへつらった論文を出していた武藤貞一について、わたしの知人たちは厳しい批判をしていた。彼はいわゆる鴉的存在ではなく、頑愚形の人間であり、最初からアメリカ人は個人主義者で自由主義者であるため戦争には弱いと、あっさり考えていたようだ。軽率な〝予言〟をしていた一連の戦争主義者たちは、もし今後も生き続けたら、ご自分を正当化するため、性こりもなく同じような冒険的で無責任な大言壮語による、〝予言〟を吐きつづけるであろう。

中野正剛にしても武藤貞一にしても饒舌な小汀利得でも、このような人たちは何故、戦時中、黙っていなかったのか。彼らが黙し得なかったのは、所詮、彼らが詩人でもなく哲人でもなく、彼ら自身のものを内側に所有していなかったからである。彼らはとにかくとしてペンクラブの会員に「文化的戦犯者」がいるのはおかしい。

このペンクラブは、一九二一年に創立されたポエト（詩人）、エッセイスト（随筆家）、エディター（編集者）、ノヴェリスト（小説家）など政党や政治には直接かかわりない人々の集団であり、第一次世界大戦のような惨事を再び繰り返さないようにと願い、心に契って組織された善意の文筆家たちの国際団体であったはずだ。それだけに、シンガポール陥落のとき、戦勝を祝して軍国日本のため気を吐いた志賀直哉が、無資格者とされて辞任せざるを得なかったことは、必然であったが、わたしたちと協力した川端康成によって再生した今度のクラブに、初代会長島崎藤村の協力者であった有島生馬や、柳沢健などが、招かれもせず出席しなかったことは不審に思われた。パリ時代からの旧友であった詩人外交官の柳沢健君は、新しく発足したわれわれのペンクラブの人的構成についてひどく不満であったらしく、激しい批判の手紙を送ってきた。わたしは返辞に窮したが、戦時中の日本国家で、彼が外交官という御役人であった以上、「戦争の協力者」と観られても仕方ない。柳沢健は、会津の人であり、宮仕えをしていたとはいえ反骨のある男であり、パリでわたしと協力しつつ岡本綺堂の『修善寺物語』をオデオン座の名優ジュミエに上演させたときなど、政府から強引に補助金を出させ、舞台のデコールを描いたフジタ画伯とも啀《いが》み合い、「わたしは会津者ですよ。負けません」といっていた。

わたしは前述の清沢洌の日記を二回も読んだが、清廉で一本気の清沢は外交評論家としての立場で『非常日本への直言』(千倉書房、昭和八年)なるもの書いたが、彼の主張は無視され、狂った戦時中の日本の指導者たちは、彼のことを「危険な狂人」として一笑に付していたようである。だが、清沢洌が採点し、辛辣に槍玉にあげていた日本の作家や評論家たちが、期せずして辻潤の『ですぺら』や『絶望の書』などで、皮肉に辛辣にやっつけられていた一連の有名人の名と軌を一にしているのに驚く。この清沢氏がひそかに、無遠慮に草した日記は、太平洋戦争が勃発した一年後の記念日、昭和十七年十二月にはじまり、敗戦になった昭和二十年の五月までの記録である。清沢洌の採点によると、戦争への抵抗の仕方は態々であったにしても、節を曲げず出来るだけの抵抗を試みていたのは、室伏高信、馬場恒吾、嶋中雄作、阿部真之助などであり、前述の武藤貞一について清沢は次のように書いている。「武藤貞一が翼壮会の何かの職につく。そこで害毒を流すだろうが、新聞(読売)から、その論文が

消えたことは慶すべし」（昭和十八年七月三十日）

戦時中、独・仏・西・土、四ヵ国で沈淪の生活をしていたわたしは、平和のとき親しくしていた多くのフランス作家、詩人、ジャーナリストたちのあり方やその運命を見守っていたが、彼らの中にはナチスの弾圧下でたくみに逃げまわり、抵抗しつつ「レジスタンス運動」に参加した者、マキ部隊にはいって山の中を逃げていた者、アフリカに逃避して、ド・ゴールと協力していた者（アンドレ・マルロオやジャン・マッソンなど）、また、逃亡せず本国に踏みとどまって、ペタン元帥の下で奉仕していた者（ペタン内閣の文相となったアカデミイ会員アベル・ボナールやわたしの友人シャートオブリアンやアンドレ・サルモンのような人たち）、彼らはいろいろの立場にあり、世界観も思想も、それぞれ独自であったものの、おしなべて日本で見るような、いわゆる「戦争主義者」ではなく、いずれも懐疑的な自由主義者としてそれぞれの哲学をもち、どちらかといえば広い意味のニヒリストであったり、ダダイストであった。他方、東洋的エゾテリスム（密教）の神秘を愛する者（ジョルジュ・バタイユの場合）は、一様に米・英のプラグマティックな文明に反抗するヨーロッパ伝統主義者であり、中には独・仏による文化提携を提唱する者もいた。終戦後、皮肉なことにド・ゴールの政策は、アデナウアーと組んだ独・仏の文化協力の線となり、ド・ゴールの「大西洋からウラルまで」というビジョンは、英・米の支配から脱したヨーロッパ的伝統文化の再建をめがけたものであった。フランスが敵にしたのはナチスの偏狭な民族主義であり、ドイツそのものではなかった。占領下にとどまってペタンに協力した人たちは、もちろん「右派」といわれ、「コラボ」（親独協力派）といわれ、レジスタンス派のド・ゴール派から敵視されていたとはいえ、彼らはほとんどみなコスモポリートであり、「フィリピンを占領せよ」などと叫ぶような政治偏見を持った林房雄や、危険なナルシスム（自己色情症）の男としか思われない青年将校風の三島由紀夫のような熱血漢ではなかった。

スペイン時代の友人、「朝日」の伊藤昇君の『四等船客』を読むと、ナチスに「協力した人物」として、画家のヴラマンク、ポール・モーラン、ドリュー・ラ・ロシェル、美術評論家として日本でも知られているわたしの旧友、アンドレ・サルモンなどの名があげられているが、ポール・モーランは、辻潤がダダイストだといっていた自由主義者であり、戦時中、度々、わたしと食事を共にした知名な詩人であり、美術批評家であり、たとえ彼が、生きるためにナチス占領下のパリで『プティ・パリジャン』などという大衆紙に協力したとはいえ、彼はこの日刊紙に文芸記事とか日本の「禅」に関した随筆を書いていたにすぎない。また、別項で紹介したヴラマンクの詩が物語るように、どこまでも野獣的な画家ヴラマンクなどは、国籍まで返上して〝リアン（無）〟でありたいとまで歌い、彼の詩がレジスタンスの「深夜叢書」で印刷されたり秘密放送されたことを思えば、この画家が親ナチスのコラボであったことは何かの誤りであろう。わたし自身、冷たい冬の一日、ノルマンディにあった彼のアトリエを訪ね、二人で鼻の赤くなるカルヴァドス酒を飲み、戦争を呪ったことがある。

すくなくても、わたしと親しくしたフランスの作家、詩人、画家、評論家は、俗世間から、時には「コラボ」だといわれ、また、ド・ゴール派だといわれていたにしても、彼らはあくまで〝彼の彼〟として生き、おしなべて〝ア・ポリティク〟（非政治）の人たちであった。

グレゲールのような同胞

日本のインテリや作家に接して、わたし自身が日に日に彼らから疎外されているかの印象を持つようになったが、それは彼ら日本人がおしなべて〝民族主義者〟であり、国際主義の感覚を身につけず、幕末の「攘夷」根性という島国的な排他主義に祟られていたためか。わたしが、敗戦を契機に日章旗を放棄し、別なコスモポリタニスムと平和を象徴する新しい旗をつくるべきだと主張したとき、新聞の論説委員をはじめ日本のインテリ諸公は、眼を白黒させて驚き、わたしをじっと見詰めた。日本のインテリにさえ、わたしは民族的な愛国心のないパガニスム（異教）の人間として映じていたようだ。しかし、疎外され、とんでもないことをいう変人だと思われる度に、わたしは内心喜びを禁じ得なかった。かつてキリスト教徒は、洗礼を受けることを拒否した者、例えばギリシャ、ローマのポリティスト（多神教者）などをすべて「パイアン」（異教徒）として排斥していたが、わたしにとって理性を眠らせるための手段となっていた漫画じみた〝神話〟などにこだわり、天皇制のタブーに憑かれた巨大な数に上る同胞が、全部〝異端者〟だと思われた。〝異端者〟とは、わたしではなく、附憑妄想の日本人なのだ。

武者小路さんのように自国をどの国よりも優れた国だといって己惚れるのも勝手だが、それは〝人気とり〟であり、自国民を毒するだけである。この種の偏愛者は自国以外の他国を愛し得ず、ときにはそうした他国を蔑む根性を育て、特定の個人だけを愛するが故に、他の人々に対しては、冷たくするといった類の偏見者でしかない。『ドン・キホーテ』の著者セルバンテスは、人間の偏愛、我執を辛辣に非難し、こうした人間本能を「悪」の温床だときめつけた哲人である。ともあれ、「民族主義」

を根にもった愛国心ぐらい世に危険なものはない。ヒットラーの残酷なユダヤ人弾圧など、ベルリンで、直接目撃した一人であるが、この冷酷なユダヤ人排斥やユダヤ人大量殺戮などは、すべて民族主義の美名で決行された犯行でしかない。「愛国感情」は人間の自然であるが、自国を愛することが、他国の諸民族をも愛する感情にならなかったらこれを危険な偏見という外ない。

日本の評論家やジャーナリストが、太平洋戦争中に公然と放言した数々の言葉の奥底には、彼らの血にある「原始的で排他的な民族主義」がこびりついていた。といっても、わたし自身の血にあったこの原始的民族主義の感情と長い間闘ってきた、苦難の歴史をわたしはもっている。

わたしの知人、評論家の三宅晴輝でも、日本の真珠湾攻撃の当時、うっかり「米国は、あの一撃で屈する」などと書いたのがたたり、戦後になって彼の軽率な発言が厳しく批判されていた。いずれにしても、国家と国家の戦争は、利害打算の相剋であると同時に、教育や政治宣伝によって煽られた集団的、排他的な民族感情に支配されたものである。わたしはソ連に旅し、東南アジアにも滞在し、ほとんど全欧の人民に接した放浪者であったが、至るところで親しくした諸外国の貧しい個々人は、好戦的な何物ももたず、異国人に対し親切で善良な人々ばかりであった。集団となった人間、独立した個人でない〝国家人〟〝社会人〟だけが、徒に〝排他〟と〝羨望〟で悪がしこくなっているのだ。後日、わたしが邦訳したキュルチスの『夜の森』（三笠書房、昭和二十九年）は戦時中のフランスの物語であるが、著者は、人間の悪がグループによって生ずることを惜しみなく表現していた。日本の右翼人、超国家主義者たちは、ほとんど例外なく、集団に溶けこんだ人々である。この著作のいたるところで、人物批評や、社会評論染みた私見を述べてきたが、一貫したしつこいわたしの考えは、一切の「社会悪」

が、集団の中で自己を失った、つまり主観を把握し得ない人間によってつくられているということである。このことは、海外生活をし、他国人のあり方を知った博識人の場合でも同様であり、御自分が個人としての純粋さを失い、〝社会〟や〝国家〟に溶解してしまうと、ついにその〝社会〟や〝国家〟の奴隷となり、そうした集団の偏見、排他の根性の持主になってしまう。

前述の日本ペンクラブの会報第一号が出たのは、昭和二十二年の五月で、事務所は京橋の明治製菓ビルにあった。水島治男が事務を執り、発会式のときは鈴木文史朗が祝辞を述べ、中島健藏が再建ペンクラブと旧ペンクラブとの関係を長広舌で語った。

わたしは、このクラブの評議員の一人であったが、幹部たちの演説を聴いていると、すでにこの新しく生まれたペン・マンたちは、旧クラブのメンバーと肌が合わず対立し、双方が啀み合っていることを感じた。みなが〝ひとり狼〟となって、仲間のことを気にせずにいれば問題はなく、また、最小限度の規約をつくり来る者は拒まず、去るものは追わずにいても、クラブにひとつの自由人的フンイキが出来れば、〝好ましからざる〟連中は自然に去るといった方式の方がいいのではないかと思った。〈流水は先を争わず〉という老子の教えもあるが、このクラブには〝先を争い〟、ひと役買って出て名を売ろうとする連中が沢山いた。間もなく、このクラブも先物買いの争いの場となろう。組織が固まり会員の数が増すにつれて、得体の知れぬ別な〝権威〟を持つようになり、人間同士の無意味な、そして煩さい複雑な関係が生じて堕落するであろう。わたし自身、このクラブから追い出されないまでも、いつかこの仲間と疎遠になる日がくるように思えた。

ペンクラブの〝権威〟……。そんなものがあるのが土台おかしい。クラブ内の勢力争い、追従者根性、派閥による排他、わたしは、ここでも、〈グレゲール（群棲動物）〉風の日本人の汚さを見せつけられて失望した。

「共和制」あア彼岸の夢

日本には、これまで共和制なるものがなかったが、たしかに共和の精神はあった。十六世紀頃、つまり日本の戦国時代に、例えば堺の町は市民的自由を獲得し、「三十六人衆」という選挙による制度が確立し、封建領主の搾取による支配から脱して、一種の〝コンミューン〟をつくり、当時、日本にいたジェスイット宣教師たちは、堺のことを「自由にして且つ共和国の都市」といっていた。また、それ以前、十五世紀にも、武士に対する反逆の歴史はあり、「およそ土民は、侍をして国中に在らしむべからず」などという言葉も文献に残っている。（『史学雑誌』昭和十四年年三月号）

しかし、一度、徳川家の権力秩序が陰険な性格で打ち出されてから、反逆はすべて一揆の形をとって存続されただけで、ついに共和精神は抹殺されるようになってしまった。徳川時代の学者にしても、その中には、反国家主義的傾向をもった新井白石や、熊沢蕃山のような例外的人物はいた。だが、彼らも「人民の権利」についてはほとんど言及していなかった。

ひと口にいって日本には現在もなお「共和」という言葉、はわれわれに全然無縁な異国語であり、〝個〟の精神と共にこの「共和」の概念は、彼岸のものでしかないように思われる。むかしも今も、わたしは終始、ア・ポリティク（非政治）な立場をとっているが、わたしのいう「非政治」とは、〝政治嫌い〟ということではなく、また、政治に無関心ということでもない。むしろその反対に、いつも政治を見つめて極度の失望を感じているが故にア・ポリティクになっているのだ。現在見る政治のあり方をとことんまで糾明し、その悪、その偽善、そのテキヤ的性格を徹底的に知ろうと努めていると、現在のすべての体制、機構、組織の一切を顛覆させるための大倫理革命を決行する以外に途はないといわざるを得ない。わたしの態度は、大袈裟にいえば、キリストや釈尊と同様に〝非政治〟なのだ。わたしは、敗戦後、スペインから日本に向かう引揚船「プルス・ウルトラ号」に乗ったときから、「まず日本人のタブー的島国根性から解放されなかったら、政治・文化・その他一切の努力が空転するばかりだ。まず、これまでの、日本人のモーラルの〝価値転覆〟が先決問題だ」と、煩くみなにいっていた。もちろん、わたしのいったことは全くの空念仏であり、空想でしかないかも知れない。しかしわたしは、サルトルと共に「不可能へのあこがれ」に生きようとする〝自分のバカ〟さから逃れることは出来ない。

『暗黒日記』につづいて、中島健藏の『昭和時代』（岩波新書、昭和三十二年）という現代史を面白く読んだ。ペンクラブの再出発当時から度々逢ったことのある中島は、却々《なかなか》多才の雄弁家であり、「帝国大学」臭がちょっと鼻につくが、彼と同時代の帝大生たちが、その「覚めた半分の苦悩」（中島の表現）や、器用に「隠れ蓑」をつけていたことを余すところなく厳しく書いている。とくに、日本の「教学」（国体に副う完成教育）とか「国体」についての批判は鋭く、溜飲の下がる思いがするが、ジイドの研究をし、フランス文化の通人として一応知られた彼が、個人主義アナーキスムについてほとんど触れず、ジイド思想の根幹に全く無関心であるのに驚く。また、彼が神がかりの「国体」に対して激しい批判をしているだけに、彼自身、堂々、時代の「異端者」としての誇りを持って然るべきなのに、何故の尻ごみか。パガニスムの徒たることを怖れ憚っているらしく、彼は用心深く天皇制に対しても論鋒を鈍らせ、ただ、「日本では共産主義より穏健なはずの共和主義を唱える者がほとんどいないのは不審だ」という程度で逃げている。〈触らぬ神に祟りなし〉という内心の打算で、煩いことを避けているのだろうが、この点、不徹底である。もちろん、「哲人」にあらざる中島健藏に、これ以上望むのは無理な注文である。

中島健藏氏のいうように、日本で共和主義を主張する者がほとんどいないのは、それが制度体制の顛覆をめがける革命以前の問題であり、日本の精神風土や国民の姿勢が天皇制に結びついた中世紀風のタブー根性の中にあり、誰もが最初から問題にしていないからである。

辻潤が「人類下り坂説」などで時々引用していた日本の優れた動物学者・丘浅次郎博士は、太平洋戦争の末期に逝去した現代人であるが、彼こそ大正時代における異色の共和思想家であった。彼は『進化論講話』（明治三十七年）の著者として知られているが、最近有精堂が出版した「丘浅次郎全集」全六巻（昭和四十三―四十四年）に含まれている『猿の群れから共和国まで』という作品は、一読に値する名著である。彼によると、サルや人間は団体をつくり、お互いに争い合い、つねに団体本能で対立し、しかもその団体員が服従本能を旺盛にもち、男女関係でも原始的父権制であって、男尊女卑が理想とされているというのである。丘博士に従うと、戦争のために狂人じみた愛国感情を持つ者、正岡子規や、林房雄のような人物の愛国的な勇猛心は、原始人の興奮でしかないということになる。日清、日露、大東亜戦争で狂気じみた興奮を示した日本人は、J・P・サルトルのいう「原始的混沌時代」

の人間、あるいはサルどもの状態であり、政治形態として最も進化した共和制など、前途遼遠の〝夢〟ということになろう。まして、太平洋戦争で敗れて、やっとサルのような「集団本能」による戦争のみじめさを知り、彼らの封建的「サル時代」に、専制政治家どもから理不尽に排除されていた〝思想〟〝社会問題〟をやっと取り上げ、それを組みはじめたことを思うと、真の「近代」や「共和」を説くなど、あまりにも尚早という外はない。

われわれ同胞が「親分乾分制」を依然捨てず、小グループをつくっては相争っている状態は、サルどもの社会そっくりである。戦後になって学問思想についてとやかくいうようになったとはいえ、その思想学問なるものが、みな「研究書」の類であり、つねに研究者でしかない大学教授たちは、ご自分の思想を持たず、〝研究〟という客観の煙幕をはって虚名を博す卑怯者でしかない。『ルソオ研究』だ『サルトル研究』だなどという本ばかりが広告されている。後日、行動派の学生が蜂起して「大学の崩壊」などという惨状を見せる日本であることを思えば無理もない話である。大部分の学者諸先生は、「人民」を中心にしているかのごとく発言しながら、その人民を知らずにいる。啓蒙時代だから仕方ないといえば、それまでだが……。学者ばかりか、有名な作家（例えば谷崎潤一郎など）の作品でも、ご自分の思想のバックボーンがなく、この点では学者と同様である。

人民が本当に怒って一揆的な大暴れしたのは、わたしの生きた時代でいえば、僅かに大正七年の「米騒動」ぐらいである。井上清と渡部徹両氏共著の『米騒動の研究』全五巻（有斐閣、昭和四十二—四十四年）によると、この騒ぎは「わが国の歴史上、最大の民衆蜂起」だということになるが、これとて、飢えた民衆の一揆であり、決してイデオロギイや思想が彼ら人民をかりたてたのではなく、ただ〝飢えた人間としての怒り〟によって立ち上がっただけである。しかし、この暴動が外部組織の目的意識によって指導されず、ただ突然蜂起した運動となって拡がった点、つまり自発性があったことは意義深く、それだけに、将来この種の怒りは権力の偽善な壁をつきやぶり、組織に結びつく可能性がないとはいえない。だが、そうした〝怒り〟が人民の立場で国家の旧体制、旧伝統への鮮烈な思想をもった批判にならない限り、共和制、あるいは「人民共和」などという線や面は現れないであろう。

人類は下り坂か？

欧州の大戦が勃発したとき、画家ヴラマンクがわたしをとらえ「君、今度の大戦は、政治、経済、文化など、一切のものの破産であるばかりか、戦争そのものの破産だよ！」と怒気をふくみ大声で叫んだのをよく覚えている。ヴラマンクのいった「すべてのものの破産」という言葉が即座に理解され得なかったが、日本に着いてから、自国の姿、教育、文化、政治のあり方を観てから、彼のいった「破産」の意味がハッキリ解ってきた。上陸早々からのわたしの〝八つ当り〟は、こうした破産状態の中で、自分自身の「破産」することを何によりも怖ろしく思ったからである。前節で、日本に共和制実現に関する失望の言葉を述べたが、一応共和国であるアメリカという戦勝者自体の国家が、自由だ、民主主義だという看板を掲げつつ、封建的迷蒙の中にいる日本を目覚めさせようとの魂胆で有難そうな御託をならべ、範を垂れるような指導者の立場を見せながら、その実、巨大な財力と軍事力で日本を威圧したばかりか、アジア全土を支配しようとしていたことで、強い忿怒を感じた。彼らは物量と科学技術で外部的な力の勝利者となり得ようが、そうした勝利自体、「精神の後退」であり、ヴラマンクのいう「破産」を意味するものである。後日、われわれが驚いて知った米国による朝鮮やベトナムでの血みどろの戦争は何を意味しているのか。リンカーンの教えた「共和主義」や「民主主義」の原則は、単なる言葉であったのか。

日本人は、海外で「経済的人間」（ホモ・エコノミクス）あるいは「経済的動物」といわれているのは、アメリカが範を示しているからである。アメリカやその従属国日本が、無意味に敵視しているマルクス主義の合理性も、コンミュニスムの理想も、やがてひとつの幻影となり、過去のものとなろう。あまりにも〝知〟を重視し、〝人間〟を捉えることを忘れている「現代文明」は、社会主義国家の場合でも同様であり、日本の敗戦より二十三年後に世界を失望させたソ連軍のチェコ侵入は、マルクス主義の欺瞞暴露であり、社会主義文明の破産を意味する以外の何物でもない。

日本でも、戦後の若者アプレ族は次第に成長し、旧概念、旧思想の傀儡となっていた大人の説教を次第に漫画化し、漠然と、そして未熟ながら、新しい合理性を模索しはじめていた。終戦直後の一、二年は、このアプレの若者たちは、まだ放心状態にあり、旧体制に反逆することもそれに抵抗する術も知らず、目的意識もなく、ただ、ぐれていたに過ぎないが、十年後には「スチューデント・パワー」となって、旧体制破壊の前衛になろうとは、だれが予見し得たか。

終戦後になって、わたしたちが漠然と気づきはじめたのは、過去の「近代」といわれたものが、その歴史的構造が破産の危機に直面し、「集団的な動物本能」が個人を圧殺し、「人間不在」の現代で、若者は新しいルネッサンスともいうべき別の進化論の出現を待っている。こうして、「構造主義」などという〝新学説〟が喧伝されはじめたが、この説も「学説」となると全くややこしくなるが、「目的よりも構造が優先する」などといっても大衆にはよく分らない。ニヒリスティックに生き、つまり「生きる目的」などという厄介な御説教を無視しつつ、現実を肯定して生きることを教えた哲人の言葉の方がまわりくどくなく身に迫る。とっくに辻潤やサルトルは、「進化」が目的によって左右されたり淘汰されるのではなく、それ以外の外的な偶発的な要因によるものであると喝破している。

キリスト教のドグマがひとつひとつ崩壊してゆくように、日本の天皇制に結びついたタブーも次第に聖なる化けの皮をはぎとられて行こう。しかし人類全体も、サルの群に見られる集団根性や、ボス的秩序や、無思想や闘争本能を情けないほど持ちつづけているが、それが「下り坂」であろうと「登り坂」であろうと、とにかく一切から脱皮し、変って行く方向を取っていることは事実である。ダーウィンの進化論でも、ひとつの学説であるという宿命をもち、すでに多くの学者がネオ・エヴォリュシオニスム（新進化論）なるものを打ち出している。また、ネオ・フロイド派の新説で補足修正されている。

ヴラマンクのいった「すべてのものの破産」とは、「万事が終わりだ」ということではなく、デカダンスが一度「無」という脱皮状態に立って新しい躍進への跳躍台の役割を果すように、またニヒリスムが創造的進化への踏み板であるように、彼のいった「破産」は、創造のための〝無〟であり、次に必要とされる新体制への突破口をつくり出す「発破」（爆薬）を意味しているのだ。いずれにしても、封建的惰眠期間の長かった日本である。だが、丘博士やダーウィンの進化論が虚妄の真理でなかったとしたら、この日本の敗戦は、おそらく戦後派の若い日本人、とくに学生や勤労者の忿怒を招き、破壊と反逆への途を開くであろう。

フジタ画伯、日本脱出の意味

人間が、「サルどもの状態から、共和国体制の理想に近く向上する」という進化の途をたどることは可能であろうが、白皙《はくせき》人どもも、われわれ日本人も、サルどもの世界にはない余計なもの、例えば、殺人技術とか嘘の道具となる「言葉」というものに操られて、人間社会を〝犯罪の海〟にし、二度の世界戦争にも懲りず、依然、凶悪武器を競ってつくり啀《いが》み合っている。人間がサルどもより偉いか愚かであるかは別として、敗戦後、日本人の社会に住んで、われわれの祖先が個人的才能に恵まれた人物を育て、サルの世界には全く見られない芸術家として優れた創造者を世に出し、ときには世界的な水準に達している天才まで産んでいることを改めて考え、それを誇りに思っているのだが、どうにもやり切れないと思ったのは、この愛する祖国の社会生活が、サルどもの群に似て、ボス的な実力者が、金というサルにはない汚物で威張り、「のぞき症」で、うるさくおべっかを使う「乾分」や「茶坊主」に囲まれ、先生だ弟子だという封建的なつながりが多いことである。そして、自由な〝ひとり狼〟がいつも疎外される環境は、まったく堪えられない。

前述の丘浅次郎博士は、このサル的な社会をひどく嫌い、ドイツで動物学を学んで帰り、東京文理大などの教授となって名声を博した。彼は弟子を絶対に持たないことを生活倫理にしていたというが、この点、彼は「弟子ひとり持たずそうろう」といった親鸞流であり、日本の俗習に対する反逆者であった。

このようなことを考えながら、わたしは世界的な有名人フジタ（藤田嗣治画伯）の日本脱出の理由がなんであったかを再考して見た。パリ以来、フジタとは永い昵懇《じっこん》の間柄であったし、敗戦後も東京で二、三回逢ったが、どうしてフジタは祖国を逃げ出すように去り、パリに戻ってからは日本人の訪問を避け、日本の国籍まで返上し、レオナルド・フジタなどと変名し、洗礼を受けて、キリスト者となったのだろうか。フジタは一九六八年の一月、八十一歳でスイスのチューリッヒで病死したが、彼の死が、世界的な反響を呼んだため、日本人独特の追従癖で、東京の新聞はフジタを賛美しはじめ、彼の個展が催されたり、画集が出たり、彼はたちまち「偉大なるフジタ」にされてしまった。しかし、何故フジタが日本を去り、日本人であることを拒否したのかについての新聞評は、何れも的はずれであったように思われる。新聞の多くは「フジタは、戦時中、日本で軍部から頼まれ、あまりにも多くの戦争画を描き、そのため、敗戦後、同胞からひどく攻撃されたのを苦に、良心の呵責でパリに去ったのだ」というようなことを特筆していた。だが、この種の批評は誤っている。

戦時中、戦争画を描いた者はフジタばかりではない。川端龍子も、宮本三郎も、猪熊弦一郎も、中村研一も、佐藤敬も、みな戦争画を描いた人たちである。フジタの戦争画には『肉迫』、『レイテ島米軍基地』、『ソロモン海戦における米兵の最期』などなど実に多いが、それらをいま観ると、すべて悲惨、残忍、人類の犯した非道の限りをつくした生々しい地獄絵図であり、とくに『アッツ島最後の攻撃』と『サイパン島玉砕の日』などは、目も当てられない悪夢以上のものである。青年は銃を持たざるを得ず、画家は描かざるを得なかった時代の記録であった。

フジタが描いたこのような画の数々は、もし日本が戦争に勝てば、「大君の辺にこそ死なめ」の兵たちの忠勇を讃える記録画として意味を持ったであろうが、いまにして思えば、逆に彼の作品は、戦争を呪詛し、ひたすら平和を願う、反省に役立つ名画であるともいえよう。とにかくフジタの作品に責はない。

しかし、フジタが日本を脱出したのは、おそらく彼を取巻く日本人、とくに同業の画家や島国根性の朋輩たちの煩い非難、嫉妬、封建制などに愛想をつかしたのが、その根本原因であったろう。そして多分、敗戦で反省したとはいえ、彼の同胞たちは、当分むかしながらの同じ人間であり、サルに似た根性で終始し、その上、政治が次第にテキヤ化し、親分乾分根性を発揮し、個人の自由がふみにじられる日が再現することを予感していたからであろう。ひと口にいって、一匹狼であり、自由を愛する彼にとって、日本が何とも住みにくい国であることに、〝みきり〟をつけたからであろう。そして、戦争画を自から描きつつ、彼は人間の救い難い〝業《ごう》〟を知り、宗教的になり、ついにキリスト教に走ったのであろう。

個人主義的なモーラルを身につけた国際人、コスモポリートには、日本は全く住みづらい国である。フジタは、老いて宗教的になるにつれ、社会人（個人でない）を厭うようになったが、決して「厭人家」ではなかった。わたしは、昭和二十七年頃から度々フランスに旅し、わたしの青春と壮年時代の「古戦場」であるパリを彷徨したが、この都に着いて驚いたことは、フジタがひどい日本人嫌いになり、彼の同胞日本人の訪問を一切断っているという話を聴いたことである。

ところが、パリに着いて間もないある日、モンパルナスのカフェーから彼に電話をかけたところ、フジタは心から欣《よろこ》び双手を挙げて迎え、二人でアトリエの一室にくつろぎ、とっておきの上等の葡萄酒をあけ、長々と語り合った。この日、フジタは『フランス現代名画集』というデラックス版の画帖をわたしに見せながらいった。

「寂しくなったよ。君も知っているデュフィーも、マチスも、オットン・フリエックも、『黒い魚』を描いたブラックも、みな死んでしまったよ。残っているのは、ピカソと僕と……」

こう述懐したフジタは、亡き画家たちの思い出話をしていたが、そのフジタ自身も「絵を残した亡骸《なきがら》」になってしまった。彼は晩年になって、「私にとっての故郷はない。自由に描かせ、それを正当に評価してくれる所が、私の故郷なんだ」と述懐していたというが、いかにもフジタらしい言葉である。

「野兎は、死ぬとき、むかしの穴に戻ってくる」という西洋の諺があるが、これは煩い社会生活のない動物どもに通じることである。フジタが日本をあっさり去ったのは、サルよりも陰湿偽善な日本の社会人との生活に堪えられなかったからであろう。

第8章　日本を愛するフランス人

戦争で人口を減らそうというのか

終戦の翌々年の秋であったか、加藤シズエ女史に逢って、日本の人口問題とか、性教育について染々と語り合ったことがある。加藤シズエさんは、マーガレット・サンガー夫人の弟子ともいわれる熱心な産制論者である。サンガー夫人は、九たび日本を訪れているが、大正十一年頃、日本の政府から、とんでもない「危険思想家」として睨まれ、上陸を許されながらも講演を禁止されていた。このサンガー夫人と親しくし、彼女に惜しみなき協力をしていたシズエさんは、その後わたしと親しくし、いつも産制のことを真剣に語り、そのための運動を盛り上げるため協力を求めてきた。さっそく「読売」の企画部に相談し、社の協賛を得たので、東京都内の女子高校を中心に、十回程、彼女と、『性教育と産児制限』と題した講演会をあちこちと催し、やがて医学博士の山本杉や、パリでツールーズ博士に学び『ぶどうの葉と科学』という性教育の本を出した詩人の深尾須磨子なども この運動に参加するようになった。多産で貧困な当時の日本人、とくに教育界の人々は、この企画に参加協力し、マスコミもみんな賛意を表してくれた。最初、この講演がある都立女子高校で行われたとき、加藤シズ

米32代大統領フランクリン・ルーズベルトの夫人で，社会運動家でもあるエレノアさんと語る．(1953年6月，帝国ホテル)

エさんが風呂敷包みをかかえたまま演壇に登ったので、何事かと不審に思ったが、講演半ばで女史は風呂敷を静かに開け、中から女性の腰部、生殖器の構造や機能を示すための裁断模型を出して、聴講者の前で精しい解説をはじめた。

この運動は、その後も順調に進められたが、やがて、反響は覿面《てきめん》、性科学と人口問題の専門家篠崎信男博士や、哲学的な蘊蓄《うんちく》の深い性学者として知られ、貴重でユニークな存在の永井潜（東大教授）などが激励の手紙をくれた。わたしは自分の菲才浅学をも顧みず、熱心にこの意義深くも必要な啓蒙運動に挺身した。毎夜、いろいろの性学や産制に関した書を読み、文献を調べたが、日本の産制は歴史が新しく、大正七、八年頃、やっと「受胎調節」が問題になり、普及に努めた安部磯雄や山本宣治などは、産制によって日本の帝国主義的脅威を防ごうとしたのだが、当局から強い弾圧を受けた。その後の日中戦で〈生めよ殖やせよ〉という野蛮な国策が喧伝され、ペッサリイで有名な馬島僩が堕胎幇助罪で検挙されてから（昭和九年）、産制は日本で全滅の憂目をみている。こうして、産制は「戦争屋」にとって忌むべき犯罪とされ、再びこの運動が日の目を見るためには、敗戦という悲劇を待たなくてはならなかった。

ところが、わたしたちの運動が早すぎたためかどうか知らないが、着手してからまだ一年半も経たぬうちに、何の理由も釈明も伝えられず、運動は社の中止命令を受け、一頓座をやむなくした。わたしとちがい宮仕えしていない加藤シズエさんは、別のルートで、産制のため献身的な努力を続けていた。昭和二十二年に、彼女の努力は結集し、世論に支持され、日本産児調節連盟なるものの結成に成功した。その後、日本全国で年間二百万回もの調節処理が実行され、まもなく人工妊娠中絶が全避妊の七五パーセントをしめるようになり、出生率が急激に減り、最近ではもう欧米なみになり、世界の注目を浴びている。

こうした結果は、貧しい階級人の多い日本の庶民が、必死になって彼らの〝個〟の自由と独立を獲り、生まれ出る子供らの幸福に責任を感じた必然当然の結果である。「読売」がわたしの産制運動を中止させたのは、明治型国家主義の性格を多少身につけ、フランス風の自由主義を嫌っていた馬場恒吾社長の差し金であったかどうか知らないが、この中止命令は、虐げられた無辜《むこ》の民を無視したことであり、腑に落ちないことであった。

もちろん、人間が生物的な自然な本能で子供を生むのは咎めるべきでもなく、こうした〝自然〟を人工的に歪めたり抑制したり、堕胎などという一種の殺人行為によって胎児を抹殺するのは、罪深い行為だといえよう。その通りである。キリスト教会、とくにカトリックは、はっきり産制を犯罪視している。しかし、キリスト教のいう「神」なる造物主が、自然界におけるもろもろの生物どもが、生きんがために他の種族の生物を食い殺しているという現象を黙認しているのは何故か。人間の場合でも、ひとつの精虫が受胎するため、何千、何億かの他の精虫を無駄にし、犠牲にさせているのではないか。といって、知性がある人間が戦争で殺し合うことを肯定する何の理由もない。

日本に帰ってから、とにかく至る処に人間が多いことに驚き、そぞろ怖ろしくなった。日本人が、知能犯者になり、羨望的のぞき症者になり、テキヤ風になり、サルのようにボスに頼って、小集団で争い合い、油断の出来ない嘘つきになり、つねにハッタリを利かせているのも、結局、人口過剰による生存競争のもたらしたものであることは前章でも述べたが、ある座談会で中山伊知郎君が「日本の一切の問題、教育、文化、経済などの矛盾、その行き詰りがみな人口問題に結びつくんで、わたしたちは、どの研究会でも、もうこの人口問題を口にしないことを申し合わせているんですよ」といっていた。とすると、〝どうしたらいいのか〟という問題になる。『絶望の書』の著者・辻潤も日本の一切に匙を投げ、小著『どうすればいいのか』を世に送り、この悲しくも宿命的な人口問題に触れざるを得なかったようだ。

だが、日本ばかりか、世界の人口はどうなっているのか。昭和四十四年一月に発表された国連の人口統計によると、一年間に、この限られた地球上に九千万人の人間がふえ、これを大ざっぱにいうと、一日に二十四万六千五百人、一時間に一万二百人もの人間が増えていることになる。また、何と冷笑的なことだが、戦争が人口減少のために、ひと役買っているということである。第一次世界大戦の戦死者は、八百五十五万人、第二次大戦では、二千九百三十万人、広島の原爆で二十三万九千人(二十七万九千人ともいわれる)、長崎の原爆で七万九千人以上……、そして、もし戦争がおきてニューヨーク、ロンドンに水爆が一発落されると、一千万ぐらいが死ぬであろうとは『戦争はごめん』の著者ボーリング博士の推定である。

世界はとにかく、日本の場合は悲劇的である。もちろん、窮すれば通じ、何とかなろうが、敗戦の結果、日本という耕地面積の少ない本土は、戦前の五五・二パーセントの土地を失っていることを忘れてはならない。食糧の科学生産だ、輸出だ、工業化だといってもがいているが、肝心の社会保障の方はいつも有名無実に近い。

辻潤が「子供を生む女性は残酷だ」といったのは、女性の〝残酷さ〟以前にある日本の社会の不条理、彼女らが子供を生む前に用意されていた社会組織や政治・経済体制のワナ、冷酷無慈悲でインチキな既成社会の〝陥し穴〟を考えた上での言葉と解されるべきである。働けど働けど暮らしの楽にならない正直者の宿命、悪い奴ほど良く眠る社会の楽屋裏などを思うとき、もし真に子供の幸福を願う女性がいたら、この娑婆に無心に生まれ出る子供に無責任ではいられなくなろう。繁殖本能だけで子供を産んだら、子供こそ〝いい面の皮〟である。生苦を体験した辻潤が自分の子供とおなじような〝生苦〟を味あわせたくないという切実な気持ちはよく分かる。ウナムノのいう「生の悲劇的感情」が辻をダダイストにしたのだ。

産児制限に身命を賭したサンガー夫人でも、貧しい小学教師として、みじめな家庭の幼児に接し、冷酷なアメリカ社会の非情に憤怒し、ニューヨークのスラム街で公衆衛生担当の看護婦になって苦労したのだ。彼女も貧者の「生苦」その〝不幸〟の原因をとことんまで追求しつつ産制運動に踏みきり、カトリック教会から「人非人」扱いにされ、度々逮捕され、投獄されている。彼女は獄屋を出てから六年して、やっとニューヨークに産制会議を組織し、全世界から「産制の母」として謳われるようになった。愚かな日本の〝その筋〟も、敗戦後になって、ようやく夫人の業績を認め、勲三等をおくるというていたらく。〝阿呆かいな〟である。

戦後になって全世界の若者は、大人どものつくった旧体制の中に投ぜられ、かつて辻潤が、「ニヒリスティックに現世を肯定して生きるのだ」と言った人生哲学は、いま、全国の若い学生や、詩人、作家たちにより別な言葉で表現されている。こうした悲劇的な感情は、例えば、フランスの戦後派作家ジャン・ルネ・ユグナンなどが切々と述べている。この作家は、一九六二年に夭逝する前、同志たちと雑誌『テル・ケル』を出していたが、この『テル・ケル』は、辻潤のよくいった「アズ・サッチ」と同じ意味である。人生を「かくあるがままに」という態度で生きぬこうとの倫理である。不条理などという言葉で生の矛盾を受けとめずに、かくある仕方のない現社会に悲劇的精神で対峙してゆく以外に途はないというニヒリスト的肯定である。

このような戦後の世代になって、もう産制などということは問題外である。既成社会のエゴイズムによる欺瞞、つまり悲劇的な感情に追い込まれた今の若者や貧者に対する旧体制肯定者たちのイカサマは、いま全世界に反逆者をもち、その仮面が剥がれつつある。青年層の暴力肯定ゲバルト信仰も、この辺に根源がある。あア、現代社会の〝ひずみ〟。そのひずみの中に子供を送りこんで〝心の空洞〟をつくらせ、非行、暴力の青年に仕立てる……。何という残忍さである。

わたしは学者でないため、丘博士や、ダーウィンなどの進化論とか、その反対者ファーブル（『昆虫記』の著者）などの諸説をいちいち研究してはいないが、わたしたちの社会は、苦しまぎれの破壊や前進や脱皮はあっても、一般人のいう「進歩」なるものを信じられない。人間はたしかに、単純生物から複雑生物に発達しているけれども、人間が科学を進歩させ世の中を便利にし、言語を用いて勝手な思想を自由に表現しつつ、たしかに〝得るところ〟が多いが、同時に、他方では衰え、文明病による巨大なマイナスをつくり、お互いに殺し合い、「進歩」が「進歩」を殺している現代を悲劇的に観ざるを得ない。

キリスト教会が、宗教の名で堕胎を殺人とし産制に反対しても、「進歩」の名で呼ばれる前進は、一切の宗教的思想に反対する方向をとっている。このことは、わたしがかつて愛読したギュイヨーの説に遡るまでもなく、生物の一種族でしかないわれわれ人間の生存欲の方向なのだ。ギュイヨーは十九世紀末フランスの詩人哲学者であるが、彼はト部和尚と共に、人間が義務感や懲罰で押しつけられないと行動の出来ない動物であることの情けなさを述べている。

「白痴」の予言者・陀仙辻潤の碑

辻潤とは何者なのか。「甘ったれた批評家」だといわれ、「性格破産者」だ、「坂口安吾、太宰治らと一派をなすリベルタン（無頼派）」だ、「酒に溺れたダダイスト」だなどと低俗浅薄な批判を浴びていた辻潤の碑が、東京駒込の西福寺に建てられたのは昭和二十四年十一月二十四日、彼の命日であった。この碑（陀仙辻潤の碑）を建てるため金を集めたり、彼との交友に生きた多くの仲間集めるための音頭取りの役目を果たしていたわたしは、マスコミからも、日和見有名インテリからも無視され、最初ひとりぼっちであったが、その後、佐藤春夫の協力を得て、辻の著作『浮浪漫語』と『ですぺら』を近代社から出すようになった（昭和二十九年）。この間の精しい経緯については、すでに、多くの雑誌や新聞に余すところなく書き尽したので、ここでは省略する。また、わたしの辻潤観についても、オリオン出版社の遠山太郎君や詩人の高木護などの努力で『ニヒリスト・辻潤の思想と生涯』と題した小本の中で述べておいたので、ここで繰り返す煩を避けるが、辻潤に取組んで、わたしなりの熱情をもって、万人に誤解され万人から無視されていた辻潤を、というよりむしろ彼の思想をいささかムキになって紹介したのは、故橋爪健のいったように、わたしが辻に心酔していたのではなく、自我不在の日本で辻潤が発掘に価する異色の人物であり、希代の「白痴的な天才」であり、「天才的阿呆」であったことを知ったからである。天皇制暴力時代の集団ヒステリイ患者どもが犇《ひし》めいている中で、彼はひとり節を曲げず『自我経』(マックス・スティルナアの『唯一者とその所有』の訳)を出して世に問い、ひたすら自己の良心に誠実な「自我人」となり、自らの終始一貫と自負心のため、力尽きてついに餓死した大馬鹿者であった。だが、この「大馬鹿者」は、わたしにいわすれば一種の予言者であった。

羽仁五郎は、「流通観念を打破することが学問だ」といっているが(『都市の理論』勁草書房、昭和四十三年)、辻潤は、世間に通じる一般的観念にへつらう学者どもなど歯牙にもかけず、羽仁五郎のいう「学問」(真の学問)を、いわゆる学者としてではなく、「市井の哲人」、あるいは「詩人」として、自由奔放な表現で叙述し、時には非合理で偽善な旧体制の中で、温まり卑怯に妥協していたもろもろの文化人の背髄を揺り動かすばかりの痛烈さで罵倒していたため八方に敵をもち、昭和十九年(戦争の末期)十一月二十四日、東京淀橋区(現新宿区)上落合一ノ三〇八静怡寮の一室で、ついに極度の貧窮と栄養失調で、虱《しらみ》に食われつつ大往生をしたのである。正にヘルマン・ヘッセのいう「痴」が宿命的に到達する「人生悲劇」であった(客観的にいう悲劇)。

ここで「白痴」といったが、この「白痴」が何を意味するものか、殆んど大部分の日本人に分らない。とくに、アカデミックな教育を受けた東大出、つまり帝国大学などの出身者である御偉方には、冷水を浴びせ、逆立ちさせても土台分らない。ばかりか、マスコミのコラム欄などに博識をひけらかしているジャーナリストどもまでが、この点では全くの珍糞漢である。ここで、この珍糞漢なエセ・インテリどもの愚劣低能さを語るため、彼らの名を列挙したり、その愚論のあれこれを引例にしたところではじまらないが、強いてその象徴的代表人物の一人として最もアカデミックな秀才・河上徹太郎の名を挙げて、彼の名声をさらに博しておこう。またコラム欄（例えば「朝日」の「立読み」その他）に出ていた辻潤評なるものをたまたま読んでいたとき、わたしは呆れて物もいえず、日本の自称知識人（？）なるものの知性や感覚が、いかに低劣で幼稚であるかを知り情けなくなった。「白痴」とは、実は「白痴」と呼ばれる者につけた形容詞でなく、むしろ「白痴だ」ときめつける巨大な数に登る〝旧概念につかれた秀才バカ〟どもにつけるべき形容詞なのだ。

辻潤は「わたしが幸いにも、アカデミックな教育を受けていなかったので」と述懐しているが、彼は自らの著作でヘルマン・ヘッセの「白痴は予言する」を美事に解説し、その真意を捉え、マックス・スティルナアの「唯一者」が、部厚にして空虚な日本の哲学書や仏教経典を読む以上に、自分を開眼させたと告白していた。これは、そもそも何を物語るのか。

辻潤はたしかにユニークな人物であり、一方に彼を酒顛の「奇人伝」中の人間とする者（大宅壮一など）、「あまりにバカバカしい男」（河上徹ちゃんの言葉）とする者がいると思うと、彼を桃水や良寛と比べて讃美する者や、彼の高雅な態度を尊崇し〝聖者〟だという者もいる。辻に対する毀誉褒貶《きよほうへん》が両極端だということは、彼がオリジナルな人間であるということである。

わたしが彼を〝予言者〟だといったことは、いささか誇張した表現かも知れないが、パリ時代に辻潤と交友し、敗戦後に改めて彼の著作の全部を読み終ったとき、わたしの胸を打ったのは、彼の江戸っ子肌の表現による多くの「放言」「人生倫理」が、彼流の絶望の挽歌であり、しかも日本の今日ある姿に対する「悲劇的感情」（ウナムノの表現）の披歴に外ならぬことを知ったことである。また、彼が〝予言者〟であったことのひとつの実証は、わたしの編書『ニヒリスト』が昭和四十二年に出版されたとき、出版社の愛読者カードの累積のひとつひとつを点検して驚いたことは、何と意外にも、若い高校生や、大学の一、二年生や、労働青年たちのものであったということである。大体、辻潤を知っている人たちは大半故人になっていて、たとえその数が全国的にいってかなりの数にのぼっていたとはいえ、大した広告もしなかったのに、若い戦後派の青年がこの書を需《もと》めたのは何故であったか。その理由は、彼らが政治の目にあまる腐敗、支離滅裂な社会情勢、旧態依然たる教育界の惰力、敗戦前後を通じて変らぬ「マスコミの無責任」などなどで希望を失い、正直で真面目な若い者はローマンスを失い、「フーテン族」たらんとする一歩手前で、ニヒリスト的心の空洞で苦悶していたからである。因みに、この『ニヒリスト』が五千部を売り尽くし、筑摩書房の「現代文学大系」の第四十巻に再録される運びとなったことなど、予想外のことであった。

日本のルネッサンス？

フランスの地方九紙の代表グロジャンが、わたしを訪ねて読売本社の論説委員室に現れたのは、昭和二十三年の春だった。彼はフランスの地方人であり進歩的な知識人であったが、日本の「醇美なる風俗」の愛好者であり、日本の庭園や日本婦人のキモノ美を絶賛し、日本のアメリカ化を心から嘆き、悲しんでいた。わたしは彼と共に浅草を見物し、赤提灯のぶら下がった横丁の飲み屋でおでんを一緒に食べ、能や歌舞伎や日本舞踊を見物した。グロジャン君は、ある日の午後、彼の宿舎であった麹町のホテルのロビーで次のように述懐をした。

「歴史は永い眼で見れなければ分かりませんね。ひと口にいって、アメリカは今日まで敗北を知らず、原爆二発でアジアの最大国日本が簡単にお手挙げするのを見て、全アジアを軽く評価し、自らの国力を過信しているようですが、これは危いです。ナポレオンがいっているように、〈一国の破綻は、勝利の後にくる〉ということは歴史の実証するひとつの真実です。アメリカは、量と数とドルの〝力〟と、他方、彼らの単純な開拓者根性で日本を征服しましたが、彼らアメリカ人は〝文明なる野蛮人〟であり、真の〝文化〟の価値を知らず、日本の文化はおろか、中国やインドの歴史や伝統にも、哲学や宗教にも全く無関心です。ただ武力戦争の勝利者となるためには、そうした単純さや無関心は、必要な条件となりましょうが、それでは、永続的で、最終的な勝者とはなり得ませんよ。わたしは、サイゴンにいたとき、インド人やベトナム人とも親しく話し合いましたが、インド人はガンジーやヴィヴェカーナンダを語り、ベトナムの学生たちは日本のオカクラ(岡倉天心)の著作『茶の本』(一九〇六)や『東洋の理想』(一九〇三)などについて掘り下げた批評をしていました」

わたしは、グロジャンのいったことに一応賛意を表しながら、フランス型のインテリであり、多分に詩人肌の彼の賞揚していた「美しい日本」の伝統がすでに骨董化し、新生命をもっていないことを考え、かれの賞賛を耳にしながらも、何となく夢譚の中に誘われているような気がした。これから先のことはいざ知らず、現時点でいえば、日本人が果たして岡倉やヴィヴェカーナンダの理想である東洋的文化の神髄を再発見し、古代からの独自な伝統を新しい角度で復活させ、それを再創造するだけの創造力と才能をもっているかどうか、疑わしいものだと思った。敗戦で精神的に打ちのめされ、民族の誇りを失ったばかりか、明治以来の旧体制が制度的に一応崩壊されながら、その旧体制という歴史の重荷をもったまま、アメリカの示唆ででっち上げて「新憲法」を自らのものとして新体制がつくり上げられるかどうか、もしそれが出来ても、そこには多くの矛盾があり、万事が有耶無耶にされ、スリカエや偽装で歪められるであろうことを予感した。そうした疑似デモクラシイの仮面を剥ぎ取ることなく、旧伝統の再発見などまだまだずっと先のことだとしか思われなかった。こうした率直な考えをグロジャンに伝えると、彼はわたしの悲観論をくつがえすようにいった。

「わたしはパリにいたとき、東洋学者であなたの友人だったグルッセ教授の『日本文化』を愛読しましたが、グルッセは、日本の美術・文化を、古代ギリシャやルネッサンス期のイタリヤのそれと比較研究しつつ、日本人は豊かな想像力をもち、西欧と同じような個人主義哲学を身につけている点を指摘しています。わたしは、日本の過去、とくに徳川時代の十七世紀あたりから北斎の逝去した十九世紀の半ばまで、約二百年の間にルネッサンス時代を実現した国だと見ています。このことは、フランスの日本研究家として知られた多くの学者も認めています」

グロジャン君は熱して顔を赤く染めながら、醇々《じゅんじゅん》と日本賛美を続けた。ホテルのボーイが食前酒を運んできたとき、彼はまたいった。

「最も斬新な芸術は、古い独特の文化とその伝統をもった国にしか生まれませんよ。日本の社会史や政治史に疎いわたしですが、北斎の画を見ただけで、この偉大な画家が日本のルネッサンスの中心人物であったことが分かりますよ」

わたしは、彼に答えた。

「たしかに北斎は、日本人よりも西欧の識者によって、その価値がより高く評価され発見された優れた芸術家だと思います。彼ばかりかジイドが賛美した西鶴でも、フランスの元首相エリオが愛読したという芭蕉にしても、封建的で島国的環境の中で理性を眠らしていた日本庶民に美と調和精神を植えつけ、日本の文運を隆盛にしたということは事実です。しかし、政治・社会の面で観ますと、わたしたちの国は、そうした文運が、思想的裏づけがなく、徳川時代の知識人は、封建的な主権者たちの専制化で、その反逆を極めて消極的な比喩や諷刺や狂句といった形で表現していただけです。日本にはひとりのルソオも、ひとりのヴォルテールもいなかったのです。ですから西欧でいうルネッサンスとは全く比較になりませんよ。西欧では芸術文芸の隆盛が思想的合理化運動と結びつき、それがいわゆる〝近代のめざめ〟となったのです。また西欧の人たちは、明治維新を〝日本の革命〟のように解説していますが、この維新は、江戸の徳川将軍家の権力が天皇の権力に置き替えられただけです。そして、たとえ西洋の文明が日本に移入されたとしても、それは〝実学〟の範囲でしかなく、東洋外国語学校出身者であるロジェ・ベルシハンの著作『日本の歴史』を読んでも、僅かに高野長英とか渡辺崋山などが弾圧された物語があるだけで、三百年にわたる日本庶民の奴隷化、その間にあった百姓一揆の歴史などがおろそかにされています。この維新は革命であったどころか、その次の天皇制軍国主義権力政治で、倫理、哲学といった精神面で江戸時代の専制よりもっと悪質な後退をしていたのです。前進したのは産業技術や工業だけ、それも大国主義という妄想での軍国化の方向をとったのです。

それが今日の悲劇になったのですから、ルネッサンスどころではなく、敗戦で腑抜けにされている同胞が自意識を取り戻し、〈忠誠〉だ〈報国〉だという旧体制時代の騙し文句の殻からぬけ、新時代を築くため、倫理革命を成しとげるまで二、三十年かかっても足りないと思います」

グロジャン君はわたしの言葉を熱心に聴いていたが、食事の時間になったので、話題を変えて食堂へ行った。食後、コーヒーを飲んで、社の車で家に帰ったが、その後、二十有余年経ってグロジャン君との対話を思い出すと、感慨無量である。

歴史は、一世紀とか半世紀で転換期を迎えるという者もあるが、わたしの生きてきた生涯で考えただけでも、歴史は大体三十年ぐらいで大きく変わっているように思われる。敗戦後、五年、十年ぐらいは〝敗戦ボケ時代〟の連続であったが、二十二、三年経つと、何となく革命的新時代の黎明を思わせる事件が、日本ばかりか全世界の共通色となって続出している。パリの五月革命（昭和四十三年）、日本の大学紛争（昭和四十四年）などなど。個々で問題になるのは、われわれの国日本が、どんな未来を開拓するであろうか、ということである。果たして、グロジャン君のいう日本のルネッサンスが、日本人の貧弱な想像力、あるいは創意で実現され得るものか、東大その他の大学紛争で、世相が暴力的になってきた頃、わたしの友人大沢正道君は、「あらたな革命の段階に突入した」と述懐していたが（『黒の手帖』六号、昭和四十四年一月）、敗戦直後の昭和二十一年に、日本の共産党は天皇制廃止を叫びつつ、「あア革命は近づきぬ」と高声していた。だが日本の左翼は、大沢君のいっているように、「つねに支配階級が作りだす現実のあとを、びっこをひきながら、追跡するのが精一杯」といった甘いものである。

恐怖からの自由

タブーの根源を探ると、それはすべて人間が恐怖から脱却し得ず、つまり、恐怖によって自分の自由を失っていることがよく分る。死を怖れ、貧困を怖れるとき、人間は何かに憑かれ、何かによって救われようともがき、タブーを必要とする。人間は弱きが故に、客観（外物）から超絶しきれないのである。

故ルーズベルトは、一九四一年に「四つ自由」なるものを宣言した。つまり、「言論の自由」「信教の自由」「欠乏からの自由」「恐怖からの自由」の四つであった。最初の三つの自由は、平凡であり、大統領でなくても、ボンクラな政治家でも似たような御託を述べるであろう。しかし、第四番目の自由、「恐怖からの自由」は、ルーズベルトが誰から訓えられて草したものか分ないが、政治家としては大出来な発意であり、哲学味があり、アナーキスト的詩人ホイットマンあたりがいいそうな言葉である。

恐怖から脱却した自由といえば、何も、暴力のない社会での自由というような常識的で平凡な意味ばかりのものではなく、一切の権威や、「聖なる神」の懲罰などに対する恐怖から脱した人間の自由というような広がりをももっている。

ルーズベルトが、果たしてこのようなアナーキスムに通じるような自由のことまで考えて、それを宣言のひとつにしたとは思われないが、エマーソンやヒュネカアのいたアメリカであるだけに、この大統領がアナーキスト的な言葉を洩したとしても不審に思われない。

ところが、官僚の我儘者、吉田茂あたりの知的水準の男では、「恐怖からの自由」などという言葉はどこを押しても出てこない。天皇の前に恐懼《きょうく》おくところを知らず、「臣茂」などという言葉を洩す彼こそ、権威に平伏する最もタブー的徒輩であった。タブー精神は、神の権威、その懲罰、キリスト教会の説く原罪、死霊、悪霊などのたたりを恐れる心情から育まれるものである。

また他方、日本の政治権力者のいう「危険思想」（明治、大正時代の〝主義者〟たちの思想、現代でのアナーキスム）も、一種のタブーとなっている。ルーズベルトのいう「言論の自由」に徹すれば、いかなる思想も恐怖の対象にはならないし、世に「危険思想」などという言葉は存在し得ないはずである。「危険な思想」というが、その危険は誰にとって危険だというのか、それが問題なのだ。一揆を企てた農民の〝思想〟は、専制横暴なる権力大名にとって危険であったろうが、それは貧しい農民にとっては福音でしかない。明治時代の〝主義者〟や自由民権を主張した人たちのいわゆる「過激思想」でもみな、伊藤博文や山県有朋らにとって「危険思想」であった。だが、太平洋戦争で敗れた今となって思えば、国を太平洋戦争にまで追いつめ、無告の民幾百万の生命を奪った権力側の元勲首相たちこそ「危険思想」の元凶だったといえよう。

今、権力者や独占資本家側の恐れているマルクス主義にしても、アナーキスムにしても、すべて一方的な「危険思想」でしかない。

政府の与党も野党も、何故、今日「アナーキスト」を怖れるのか、何故「アナーキスト」を嫌うのか？もし、彼らが、権力をねらう「党人」である前に、無偏見な人間であったら（金輪際そんなことはあり得ないが）、アナーキストを怖れるどころか、それに親しみを感じるはずである。エリゼ・ルクリュというフランスのアナーキストは、高雅、無我、純血の代表的人物であったが、彼は堂々「われわれの道標は、秩序ということの最高の表現たるアナルシイである」といっていた。また、わたしと親しくした、アンドレ・ジイドは「人間の最も純粋な感情は、アナルシイに通じる」と述懐していた。わたしのいうアナーキストも、アナルシイも、断じて日本流に解された暴力的革命を狙う政治づいた熱狂者や、その思想のことではない。自然で純粋な感情を失った者が、アナルシイを怖れるのは、政治的意味にこだわり、真の意味におけるコンミュニティ（権力と関係ない自由市民）の把握が出来ないからである。もちろん彼らは、彼ら自身の仮面にも、その偽善にも気づかないほど憑かれた自己喪失者である。そのため彼らの打算で押しつける「秩序」にとって、「アナルシイ」の秩序、無偏見と純粋さの秩序は、怖るべき「危険思想」となる。

もし、日本の権力者、近衛文麿、東条英樹、小磯国昭などがアナーキストであったら、つまりタブーに憑かれていなかったら、昭和の悲劇もなかったろうし、また、終戦後になって、吉田茂が、天皇などに対する恐懼、あるいは恐怖から自由にされている一介の自由な市民として首相となったら、サルの集団みたいな汚い政治を行わず、共和制に一歩前進する礎をつくり上げたであろう。もし、そのような体制で、日本を民主的な近代国家にしていたら今日見るような、集団ヒステリーのスト騒ぎの宿病からも解放されていたかも知れない。

質と量の対立　シャートオブリアンとの邂逅

かつて映画界で知られた女優、沢蘭子が突然社に訪れてきた（五月十四日）。近衛秀麿の子を産み落とした彼女は、ナチスの崩壊とソ連軍のベルリン占領（昭和二十年四月）と前後して満州に脱出、生命からがら帰国したという。近くのレストランで、彼女と久しぶりに語り合ったが、かつて日活だかどこかの女優として、『国定忠治御用編』などで清楚な娘役を演じて、多くのファンをもった彼女も、ひどくやつれ昔の俤《おもかげ》はなかった。彼女はわたしにいった。

「バーデン・バーデン（独仏国境にあるライン河畔に近い有名な鉱泉の町）でも、ベルリンでも、大変お世話になりました。わたしの数奇な悲恋の子、近衛ヒデラインの子供は、途中、満州で死にました。わたしにとって、この子は悲しい悪夢の思い出であり、死んでくれてよかったという気もします。顔がヒデラインそっくりだったのが、なおさらいやでしたよ」

近衛家の次男坊、音楽家ヒデライン君がわたしを誘ってベルリンからライプチヒを経、独仏国境のストラスブールに近いライン川の対岸にあるバーデン・バーデンまでドライブしたのはいつであったか。代る代る運転したとはいえ、大変なドライブであった。ヒデラインは目的をボヤカシていたが、実は彼が、わたしを誘ってドライブの助手にしたのは、彼の恋人（？）沢蘭子に逢い、彼らの間にできた赤ちゃんに逢うためだった。ヒデラインはこうした意図について、わたしにはひとこともいわず、バーデン・バーデンのホテルに着いたとき、庭でコーヒーを飲んでいると、電話連絡したらしく、一人の三十過ぎた日本女性が乳母車に赤ちゃんを乗せて、ショボショボと坂路を降りてきて、わたしたちに挨拶した。この女性が、蘭子だったのだ。

この当時は、戦争ももう末期で、沿道にも通過する汽車にも、西部戦線に送られるドイツ兵がひしめき合い、つけ元気の勇ましい歌を歌っていたが、驚いたことに、この軍団に五十を越したような、多くの老兵も混じっていた。しかし、戦争のみじめさを他所に、大自然の春はたけなわであり、この南ドイツ一円の山々はこの愚かな戦争と無関係に、美しく新緑で飾られ、老兵の歌う軍歌を遠く聴きながら、蕨がりに行ったり、付近の渓谷にあった料亭にいって岩魚料理をたべたりした。この頃の蘭子はまだ元気で、ホテルの番頭などが赤ちゃんを抱いた蘭子を、恭しく「公爵夫人」と呼んでいた。

彼女が、藤原氏の一族であり、五摂家のひとつ、この高貴な近衛家の次男秀麿君に接し、子供までもうけさせた動機は何であったろうか。天皇家に最も近い近衛家のこの若様は音楽家であり、文化にも深い理解のある人物で、彼の芸術家肌のリベルタンぶりに親しみを感じたが、宮様だとか、皇族だとか、そうした権威の〝化物〟たちに全然興味がなかった。ホテルの番頭どもは、秀麿の兄の日本の総理文麿のことについていろいろ訊ねていたが、煩く思ったわたしは簡単に答えた。

「とにかく、文麿ってのは偉い人なんだよ。弟の秀麿と同様、文化人で哲学を専攻していたんだ。何度も首相になり、強力な体勢をつくって日本の軍部の『行き過ぎ』を抑えようと努めた奇特な人だが、東条英機とそりが合わず辞職し、日米戦争がおきてからは、閑居しているよ。文化人というのはやはり弱いんだ……」

バーデン・バーデンにいた沢蘭子のことを書きながら思い出したのは、わたしが戦争末期にこのバーデンにいたとき、思いがけなく逢った一人の人物のことである。占領下のパリで親しくした莫逆の友、フランス人の哲人、『ジェルブ』という週刊紙を主宰していたアルフォンス・ド・シャートオブリアンであり、あまりにも偶然な邂逅に愕然とした。東洋の賢人といった感じの彼は、わたしを見かけると、飛んできて両腕でわたしを抱きかかえ、頬に接吻し、喜びと感激の涙をこぼしていた。

ドイツ軍の敗色が濃くなった頃、シャートオブリアンは、おそらく身の危険を感じ、この地に亡命してきたのであろう。彼は時計を見ながら、「残念です。ゆっくりお話が出来ないのです。汽車の発車時刻が迫り、駅に友人が待っているのです。さようなら！　元気で。たとえわたしの身に何がおころうと、どこにいようと、あなたのことはわすれません」とあたふたと駅の方へ駆け、姿を消した。彼は、その後コラボ（ナチの協力者）として、追放者のリストに載せられた一人であった。

彼は、何か神秘的なものを持った知名な作家であり、わたしの恩人で生涯の貴い協力者、オーベルランと同じように、現実離れした〝菩薩〟といった感じをもった温厚な慈悲深い人であった。彼は、一九一一年に『ムッシュー・デ・ルールディス』という作品でゴンクール賞をもらい、二五年にも、『ラ・ブリエール』は〈小説グランド賞〉で報いられた。かつて彼から著作『ラ・ムート』（一群）を贈られ、大切に保管していたが、当時、時局に追いまわされ読む暇もなく、これを日本に持ち帰った。その後、暇のあるとき少しづつ繙読していた。賢者らしい彼の繊細な筆による三つの比較的長い物語と三つのコントがあり、いつか翻訳したいと思いながらいまだに果していない。

彼は、度々いった。「人間というものは、社会によって造られた存在だと簡単に定義されている。そして、風俗習慣なるものがつねに人間を形づくると妄信している。しかし風俗習慣というものは決して人間の創造物でなく、既成の風俗習慣が人間によって継承され、伝えられたに過ぎない。現在の社会をよく観ると、人間とその風俗習慣の間に、中間的な役割を演ずる〝緩衝物〟が除かれるように仕組まれ、習慣とか因習といったものが人間をいつも支配し、そうした支配によって、人間は独自で特殊なものを奪い去られ、ついにわれわれにとって最も貴重な生来の素質まで失ってしまう」と。

こう述懐する彼は、社会的産物である風俗習慣あるいは因習の持った暴君的役割に挑戦しつつ、強くそれに反逆している。さらに彼は、「古代ギリシャの賢人や、日本の鎌倉時代の禅僧たちの述べたような賢明な哲理は、今もなお、われわれの胸を打つ生き生きしたものであるが、悲しいかな、現代は権力者たちの合法的暴力と冷笑的な為政者たちの知恵によって、賢人たちの〝美徳〟は、無視され、ふみにじられている」という。

シャートオブリアンのいう「政治家たちの知恵」とは何か、また「政治家たちの暴力」とは何か。政治家は節操などにおかまいなく、ひたすら打算と妥協、功利的取引きでのぞみ、聖賢の美徳を空論だといって笑う現実主義者である。いずれにせよ、賢人の高潔な倫理を盾とするインテリや学者は、政治家（あるいは政治屋）とつねに真正面から対立し、その間にある溝は、日に日に深まっている。現実の世界を直視し刻々変化してゆく世相に臨機応変の行動をとる為政者の知恵と、シャートオブリアンの瞑想しているような哲理は、悲劇的に相反した方向をとっている。しかし、彼の思想あるいは夢は、固定してイデオロギイ化すドグマ的なものではなく、フランス風のニヒルに達したものである。彼は、各人が各人のそれぞれ違ったペースの上に立って生きることを願い、他者の存在をよく認識し、「自ら生きるとともに他を生かす」といった理念を根幹としている人であった。

しかし、政治家のプラグマティスムは、インテリの空理空論より陰険で危険である。政治家の功利や、妥協や、臨機応変の知恵は、〝無節操〟〝破廉恥〟〝カメレオン的倫理〟への途を開き、戦争を辞さないマキャベリズムに堕落してゆく。政治家の思惟方式とソクラテスの倫理を調和させる！　何と至難な業である。

わたしはパリのある料亭で、シャートオブリアンと彼の秘書の上品な老婦人と共に静かに夕食をしたことがある。ある夏の夜、戸外では時々、一団のドイツ兵が明日の運命も知らず、長靴の音をひびかせて行進する悲しい足音がこだまし、〈ドイツ第一主義〉の歌を歌い、静かなパリの雰囲気をかき乱していた。彼はしばらく瞑想していたが、やがていった。

「わたしは禅哲学を通じて、日本を愛しています。長男をパリの国立東洋語学校に入れ、日本語を学ばせているのも、将来、道元や親鸞や、その他偉大な日本の哲人大宗教家たちの書を読ませたいからです。今わたしはドイツ軍の占領下で、『ジェルブ』という週刊紙を出していますが、たとえひとからナチスの〝宣伝紙〟だといわれましても、それは評者の勝手な意見です。この週刊紙は、わたしの信念と理想で出しているのです。今度の戦争の結果がどうあろうと、わたしは、ゲーテが念願していたように独・仏がいつか文化的に結ばれ、やがてヨーロッパが一国となった〝西欧圏〟となり、全人類に与える精神力となる〝パンセ（思惟）による文化〟を再建すべきだと思っているのです。わたしは、将来日本がアジアにおいて禅の精神を再生させ、アジア全土に調和のある文化ゾーンをつくり出す日のあることを信じています。文化というものは、大小の問題ではなく、また量の問題でもなく、質であり、〝調和の美〟だと思っています」

わたしはこの夜、その頃に仏訳していた『禅僧問答』という本に出ていたエピソードを語り、そのひとつ「ある禅寺の和尚が、小坊主に庭掃除を命じたところ、その小坊主が落葉のかけらひとつ残さず、綺麗に箒で掃き拭ってしまったのを見て、『ダメだ！』と叱り、自ら庭に降りて樹をゆさぶり、わざと幾片かの葉を落して、風情を添えた」という話をすると、シャートオブリアンはわたしの手を握り、ひどく感激したらしく「実に美しい物語です。真の文化とは、それですよ」といった。

わたしは今日まで、バーデン・バーデンで別れたシャートオブリアンが、その後どうなったか知らないが、おそらく彼は、最後まで彼の良心に従って生き、ドイツの一角で自殺したか、あるいは病死したであろうと思っている。いまもなお、「量より質の文化」と繰り返しいっていた、シャートオブリアンの言葉を肝に銘じて思い出す。

第9章　いつも火付け役、ユネスコ運動

平和運動と「文化戦犯者」の群

とにかく、新憲法が施行された昭和二十二年は、国民もどうにか食えるようになり、敗戦で茫然としていた人たちも平和を願いつつ、一応希望の光明を見出だし、酒場でカストリという臭い焼酎まがいの酒をくらい、気炎を吐き〝憂さばらし〟が出来るようになった。論説室でも、仕事が終ると、茶碗でこの臭い酒を鼻をつまんで飲んだり、呑平記者どもがどこで手に入れてきたのか知らない密造の「ウィスキー」なる代物を探し出して現れ、茶を飲むふりをして得体の知れないこの「洋酒」をみなに飲ませた。有難かったが、このエセ・ウィスキーなるものは、もちろん怪しい紛い物で、妙な臭気をもち、ちっとも美味くなかった。でもこのウィスキーは、コップ代りの茶碗の底が黒くなる粗悪品で悪臭のプンプンする「カストリ」よりもまだましであった。われわれは、とにかく、アルコール分さえあれば何でもいい、ただ酔って別世界の気分になって、思う存分に気を吐き、不平をぶちあげるだけで満足した。

平和、平和、ただ平和であれば、余他のことはどうでもいい。占領軍の連中は、どこで何をし、ど

新居格（松尾の左隣り）最後の面影．（1951 年 9 月，杉並の映画館で開かれたミス・ミスター杉並選出大会で）

んな贅沢をしているか知らなかったが、そんなことは気にせず、敗者の呑気さでこちらは「カストリ」を飲み、「するめ」をつまみ、おでんを食べ、白い米にありつければもう十分であった。

公職追放は範囲が拡大され、この年のはじめ、わたしがロンドンのクロムナー・ハウスで会談した海軍の〝大物〟永野修身が自殺したが、軍人として終始一貫である。彼の言葉「米・英の白人ども、この穢れたやつらは、ぶった斬ればいいんだ。日本は、北条時宗の〝断〟で行くだけさ」とタンカをきり、裸体のまま「ブラチン」を団扇であおいで、わたしに応対した海軍の「英雄」はいなくなった。

知事や市区長の公選とか、労働基準法の公布とか、衆参両議院議員の選挙とか、矢継ぎ早の制度的「民主化」が曲がりなりにも実現し、全日本が「平和の波」に乗り、社会党が第一党としてのし上がった。新憲法の施行の直後、吉田茂内閣も総辞職し、「日本帝国」などという幽霊的な称号が禁止され、六月には「ぐず哲」こと片山哲ちゃんが首相になった。

こうした平和礼賛の年、わたしはユネスコ運動のため新居格や青野季吉らと立働き、他方、平和運動準備会なるものを組織して気を吐いた。この平和運動に参加したのは、石川三四郎、阿部真之助、荒畑寒村、神近市子、鈴木文史朗、新居格といった顔ぶれであった。いずれも純情漢で、長尾和郎に「戦争屋」(『戦争屋』妙義出版、昭和三十年)と名づけられた一連の協力者は一人も姿を見せなかった。最初の打合わせ会は、文教ビルで行われたが、アカデミックな著名人も、大学教授たちも、何故か誰一人顔を見せなかった。われわれの顔ぶれに辟易したのか、逃げていたのか……。

また、太平洋戦争がはじまってから政府筋に呼び出され、「思想統一」のため役人どもと協力したという津久井竜雄、加田哲二、大島豊、市川房枝、井沢弘、「アッツの将士に応えて一億の総突撃を誓う」と叫んだ穂積七郎、山崎清純、大熊信行などなどが、自由主義を排除するための思想運動の御用闘士として記録されていた。この人たちのうち、井沢弘はパリ以来の親友であり、彼は『東京日日』を去り、論説委員として読売に入社したとき、正力松太郎と計り、パリにいたわたしを「読売」の最初の特派員に採用してくれた、いわばわたしの恩人であった。加田哲二と山崎清純は、わたしが後日、論説の副主筆になったとき、安田庄治の推薦で嘱託として入社し、わたしの部屋で働くようになった。

パリで「個人主義（アンディヴィデュアリスム）」をわたしに鼓吹し、ジイドに私淑《ししゅく》していたはずの井沢弘のような自由人が、戦争になるとたちまち変節し、軍と官僚の合作であった「言論報国会」などという組織の指導者になり、徳富蘇峰や鹿子木員信（元九大教授）といった、神がかりでファナティックな連中の下で音頭をとっていたということは、何とも腑におちないことであった。この井沢弘は、かつて辻潤を愛し賛美していたことも記憶に新しいだけに、彼の豹変は全く不審なことである。彼は、純情な感情をもった優れたインテリであり、真正直者で、友人から「神様」という渾名で呼ばれていたほどの男であった。その同じ井沢が、どうして急に軍の御先棒になって一連の自由主義文化人たちに挑戦するような役割を演じたのだろうか。

ひと口にいって井沢は、あまりにも好人物であり過ぎ、持ちまえの性格の弱さで周囲から躍らされ、一夜にして狭い日本的世界観に早変りしたのであろう。とくに、いいたいことは、彼の「個人主義」なるものが、センチメンタルな〝あこがれ〟でしかなく、〝思想〟として彼自身の身についた認識になっていなかったということである。つまり〝血〟の愛国感情が〝思想〟を殺したということになる。馬場恒吾が、生活苦に悩みながらも節を曲げず、性格の強靭さとその不屈な魂で通し、御用筋への一切の協力を拒んでいたことを思うと、友人ながら井沢弘の場合は残念に思える。

長谷川如是閑も、政府から嫌われていた一人であったが、この思想家（?）には『無価値の哲学』の著者・村松正俊ほどの〝自我〟がなく、彼もまた右顧左眄《うこさべん》していた一人だったという。

新居は、度々、「読売」の論説室に現れ、わたしと語り合ったが、一九四五年ロンドンに設立された国連の文化・教育・科学国際協力機関「ユネスコ」にひどく熱をもち、「とにかく、戦争防止のためには、文化による国際協力以外に途はないんだよ」といい、わたしの協力を求めていた。「政治評論家」の山浦貫一は、ユネスコなどには全く無関心であり、「君がやっているユネスコとかカネスコとかいうのは一体何だい」といっていたが、経済とか、政治にだけ関心をもった人たちは、「文化」に妙な軽蔑感を抱き、徳川時代以来の「文化軽視」の不可解な伝統をそのままもっている故か、外務省でもわたしが奉職していた新聞社でも、文化に関心を持つ人間はみな出世の系列から除外され、冷飯食いの二流人物にされていた。

ユネスコは、「戦争は人間の心の中で始まるが故に、心の中でそれを防御しよう」と平凡な表現で謳っていたが、正にその通りである。しかし、このような一見宙に浮いたような標語は、大半の日本人にとってドン・キホーテ的空念仏でしかなく、新居や、わたしを心で笑っているものも多かった。ところが、仙台あたりの知識人たちは、東京に先んじて、ユネスコに協力するための委員会を結成していた（わたしは、昭和二十二年八月十九日付社説で「日本のユネスコ加入」と題した社説を他紙に先んじて発表した）。その後、京都の同志社大、大阪、神戸の文化人グループによる同種の委員会が発足し、東京では、新居格、徳川頼貞、仁科芳雄、田中耕太郎らが、「ユネスコ運動促進全国大会」の準備を進めていた。わたしは、長井金太郎という人から十万円の寄付を得て、この全国組織体の幹事長・事務局長に推されてしまった。この全国大会は、十一月二十七日に日比谷公会堂で華々しく開催され、わたしは新居と共に、日本ペンクラブ代表として趣旨説明の演説をぶち、森戸辰男、湯川秀樹、石川達三、鈴木大拙、賀川豊彦、加藤シズエ、仁科芳雄らが、次々と演壇に立った。しかし、この盛大な〝お祭り気分〟にいささか厭になったばかりか、わたし自身、知人から偶然にもらった寄付金の取得者として祭り上げられ、重要な責任をもたされたことで、妙な不安と不吉な予感を覚えた。というのは、このような〝お祭り〟に馳せ参ずる自称〝文化人〟の顔ぶれを見て、いよいよ煩くなると思ったからである。このような文化人どもは、必ず日本人特有の〝嫉妬性斜視〟〝あげ足とり〟〝中傷〟などで、直ぐ、内輪喧嘩をはじめ、わたしなどいつか彼らの陰険な手で排斥されるであろう、と観念していた。

この日の大会で、前座をつとめた新居とわたしは拍手で迎えられたが、弥次られたのは石川達三であり、彼が演壇に立つと、たちまち傍聴席のここかしこで「戦犯石川達三、ひっこめ！」という罵声が渦を巻いた。達三は戦時中、何をしていたのか？

わたしの不吉な予感は、的に当たり、多くの自称インテリが平和運動でひと儲けしようとして馳せ参じ、わたしの周辺を取巻いていたが、ひと役買おうとする彼らのこざかしい〝策動〟が案のごとく、いち早くはじまった。まずその一番乗りは、意外にも日本のアンドレ・マルロオといわれていた、仏文学者・小松清であり、何故か腑に落ちない理由で彼は陰からわたしの退陣を促すような手を打っていた。この頃、河出書房主宰の「ユネスコ座談会」（新居、松尾、青野三人による）の記事を中心にして出版された本の印税だという六万円を、わたしが着服し、銀座を飲み歩いているというデマが彼によって放送され、このバカ気たことを直接新居の耳にいれたのは、この小松であった。好人物でオッチョコチョイの新居はこのニュースに驚いたらしく、わたしを呼び「君がそんなことをしてくれるとは……」といった。わたしは、新居の軽率な発言に肚が立った。わたしは事実、六万円という数字についても全く初耳であり、出版物の印税などについて、てんで無関心であった。さっそく河出書房の中村という担当社員を電話口に呼び出し、新居に釈明させたので、話のケリがついて新居も安心したが、何といやな煩い国だと思った。〈各人は、各人のため、それが皆のため〉という諺もあるが、なぜ、日本人は他人のことで騒ぎまわるのだろうか。日本における人間関係が、実に陰湿で、いかに複雑であるかを染々と知った。

「平和運動」だ、「ユネスコ」だと懸命になっていたわたしは、その後、外務省の依頼で、仙台や、千葉の館山や、伊勢崎など各地に啓蒙のための講演旅行をしていたが、どこでも中年層の聴衆はあまり熱心でなく、とくに「国際的」とか、「文化」といったことには興味がないようだった。演説をぶちながら、至るところで「糠《ぬか》に釘」といった失望を感じた。とにかく、日本では組織が出来るとそれが御祭りになり、御祭りの後は、卑怯な野心家、ひと役買って儲けようとあせる人間の鍔《つば》ぜり合いがはじまり、純情者は次第に追い出されてしまう。これが日本の一切の運動で見られる精神風土であり、悲しいリフレーン（繰り返し文句）である。

「ユネスコ運動」は、いかに生ぬるかったとはいえ、日本が平和に生きるための未来国として、すくなくとも若い人たちにはかなり熱心に迎えられ、東京、仙台などの協力会結成が火をつけ、全国的に広がったのは事実である。こうした熱意が実り、国連で認められ、念願の正式な日本の参加は、三十一対一で可決された。煩雑な人間関係と戦いながら、〝火つけ役〟を務めたわたしの役割は一応終った。日に日に官僚色を強めてきて、不純な参加者が、その数をました頃、役員をねらう下らぬ羨望者どもに代ってもらい、ユネスコからあっさり去り、自由の身になった。

この頃、新日本文学会（中野重治、窪川鶴次郎、徳永直ら）なるものが、「無慈悲に追及すべし」と叫んでつくり上げた、戦時中に軍国主義に迎合したという「戦犯者」なるもののリストが出来、それを読んだが、彼ら戦犯者の多くは評論家、作家として知られていたとはいえ、ユネスコや平和運動に全く熱をもたない「有名人」ばかりであった。

小林秀雄、河上徹太郎、戸川貞雄、岩田豊雄、武者小路実篤、林房雄、浅野晃、中河與一、火野葦平、佐藤春夫、斎藤茂吉、西条八十、野口米次郎、山田孝雄らといった一連の人たちの外に、故人となった菊池寛、久米正雄、横光利一、吉川英治、尾崎士郎、亀井勝一郎らの名も加えられていたが、これらの人たちは、ユネスコの集まりなどでしばしば話題になっていた。とはいえ、わたしのように、海外生活の永かった者にとって、彼らが何故「文化人戦犯者」とされているのか、その詳細を知る由もなかった。太平洋戦争と、その敗北を予言して、自らを「低人」と称していた辻潤は、彼の著作で、武者小路や、菊池寛、久米正雄などを、例の皮肉な調子でこっぴどくやっつけていた。

「戦犯者」「コラテボ（協力者）」、いずれも神だけが裁き得るものであろう。しかし問題は、繰り返していうが、彼らの良心がどうであったか、彼らが、彼ら自身の良心をいつわっていたかどうか、戦前は、戦後は、そしていまは？　それだけが問題である。

そして、良心をいつわっていた作家や、評論家どもは、既往の知名度を利用し、今後、再び良心を訛かし、ヌケヌケと穴から首を出して好機をつかみ、正に〝首鼠両端〟、マスコミにのさばり出て、「民主」だ、「自由」だ、「平和」だと、御託を並べるであろうし、新聞も、雑誌も、「誠実」とか「良心」などは、売物にならないため、万事を棚上げにし、彼らの空虚な〝有名さ〟をジャーナリスティックに利用するであろう。そんな日が案外早くくるであろうと思った。

わたしの友人、田戸栄君は、後日、「文化で化かす人」と題した論文（『個』十三号、昭和四十三年九月）でこのことにふれ、「戦争は文化の基盤だ」といって、軍部のために喇叭《らっぱ》をふいていた清水幾太郎先生が敗戦後になって美事一八〇度転向し、「平和は、何という有難いことだ。みんなの力で、平和を大事にしよう」などと高声しはじめたということ、また「日本は一君万民の統治を実現することで、国体の理念を築き上げよ」と叫んで、ひたすら八紘一宇を高揚した中村哲が、ひとたび太平洋戦争で、日本が敗北を喫すると、たちまち向きを変え「明治憲法はプロシャ的独裁的権能をもつ絶対主義のものであった。今後は断乎、平和民主主義憲法でゆくべきだ。そして再び逆コースをとらないで、この新憲法を擁護すべきだ」とヌケヌケと御説を公言しはじめた。つづいて平野義太郎先生は、戦時中「日本は、東亜革新の指導者となり、盟主となって中国近代化の革命を成就せしめよ」などと臆面もなく叫びながら、敗戦となるや、替え歌のように「日本は、過去三十年の間、隣の国々を搾取し、欧米帝国主義の番犬の役割をはたしてきたのだ」と、かつての天皇国家に向かって咆哮《ほうこう》し、反省を促すようなことをいいながら、かつてご自分の中にあったご自分の〝帝国主義賛美〟をケロリと忘れ、それをあげて、恬としている。

以上、清水幾太郎先生や、中村哲や、平野義太郎など数人の破廉恥にして小利口な変節漢どもの幻術的とんぼ返りについて、田戸君は委しい記述をしていたが、社会の木鐸《ぼくたく》をもって自から任ずる「文化人」という妙な存在の〝軽業師的時局便乗術〟には、全く呆れ、ものがいえない。

情熱のイサベル　民族主義の危険

何が何やら分らないままに、終戦の翌々年、昭和二十二年（一九四七）を迎え、大言壮語していた政界人はすっかり〝あちら任せ〟の無責任者になり、経済も文化も惰力で動き、すべてが混沌とし、庶民は押し流されるように生き、ただ食べ物の話で明け暮れていた。海外生活でピン呆けのした人間だと思われたわたしではあるが、祖国の不甲斐のない姿にやたら肚が立ち、八当りになっていた。同胞の眼で恐らく、わたしは〝半狂人〟のあばれ者としか思われなかっただろうが、しかし、海外事情を知りたがる各地の教育文化団体から、やたら講演をたのまれ、立川や桐生や竜ヶ崎、岐阜などに旅し、学校や公会堂で勝手なことを自由にぶちまくっていた。三月の下旬には京都に行き、世界文学社の柴野社長や京大の伊吹武彦などと祇園で飲み、芸者や舞妓たちと「ズンドコ節」を唄って騒いだが、この夜、柴野から彼の『世界文学』への執筆をたのまれたばかりか、スペイン内乱中のわたしの従軍採訪をネタにした「小説」を書いてくれといわれたのにはびっくりした。酔ったはずみで、つい彼の要求を承諾してしまったが、さて「小説」を書く……、何たることか、柄にもないことだと思った。

しかし、このはじめての経験を何か楽しい腕試しのように思い、何とかしてこれを変ったひとつの「記録文学」「ルポルタージュ文学」として独自のものにして見ようなどと妄想した。この得態のしれぬ「小説」は、無思想で強烈な反逆の何物も無くセンチメンタルな家庭ドラマか、さもなかったら徒に形容詞や冗漫な心理描写の長ったらしい叙述の羅列であるのに倦きあきしていたため、一種の型破りの「思想小説」のようなものにしようと野心的に書いた代物であった。もちろん恋愛も加味し、内乱当時のスペインを舞台にし、主人公は、変名であってもかなり自分自身に近い人間にした。と同時にスペインの風土と特異な性格をもったスペイン人を描き出して、それを一種の〝主人公〟にした。わたしは、二年半も住んだスペイン全土をかけめぐり、この国が〝文明〟に毒されず、卑怯であることを人間の最大な屈辱だと信じている、この国の男女をこよなく愛した。

このドラマの題名として、わたしは『アマポーラ』（スペインの荒野に狂わしく咲き乱れる情熱の花、血の色をした野罌粟《のげし》）という象徴的なものを提案した。それというのも、この創作の〝女性主人公〟が、南西アンダルーシア生れの、熾烈な性格をもった若いアマポーラのようなイサベルという半ば架空の美女であったからである。ところが世界文学社では、売れゆきを考慮したらしく『情熱のイサベル』に決めてしまった。多くの新聞で、この書はいろいろに批評されたが、新居格は、「この作品は、自分がこれまで待望して、しかも日本の文壇でだれも試みる者がなかった異色の美しい思想小説である。題名は、著者が提案したというスペインの花『アマポーラ』の方がよかった」といっていた。もちろん、よく売れた割に文壇の反響はほとんどなく、中島健藏は「これは著者のおのろけ小説だ」といっていた。中島がこの書をろくろく読んでいなかったことは、後日、分かったが……。

この書が出てから十年も後に、これを愛読しひどく興奮して喜び、自ら出版社をかけめぐり、これこそ再版さるべき驚くべき「思想小説」であると主張する奇人が現れた。この変り者は、ガリ版でその一部を個人誌『暦』に再録し、友人に配布するといった熱を見せた。この奇特な人物は、佐賀の鳥栖に住んでいた野田茂徳であり、わたしは、思想の痩せ地でしかない日本にこのような〝発見者〟のいたことに驚き感謝した。この小作品が小説風なものであったとしても、至るところに人民戦線的イデオロギイやスペイン風のアナーキスムにふれた会話が多く加えられていたため、凡そ日本の大衆から迎えられるような代物でないことはよく承知していただけに、わたしは俗受けには全く期待をかけていなかったが、こんな作品でも少数の理解者はあろうと、心ひそかに己惚れていた。そして、この書が出版されてから間もなく、京都のある女性が著者であるわたしに是非会いたいといって熱のこもった手紙を送ってきたが、東京のわたしの友人どもは笑いながら、「会ってやらないほうが花だ」と揶揄した。

わたし自身、日本において大衆受けのするような、いわゆる「ポピュラーな作品」などかける男ではないし、そうした才能など金輪際持ち合せていないことをよく知っていた。わたしが、もし大衆小説を書くとしたら、おそらくわざと自分の良心を曲げ、大衆どもや出版社を狙って、心にもなくおもねった自分を意識して書く以外に途はない。第一、わたしはそのような努力には耐えられないし、自分自身の真実を物語ることしか出来ない人間であり、フィクションとは体のいい嘘だとしか思えない男である。後日、わたしの書いたものが二度ベストセラーになったとはいえ、それとて、いずれも翻訳ものでしかなかった。ポピュラーなものを書く人は、書く人自身が〝ポピュラー〟であると思っているわたしは、所詮「小説家」の資格がないと思っている。

この書の出版に前後して、「読売」の仕事や世界文学との打合わせなどで、度々関西に旅し、五月頃一度、大阪にいる「読売」の人たちと一緒に、青葉の吉野山に行き大酒を飲んで歌いながら、竹林院とか如意輪堂などという、いわゆる南朝の史跡なるものを訪ね歩いたが、むかしから日本の公の筋が御用学者に書かしたとしか思われない歴史の部分が出鱈目で信頼に値しないと信じているわたしは、このような「史跡」に何の興味も感じなかった。

大阪に一泊した翌日、帰京する汽車の中で大変な場面を目撃した。というのは、京都あたりから超満員の汽車に乗りこんできた一団の朝鮮人が、蛮声を張り上げ、日本人を罵倒し、すでに着席していた日本人を立たせ、強引に座席を占拠しはじめた。この理不尽な態度にムッとしたが、このような朝鮮人の暴挙には、善かれ悪かれ彼らなりの理由があることを知ったわたしは、この際、偏狭な愛国感情で彼らと争うことを無意味だと思った。彼らは、アメリカ占領軍の管下にあって、第三国人であり、やがて、国際連合総会などから、立憲共和国として独立を認められるであろう。彼らの祖国は古い独特の文化をもった国であり、顔はわれわれ日本人によく似ているが、蒙古種族の「韓民族」を主体としている隣国である。この朝鮮民族は、かつて江華島事件（明治八年）以来、日本からつねに弾圧され、軍部と組んだ日本の悪質商人どもによって、強引に米や土地まで買い占められ、そのためこの半島の無辜の農民庶民たちは、散々に苦しめられたばかりか、二十世紀の初めには、日本に無理やりに併合されたのだ。このような朝鮮人の歴史は、かつてのスペインと同様、つねに征服され虐げられた悲しい物語の連続であり、貧しく弱い彼ら国民は、絶望のドン底で反逆抵抗の炎を燃しつづけた悲劇を繰り返したばかりか、かてて加えて、日本の右翼人から「不逞鮮人」などという汚名で呼ばれ、関東大震災のときなど、多くの朝鮮人が狂った日本の支配者により、裁判もなく虐殺されていた。パリにいたとき、満鉄の事務所にいた一人のインテリ朝鮮人張さんというのが、日本に震災があったり大火災があるとニタニタ笑っていたのを思い出す。われわれ日本人は、こうした過去を忘れ、つねに白人の制覇主義を真似つつ、いい気になって、愚にもつかぬ狭隘な「民族主義」で、隣人でしかない朝鮮人を利用し、虐待し、抑圧しつづけ、今日もなお、われわれ同胞の一部は、偏狭な「民族主義」を「愛国心」と混同するアタヴィスムの残滓《ざんさい》を宿している。

従って今日、朝鮮人が日本の敗戦姿のみじめさを目撃し、「ざまを見ろ」という気持ちになり、積年の鬱憤を爆発させたにしても仕方ないことだと思う。朝鮮と同様に、わたしが永く住んだスペインも、つねにアラブやゲルマンなどの大国によって征服され、弾圧され、悲劇的な抵抗をした国である。終戦時に、わたしと親しくした多くは、いずれもこうした絶望感からアナーキスト的思想の持ち主となっていたが、スペインの哲人でもインテリでも、彼らの哲学の奥底には、民族的発揆精神と絶望的感情が同居していた。またわたしの敬愛したスペインのウナムノでも、ピオ・バロハでも、ニヒリスト的哲人であり、アナーキストとしての純粋な抵抗者であり、優れた多くの民族の混血児であるスペイン国の庶民たちも、無智で怠け者であったとはいえ、〝文明〟を誇る諸西欧国の人々のような狡猾なサル知恵で毒されていないだけに、純朴で単純であり、とくに南スペイン地方アンダルーシアや東地中海岸のカタルニア地方などの住民は、地方文化に強烈な愛着を持ち、国家意識という余計な感覚にとぼしいコスモポリートとなり、本能的自然児として個性が強く、孤独に耐える人たちが多く、いかにもピカソやフランシスコ・フェレルなどの生誕地といった感じが深かった。

理解され得ない新憲法の個人主義精神

朝鮮の武装を強引に解除させ、この隣国を併合して「国威」を発揮した「万国無比の神国」日本も、太平洋戦争には他愛なく負け、神風も吹かず神通力を失い、とうとう無条件降伏をし、アメリカの前に平身低頭、連合国最高司令官の権力で一時的とはいえ独立を失い、完全に武装を解除されてしまった。相手がアメリカであったのが幸いで、敗戦の翌年には憲法問題調査会が発足したが、それは事実、日本からの案ではなく（最初、日本側のつくった憲法は、松本烝治あたりが中心となって、でっち上げた草案であったが、それがマッカーサーによって不満足とされ、つっ返された）、やがて、アメリカ側の要望を容れた憲法が公布されたのは、昭和二十一年十一月三日であったが、アメリカ当局の提案がつきつけられたとき、平伏しながら渋々と受諾したのが、土台なっていなかった。天皇制ばかりこだわった日本の官僚や大臣どもは、水母《くらげ》のようにアメリカの波に押し流され、服従する外、術を知らなかった。なぜ日本は、世界もアメリカもびっくりするような、他に類のない、もっと自発的で積極的な堂々たる「平和憲法」を自からの手でつくり上げなかったのか。

天皇主権が国民主権となったこと、戦争放棄とか、皇室典範が単なる法律になったことなどなど当然であり、旧明治憲法にあったような愚劣な天皇神権主義の思想撲滅のために教育制度を刷新し、もっともっと徹底した前進的な倫理を法文化すべきであった。

「アメリカをびっくりさせる」と書いたが、おそらくアメリカは、次に来た朝鮮戦争や、後日のベトナム戦争などを予想していなかったとはいえ、いつか、大国主義の夢が破れ日本の援助を必要とするような国際危機に直面したとき、皮肉な話だが、日本に徹底した戦争放棄の第九条のような条文など課したことを後悔するであろう。従ってわたしが、天皇制に関しても平和維持についても、アメリカの意表をつくような、そして全世界に類例のないユニークな新憲法を、もっともっと積極的に日本人自からの発意でつくるべきだったといった意味はそこにある。

明治憲法のごときは、今から思うと情けない歴史の遺物であり、これとて、はじめ皇帝のいた天保二年頃のベルギー憲法や、後日ドイツ国民を虐げ不幸のどん底に落したビスマークのプロシャ憲法（嘉永三年）の模倣物でしかなく、その後、明治憲法は多少修正されたとはいえ、神権政治の遵法者やプロシャかぶれの伊藤博文などが、それに拍車をかけた代物でしかなかった。長州人伊藤博文こそ、全日本人を不幸の坩堝《るつぼ》に押しこんだ太平洋戦争の原因を育んだ張本人である。

日本の新憲法の条文を読むたびに、わたしは心のときめくような喜びを感じた。だが、日本に住んで、日本人の正体、その全体主義的な封建性、絶対的な物の考え方に絶望を感じていたので、このような新憲法が、やがて重荷になる日が近いのではないかと杞憂したが、この杞憂は的に当った。いずれにしても、この憲法は「個人主義憲法」であり、日本人の古来からの国民感情や、性格に最も欠如した個の精神が内容となり、それが根幹になっているため、消化し、こなし得ないのも当然である。それだけに、この平和新憲法には、長くそして分り易い、その倫理的解説を加えた前文を添え、小・中学校でそのための徹底的な準備教育を必要とすると思った。この新憲法は、どの程度に占領者アメリカ人が教示したものか、その真相は知らないが、アメリカの意向に副ったものであろうとなかろうと、全世界に通じる個人中心の近代精神が盛りこまれたものであり、もしこれをアメリカ人によって「押しつけられたもの」だと愚痴る者があったにしても、そのようなことは問題ではない。わたしは、東京でも、地方でも、講演をたのまれる度に、淳々とこのことを述べていた。間もなく国内の秩序が整備され、独立国家として立ち上り、〈咽元過ぐれば熱さを忘る〉で、右翼的な人たちや、長州藩的保守伝統主義者たちがこれを「押しつけ憲法」だといい出し、大国主義のノスタルジアでこれを非難しはじめるであろう。

しかし、宮沢俊義氏がいっていたように、この憲法が近代個人主義という人間の自然な本能、よい意味のエゴに根底をもっている限り、国民はこれを固持しようとして懸命になるであろうことをわたしは信じている。しかし危ないことである。

後日、『朝日新聞』の「声」欄で、わたしは、復員した「戦中派」の四十歳になる旧軍人の草した次の文章を読んで、染々とした気持ちになった。

「昭和二十二年、新憲法施行記念式の挙行された五月三日の宮城前広場は風速十メートルをこえる激しい風雨であった。憲法普及会長芦田均氏は「私どもの名誉と生命をかけて新憲法に忠誠を誓い、その成果を子孫に伝えることが、我々に残された唯一の道だ」とあいさつし、時の吉田首相は「われわれが国家生活の末端まで新憲法の精神をしみとおらせ、徹底さすならば必ずやわが国は、日ならずして、自由と平和とを愛する幸福な国家として復興し、進んで世界人類の進歩に貢献するだろう」と祝辞を述べた。お一人でカサをさされた陛下に萬歳の声がわき起り、新しい歴史の朝の聖典であったと当時の新聞は報じている。

その年の二月、長い軍隊生活から復員した私は、その記念日に旧部隊長を東京・葛飾区立石に訪ねた。タオルを首に巻き、井戸掘り人夫をやっていた、かつての独立機関銃隊長浅香利右衛門少佐は『日本の新しい憲法で一等いいのはもう軍備をしないことだ』といいきった。

あれから二十年、憲法記念日を迎えると、戦中派の私は会長のあいさつ、首相の祝辞よりも旧軍人が実感として吐いたコトバをかみしめる。国会議事堂の空にへんぽんとはためいている国旗は、血潮に色どられた軍国主義を雨に洗い清め復活した自由と平和の門出の日章旗だとも報じていた。」

カストリ一杯で地検に呼び出される

今から思うと、戦後の二年ぐらいが、わたしにとって最も快適な時代であった。前述の戦犯的文化人も、官僚も、政治家も、声をひそめ、制度の上で一応民権は拡大し、アメリカをタブーにしながらも、言論が自由になった。「米よこせ」のデモ隊が宮城に押かけたり、隣組が廃止されたり、メーデーが復活した。世の中はまだ混沌としていたが、次第に煩いワクが除かれ、マッカーサーの眼が光っていた故か、大した暴動も殺人もなく、われわれ自由人にとって、この半ば無秩序な社会は、こよなく快適であった。

なぜ快適であったのか。それは、支配者が日本語の話せぬ異人であるアメリカ人だということで、何となく「権力」が遠いところにあるといった錯覚による呑気さと、他方、威張りくさった日本のお役人も、お巡りも、小さくなりバカ遠慮していたことなどが、いい知れぬ〝自由感〟を与えていたためだろう。そのため、闇取引きが横行し、テキ屋どもにスキが与えられ、秩序が適度に乱されていた。

「堕落せよ、とことんまで堕落せよ」といった坂口安吾風の「理想的堕落論」まではゆかなかったにしても、これまでの日本人による、欺瞞な神がかりの妙ちくりんな秩序が蒸発し、「人民の、人民のための秩序（人民によるというところまでは行っていないが）」というアメリカ式の秩序の方向は、一応筋が通っていて、気楽な気持ちで受けとれた。といっても、その秩序は自分のものではなく、一般的な制約によるものであるだけに、やはり煩いものであった。とくに、酒や女に関した下らぬ取締がはじまったとき、うんざりした。誰の提案か知らないが、アルコール分のはいった酒類を市井で販売するなという野暮な政令（昭和二十二年七月）が出たとき、「しまった」と思った。いくら酒を飲んでも愉快になるだけで、嫖客《ひょうきゃく》にもなれず、蕩児《とうじ》にもなれず、そうかといって、泥まみれになって路上やベンチに寝るような豪傑にもなれなかった。従って、わたしは一升ぐらいの酒、ビール十本ぐらい飲めたとはいえ、酒に飲まれる男にはなれなかった。それもこれも、酒癖の悪かった父親のため散々な目にあった幼少の悪夢に抵抗を感じていた故と、欧州で強い洋酒ばかり飲んで鍛えたためかも知れない。

　酒なしで済まされないわたしたち記者どもは、せめてカストリぐらいは許されてもと思っていたのに、それもダメときた。しかし、仲間は、こっそりそのカストリを飲ませるという小便くさい横丁の小舎を探し出し、政令違反のスリルを味っていた。また、終戦の翌年の一月に連合軍総司令部は、日本当局に「覚え書」を送って公娼の廃止を命じた。全く野暮な余計な〝おせっかい〟をする奴らだと思ったが、占領軍の健康（性病）を守るという理由があってやったことかも知れない。だが、酒を禁止すれば横丁の裏口営業酒場が繁盛するように、公娼がいけないとなると、私娼（パンパン）がどんどんふえる。

私は、論説委員の呑平どもにさそわれ、この年の十二月、寒い一夜、新橋駅の北側、烏森よりにあったバラック部落の細い路地に入り、案内役の後について、鶏小舎のようなお粗末な汚い小部屋に忍びこんで、井上という若者のやっていた「秘密酒場」のスタンドで政令違反をやったが、この日は運が悪かった。われわれ仲間は、五、六人であったが、ずらりとスタンドに列をつくって、やっと一杯のカストリにありついたトタンに、ジープで乗りこんできたらしい私服警官どもの襲撃を受けた。「しまった」と思ったが、もう遅い。一人のぼんくら顔の私服が、

「政令違反現行犯として、君らを調べる。右にいる人から順に姓名、住所をいって下さい」

といった。わたしは畜生と思ったが、正直に住所姓名を紙片に書いて渡した。すると眼の光ったバカ面をした他の警官が、メリケンの威をかりたらしい反り身の恰好で、

「君たちをジープで警察まで連行するつもりだったが、今晩は、特に寛大にする。ここを出て早く帰りたまえ。追って地検から呼び出し状が送られるから、そのつもりで……」と、権柄づくにいった。

ひどく疳《かん》に障ったまま、

「こんな汚いところで、遠慮がちに安いカストリ一杯飲んだのが、どうしていけないんだ。君たち警察官は、今頃、築地や新橋あたりの高級料亭で、芸者を呼んで、上等の酒をくらっている御役人や、実業家どもの方は全く取締らず、ただわれわれサラリーマンを取調べて槍玉にあげるとは一体何ごとだ。〝進駐軍の命により〟だろうが、君たちオマワリは、命令に服して盲従することしか知らない弱虫だから同情するが、命令だけを唯々として守るバカな〝官僚主義〟で日本は戦争に負けたんだぞ」

と、どなりつけてやった。

二、三日して大森新井宿のわたしの家に、地検から出頭を命じた「呼び出し状」が届いたが、その書状を一瞥しただけでほっておいた。その後、何の消息もなく、何と一年も経った翌年の冬、「印鑑持参で出頭せよ」という地検からの妙な呼び出し状が送られてきた。何もかも忘れていたわたしは、何ごとかと多少気になったが別に驚きもせず、大方誰か知人の追放者取調べのためだろうと思った。わたしは案じ顔の娘や女房に、「ひょっとしたら今夜、留置されるかも知れないが、心配するな」といい残して家を出た。

定刻に地検に出頭すると、小部屋の並んでいる前の廊下にあった木のベンチで待たされた。ベンチには、四、五人の男が腰かけていたが、いずれも手錠をかけられ、警官に見護られていた。三十分ほど待された後、前方にあった下駄箱のように小さい部屋の中に案内された。検事らしい痩せた役人が、

「あなたは、政令違反の件を覚えていますか」

と訊ねた。腑に落ちないまま、

「何のことですか。そんな覚えはありませんよ」

というと、検事は、書類の頁をめくりながら、

「昨年の十二月二十一日、新橋で、カストリを飲んだでしょうが…」

「あア、あの件ですか。ちょっぴり飲みましたよ」

「何杯ほど」

「一杯目をちょっと飲んだとき、運悪くつかまったのです。つまみの南京豆も二つ三つだけ……」

「そうですか。では、ここに始末文を書いて下さい」

こういわれたまま、差出された用紙に、

「カストリをすこし飲んだだけだが、全く運が悪く見つけられた」

と、書いた。検事は、率直に書いたわたしの始末書の図々しい文章に不満らしく、

「これでは、ダメです。書き直して下さい」

「では、何と書いたらいいのです。本当のことを書いたんですよ」

「理屈はとにかく、ただ、今後カストリ外、一切のアルコール酒類を店で飲みません。相済まぬことをしました、とだけ書いて下さい」

「バカにしている。これでは詫び状文じゃないか。これで罰金を払わずに済むなら書きますよ」

こういって、わたしはクスっと笑ったが、検事はニコリともせず、わたしの空々しく書いた修正文を丹念に読み直し、

「宜しい。御帰りになって結構です」

といった。雇われ根性の気の毒なこの小役人の無表情な顔に、軽く挨拶し、

「帰りますが、こんなバカな手続きで、多忙なわたしを呼びつけるなんて、全くコッケイですよ。わたしの方から地検の奴らにタクシー代を請求する権利があるんですが、まけておきます」

こういい残して、階段を下り、別なホールをぬけてゆくと、そこに四、五十人ほどの男女が腰かけて神妙に何やら待っているようだった。わたしは、バカらしさと憤怒で大声をあげ、みなの前で一席ぶちまくってやった。

「この地検というところは、権力というより、虎の威をかりた御役人という形式主義で、しかも無

責任な野郎どものたまり場ですよ。カストリ一杯飲んで、政令違反ときて、わたしもいま呼び出されたんで、とうとう半日を空費してしまったんだ。大勢を相手だから仕方がないというのは口実だろうが、こちらはみなさん同様、納税者で役人どもを食わしているんだ。だが、弱い者をいじめ金のある連中には、寛大にしている寄生虫みたいな役人どもに遠慮することはないですよ。新橋あたりで、美酒を飲み、女を侍らしているボスどもには、捜査の手を延ばさずにいるといった記事が新聞に出ていることを御存知でしょうが、腑ぬけの政府、腰ぬけの役人ども……」

こう叫んでやったにも拘らず、聴者も巡査も、わたしを〝半狂人〟と思ったらしく、みな黙りこくっていた。

駄々（ダダ）と飲み歩く　酒の福音

新橋の横丁で「政令違反」の痛快美を味わってから性懲りもなく、というよりむしろ、逆に反抗的になり、東京の至る処でカストリを飲んで横行した。いつも心の逃避所を求め飲み歩いていたとはいえ、喫茶店でも電車の中でも、頼まれた原稿を書きつづけ、憂さ晴らしにやたら執筆し、原チン君こと原四郎の好意で草しはじめた『ジイド会見記』の脱稿を急ぎ七月の下旬に原稿を岡倉書房に渡し、八月十三日には、三千円という思わぬ前払い金を受取ったが、みな飲み代にしてしまった。この間、参議院に山本有三を訪ねてユネスコのことで打合わせをしたり、東大の夏期大学で喋ったり、同じく東大で催されたフランス「文化研究会」で、中島健藏や渡辺慧や小林秀雄などと講演をした。こうして動きまわり、ほとんど休む暇もなかった。

東大の講演会では、小林秀雄というのが法学部十八号室ホールの演壇に現れ、拍手で迎えられたとはいえ、ポーズをつくって、ふんぞり返った彼は、「諸君、今日、僕は何も話すことはないんだよ」といったまま、何もいわず黙りこくり、十分ぐらい机のうえに手枕したままでいた。やがて、あくびをしつつ降壇し、主催者側の読売記者がさし出した謝礼金のはいった状袋をひったくるように取ってさっさと帰ってしまった。失礼はとにかく、ひどく気障《きざ》な奴だと思った。小林というのが、何者かよく知らなかったが、新日本文学会の徳永直あたりのつくったという前述の文化人戦犯リストを見ると、そのトップに河上徹太郎らと共に彼の名が華々しく出ていたことだけよく覚えている。後日の話だが、文芸評論家だというこの河上徹ちゃんというのが芸術院とかの会員になって出世したのはとにかくとして、いよいよ〝自己喪失者〟となり、「低人」辻潤のことを小バカにし「辻潤の文などバカバカしくて引用する気になれない、まあ、彼の名誉のため引用を止めておこう」などと白面《しらふ》で臆面もなく書いていたことを知り、わたしはとうとう癇癪玉を破裂させ、森谷均という人がやっていた昭森社の『本の手帖』(辻潤特集号、昭和四十三年年六月号)に、この思い上がった河上の暴言に対し威勢よく反駁文を書いてやった。ある日、村松正俊氏はこの話を聴いて「河上なんて奴、相手にしない方がいい。彼はバカヤローなんだ」とあっさりいっていた。

たしかに彼はバカヤローである。だがバカヤローを相手にしたこちらもバカであった。軍にへつらった「戦犯者」の中では、彼などおそらく優れた抜群の利口者であろう。この種の仮面偽装症者の多くの連中は、間もなく日本が右傾し、長州や土佐の政治屋どもがのさばっている限り、日本の政治が徐々に戦前に逆戻りする方向をとるであろうことを敏《さと》くも予想し、権力側や甘いマスコミに尾をふり、追従してくる日も近かろう。アカデミックで精神的官製人間であるこの種の人たちは、怒ることも苦悶することもない知的売文業者であり、別の表現でいえば、彼らは〝詩人の素質がない〟日和見、気兼ね種族に属するもぐり者なのだ。

こんなことを考えながら、わたしはアラゴンやエリュアールのことを思い出した。アラゴンは、一九四〇年、フランスがドイツ軍の電撃戦でひとたまりもなく敗れ、パリがナチス軍によって無血入城となった悲劇の年に、次のような詩を書いていた。わたしはこの詩句を、そのまま覚えている。

生きることとは、謀略の異語なり
私は涙をかわかすにつたなく
わが愛したるすべては
いま憎まざるを得ず
かくて、わが所有せざるすべてを
他に与えよ
我は、わが苦悩の王者として残らん

このアラゴンにはパリで一度もめぐり逢わなかったが、彼は最初ダダであり、シュールレアリストであった。このアラゴンがついに共産党の闘士として立働くようになった動機については『読売ウィークリイ』（七月十二日号）に書いておいたが、彼は「詩は、大衆のための、大衆のみの存在たれ」といって、いわゆるダダイスト仲間から去って政治づいてしまったが、魂は最後までダダであった。敗戦直後、日本人には「苦悶の象徴がない」といった新居格の言葉をまた思い出す。

前の年の七月三十日の夜、私は日本の自称ダダイストたちとトコトンまで飲んだ。まず、池袋東口の「トキハ」というところで彼らと落ち合ったが、この仲間には、八月『だだ』第一号を出し、辻潤、深尾須磨子、生田花世などの作品を発表して、ダダぶっていた古本屋兼雑誌記者の詩人・風間光作や、『無風帯社ニュース』というガリ版雑誌を出していた、背の高い飄々とした西山勇太郎や、その他に大木一治（寺島珠雄）などが加わっていた。この連中はみなカストリ党の豪の者ばかりで、スティルナアの『唯一者』を読んだと豪語していながらトリスタン・ツアーラもアルプもブルトンも知らず、ややこしいダダイスムの解説などにはこだわらず、辻潤の書ばかり読み耽って、酒顛《しゅてん》辻潤の人柄を文句なしに好み、彼にあやかって酒ばかり飲み、彼ら流のデカダンを生き、飄々踉々「浮遊不知所求」といった辻潤の生活倫理を愛し、とくに酒中毒の醍醐味を説く辻のマニアになっていた。みながカストリで騒々しくなったとき、高村光太郎に私淑しているという西山酒顛童子が、みなを前にカストリの臭気をプンプンふりまきながら、

「酒だ、酒だ、酒がおれをダダイストにしたんだ。酒なくて何の己がダダイスト」

と、大声で叫び、歌い出した。

だが、酔っても話は、いつも辻潤をめぐる論争であり、私は西山からもらった『無風帯社ニュース』第二号を読んだ。それには至る所「酒の福音」が書きつらねてあったが、巻末に辻の言葉があった。「幸福は、各自の主観である。自分はたいして幸福だとも思わないが、他人に比べて別段不幸だとも考えない。ただ酒が思うように飲めなくなったので、ひどく面白くないという位のものだ。どう考えても酒以外に自分を慰めてくれるものはない」と。

なるほど、こんな文章を読んだ連中は、「三杯のカストリが、一切をして没却せしめ、ダダイストにする」などとわめき、借金で飲み歩くのも無理はない。辻潤は、パリでわたしに「おれは、日本で、実に多くの誤解者を持っているんだ」といっていた。

「トキハ」を出てから、二、三ヵ所汚い掘立小舎で酒やカストリを飲んでから、池袋一の六七番地にあった風間詩人の小屋に行って、古本の棚やおんぼろの茶箪笥のある以外は伽藍洞の汚い小部屋で車座になって会談をつづけたが、みな泥酔してくたくたになっていた。風間は、

「家の中は御覧の通りのすっからかんだよ。売りたくても、もう何もないんだ。神田で萩原朔太郎の『月に吠える』をカバーつき百二十円で買ったんだ。大正六年版さ。ところが、また金がなくなり、配給品に事を欠き、仕方なく貴重な萩原先生の本を、神田に売り戻しにいったら、畜生！　半額の六十円だというのさ。仕方なくあきらめ、女房の着物を売っちゃった。月給三百円のオレなんだから……」

といった。この夜、西山勇太郎は、千鳥足で夜更けの街をさまよって帰ったが、私は、うとうとと眠って一夜を明し、戸外が騒しくなった頃、電車で赤堤に帰った。

その後、新宿淀橋の鉄工場で働いていた無風帯社の西山勇太郎を度々訪ね、貧しくとも愛すべき辻潤ファンの詩人たちと話し合っているうちに、誰いうとなく、「辻潤の墓碑」を建てようという話が持ち上がったが、さてこの仲間は、〝風来坊〟の好人物ばかりで皆目実行力がなかった。彼らは集まると、辻潤を語り、ガリ版で出していた仲間同志の詩や、日本のダダイストを自称していた高橋新吉などの詩を歌っていた。

辻潤を偲んで　　高橋新吉（昭和二十年十二月）

浅草の中屋で、湯豆腐で酒を飲んだ頃が、一番楽しかったなあ
あのような時代は、君が再び世に出て来ないように再びくることはないのだ…
だが、辻潤よ、安心して眠れ
人間の生理的変化はまだ大したことはないようだ

辻潤に寄せる歌　　今井貞吉

あなたの長い漂泊と貧乏が
どんなに苦しいものであったか
だが、あなたの貧乏は曇り知らぬ富だった

あなたの落魄はあなたの光栄だった
それは誰にもわからない！
——ざまあ　みやがれ！

むすび　仮面擬装の国　所詮少数を相手に

「少数は時として過ちを犯す。しかし多数は、つねに誤っている」。こういったアメリカの哲人ヒュネカアの言葉が、何故か、いつもわたしの心に繰り返されて忘れられない。日本に住めば住むほど、この〝多数〟の誤りを知らされる。だが、この〝多数〟を歎き誤らせるのは誰か。問題はそこにある。日本に上陸してから、わたしは何と人から騙されたことか。自分ながら全く呆れている。権力の座に列って大量に正直者を欺す人間は「大物」とか「実力者」といわれている。その「実力者」どもの御用を務めてペコペコとゴマスリ戦術で小さく出世している。そして、巨大な数の人間がテキヤの手の内をおぼえ、無知で弱い者を至るところで欺している。うかつなわたしは、「ユネスコ」で仲間から欺されて追い出され、加藤シズエらと協力して懸命に立働いた産児制限と性の解放の運動でも熱心に奔走したのだが、下らぬ茶坊主の中傷で馬場社長から叱られ、止めてしまった。その他一切のことで、何をやっても裏口の人間どもから排除され、ねたまれ、欺されつづけた二年を過した。だが、欺されると、やはり肚がたつ。そして、二度と再び欺されまいと焦りながら、やはり何度も欺される。しかしムキになって欺されまいと力んだところで、はじまらない。友人の添田知道はいう。「欺される奴がいるから欺すやつがいるのだ」と。その通りである。とにかく、自分の持って生まれた性格を変えようとするのが土台無理なことなんだ。

世の中や、この世界を〝かくのごときもの〟と諦観すればいいのだと思っているのだが、なかなか思うように自分を操れない。でも自分の性質、考え方に従って生きることができれば、たとえ損をしても貧しくなっても、比較的に自分を曲げずに暮らせたら、その方がやはり賢明だと思う。〝みな〟があ么いっている、〝みな〟がこうしているというが、その〝みな〟とは一体何なのか。〝おれ〟はその〝みな〟ではない唯一の〝おれ〟なのだ。健康で、いつも明朗で、周囲の人と和し、自分の道をゆけば、いつも心が安らかで生きるための最小の条件は満たされ、何とかなるものである。

日本に上陸してから二年間で、いろいろ深く考え、悩んだことは多々あるが、とくに歎き悲しんで同胞にいいたいことは、戦争に敗れた傷痕、そのマイナスにされた面を誰も彼もが、つまり〝みんな〟が物質的に考え過ぎるということ。それからもうひとつ、それは、勝者のアメリカ人に対して、自らの打算で諂《へつら》ったり、卑下したり、さもない限り、巧みに変節して自らを売りこむといった自己喪失者がいかに多いかということであった。

また他方、復讐的になって、「反米」感情を胸に秘め世相の推移を見極めて、じりじりと日本を「戦前」に戻そうとする大国主義の徒がいかに多いかに驚いた。この種の「出戻り未練者」は執念深く、最も危険だと思う。彼らは、太平洋戦争の原因をひたすらアメリカ側の驕慢不遜、その帝国主義的政策のためだと観て、戦前・戦中の日本の一切の政治理念やその行動が、このアメリカあるいはアングロサクソン族の商業主義的征服欲という「白人どもの悪」に対する正当な抗議であるといい、性懲りもない彼ら流の絶対根性で抗議しているのだ。たしかに彼らの抗議には理由のあることだが、白人の制覇を日本人の制覇に置き換えるだけなら、それを「正当」とする理由はない。

西欧生活が永かったわたしは、こうした観点が甘く、この種の右翼人が同胞であるだけにやたら癪に障り、とくにバカ者の多かった日本軍部の思い上がった「日本的傲慢」さや、その残忍性を憎み、また政治家や官僚などの中世紀的惟神の倫理があまりにも滑稽で、全く肚がたった。日本人の国民感情にある「傷つけられた自負心の反発」は、わたしの想像していた以上に根の深いものであり、それが、戦犯者の賀屋興宣や武藤貞二のような右翼人を支持する者の数を増加させている原因である。しかし、賀屋とか武藤あたりは日和見インテリの転向者よりましであり、その頑迷固陋さには浪花節型の愛嬌があると思った。しかし、この種の老骨漢の共通性は、彼らの救い難い「固定観念」であり、彼ら自身は、自らを追及し攻める倫理のひとかけらさえ持ち合わせず、敗戦で面子がつぶされただけに日本の敢行した太平洋戦争の動機やそのためのファシスム的行動を全面的に肯定しないまでも、われわれの国の神権帝国主義をあくまで「善」と呼んでいた戦時中の「豪語」を、恥かしいことだと全然考えていないようだった。そして彼らは天皇護持派となって天下を取る首相どもが、相継ぐ限り必ず「実力者」として帰り咲く日の近いことを敏く察知していたであろう。

わたしは、アメリカ人にあるプラグマティックな征服欲、これをメリケンたちは彼ら流に「開拓精神」という美名で呼んでいるが、これこそ世界の平和を掻き乱すものである。彼らアメリカの為政者たちの口にする人道主義は、たとえそれがリンカーンやインテリに教えられたものであっても、あくまで現実的功利主義のアメリカという国家の政治理念とは別のものである。二年間に彼ら占領軍がわれわれ日本の同胞に対して行った、くどくどしい「民主主義」の御説教は、日本の封建性への反省剤となったとはいえ、幼稚で、偽善である。

だが、ハッキリいいたいことは、敗北や勝利にこだわらず、すべてのことを相対的に考え、あくまでも現在を起点として、世界的視野に立ち、われわれ同胞の持った、いや持たされた天皇制に結ばれているモーラル上の「固定観念」、その妄念、絶対主義的旧思想の殻をかなぐりすてなかったら、すべてが空回りし、そこに何の前進がないということである。ひと口にいって、国民の一人一人が、これまでの政治家、文化人、教育者によって奪われた自意識（自我）を取り戻し、「前進型の倫理」をもって、平和を維持して行くことである。といっても、これはユートピアといいたいほど絶望的に至難な業である。

わたしは、この二年間で、我々同胞が、庶民も為政者も文化人もすべて、ただ現象だけに捉われ、無偏見であらねばならぬ倫理上の諸問題とか、宗教（例えば親鸞風の宗教）上のことなどになると、つねに旧観念のタブー性を脱し切れず、メタフィジック（形而上）な一切についていかに盲目的であるかを知って絶望した。このような倫理における「盲目」と「無関心」は、たとえ制度上の民主化が漸進しても、今後の日本人を、いよいよ「経済的動物」「機械化した頭脳」の持ち主にし、国民大衆は、日に日に味気ない生活に追いやられ、一方で産業国家として大飛躍をしても、そこにある倫理不在と機構の矛盾によって、庶民の一人一人の生活は多角的に向上することなく、とくに精神面における内部の貧困、落莫とした空虚は救い難いものとなり、かてて加えて、貧富の格差は拡大し、打算功利一点張の実業家とその乾分どもが犇《ひし》めき合い、かつてわれわれの社会生活を潤った「諄風美俗」の一切までが惜しみ無く失われて行こう。

戦後において、日本人の精神的向上、倫理上の革命は、何ひとつ前進せず、万人がそれに無関心であったことは歴史の宿命であったとはいえ、われわれ同胞が、旧伝統と歴史の重荷に負け、最も貴重な「自意識」を失い、「文明」（しばしば人間性を抹殺する手段となる野蛮な文明）と「文化」を混同しているといった、「精神的未開発国」の国柄であったからである。何と情けないことだが、これこそ、日本人の気づかない、そして眼に見えない戦争の〝爪痕〟である。やがて林立するであろう豪壮ビル、殺人的自動車道路、オートメ工場、そうした華々しい外観を他所に美服をまとった蒼白のサラリーマンや、思考頭脳の空になった朗かで空虚なスポーツ型青年の大群が、一様にロボット化した人間の大群になり、その谷間に、詐欺、汚職漢、ギャング、暴力の徒が、至る処で法の仮面をあざ笑うであろう。

他方、体制順応者でしかない教授の〝たまり場〟となってゆく国立大学も、「就職斡旋所」と化したマンモス私大も、教育の真の目標、「自己の教養と研鑽のため」という本来の目的を忘れ、余計なエリート意識を身に着け、〝自我〟のない「疑似インテリ・ロボット」育成所化して行こう。（この稿を書いている昭和四十三年には、私の予想を裏切らず、学園は、危機どころか、その崩壊が叫ばれている。）

こうしたすべての原因が、終戦直後から実行されるべきはずだった祖国再建のための「倫理革命」の必要に気づかなかったことにある。だのに、非文化的政治屋の奸策にまた欺され、至る所で、「国民不在」の政治がつづけられ、ひたすらエコノミック・エンパイヤ建設によって繁栄を求めるだけに狂奔した政府とその国民は、近視眼的阿呆者であった。ド・ゴールは「仮面擬装《シアンリ》」だけは真っ平だと高声しているが、日本は戦に敗れてから、全国土をこの「仮面擬装者」の狂噪舞台にし、排気ガスによる公害を「工業大国繁栄」のシンボルだと妄信している。

いまのところ万事が混沌としている。しかし、私はこの現状を見て絶望はしない。いかに現在の体制が、偽善でテキヤ的で仮面擬装であったにしても、誤らない少数がいる。そしてその少数は、強靭な個性と独立精神をもった少数であり、彼らは野獣的個人《フォーブ》、アウトサイダーとなってその土性骨を翳《かざ》し、抵抗しつづけている。この野獣人はロダンの「考える人」が象徴しているように、視覚に映じないものを観る予言者的役割を演じるであろう。また、他方、戦争のみじめさをトコトンまで体験した壮年者も生き残り、〝正気〟ぶって旧体制の復帰を叫ぶ狂人じみた憑れた右翼偏向者どもと対決しようとしている。

また、他方、戦争の苛酷さ、その非人道的狂暴を自ら体験しなかったとはいえ、戦後日本の偽瞞な政治、香具師的経済体制、その機構の仮面などに憤怒している若い学生、労働者の大群も現存し、日に日にその数を増している。彼らは旧体制の中で、右往左往している日本の既成保守党や革新諸政党、社会党や共産党などまで、すでに全世界の「新しい波」(ヌーヴェル・ヴァーグ)からふるい落されつつあり、そのイデオロギーもすでに骨董化していることをよく見破りつつある。支離滅裂、仮面擬装の保守陣営は、狡猾、偽善な手段で、この「新しい波」に絶望的抵抗を試みているが、この抵抗は先細りであり、いまやひとつの時代は終わりつつある。タブーがタブーである限り、いつか崩壊する運命にあるように、旧体制の一切が、やがて知性の光明の前に化物のように消え去るであろう。三十年先、五十年先を観よ……。ロダンの「考える人」のように……。

ロマン・ローランの序文で出した松尾仏訳の倉田百三『出家とその弟子』出版記念のつどいで，松尾夫妻（中央）を囲むパリ日本人会の面々，前列右から牧嗣人，永瀬義郎，高野三三男，３列目左から２人目，岡田八千代，最後列左から４人目，長谷川潔．（パリの日本料理店「ときわ」で）

パリの林芙美子と松尾夫妻．（1932 年 1 月，ノートルダム寺院）

平福百穂とウィーンのシェーンブルン宮殿で．（1930 年頃）

小田原の怪人，山内画乱洞と．（1964 年 2 月）

安保条約改定を前に岸信介首相と対談．
（1957 年 8 月，首相官邸）

社会党初の首相だった片山哲と対談．
（衆院議員会館）

辻潤の親友，菅野青顔．（左から 2 人目．1963 年 11 月，気仙沼で）

新進作家だった石原慎太郎氏と．
（1956 年，銀座のバーで）

上右：読売新聞論説室で机を並べた漫画家の近藤日出造と高木健夫.

上左：松尾サロンの仲間と松尾一家，前列右から上原利夫，大澤正道，後列右から田辺一夫，雨野一雄，村松正俊.（1957 年，大田区桐里の自宅で）

中央：パリ日本館設立のための文化人懇談会，テーブル左から真田外茂雄，田村泰次郎，森田たま，松尾，安藤更生，今日出海，大河内秀，後列左端増田義信.（丸の内の日本工業倶楽部で）

下：フランス大使館で行われたレジオン・ドヌール勲章授賞式，前列左から佐藤尚武元参院議長，兄の松尾良平，高木健夫，高橋雄豺読売新聞副社長，楢崎渡代議士，松尾，村松正俊，娘春子，小島読売編集局長，後ろはアルマン・ベラール駐日大使.（1958 年 1 月）

〔解説〕 毒気に当てられぬようご用心

大澤 正道

なぜ「敵前上陸」か

「うん、『敵前上陸』という本が書きたいんだ」

玉川信明は最晩年、退院して間もない松尾邦之助が語ったというこの言葉を『エコール・ド・パリの日本人野郎』(朝日新聞社、一九八八年。「日本アウトロー列傳2」、社会評論社、二〇〇五年に再刊)で書き留め、「私にはその意味がよくわかった。「敵」とはむろん「日本」のことである。彼は日本帰国以来、およそ個我の倫理のみられない精神状況に毒づき、絶望し、それを遺著として思い切り胸の内を吐き出したかったのである」とコメントしている。

玉川が松尾と会ったのがいつのことか、正確な日時は特定し難いが、一九七五年、亡くなる数年前のことと思われる。本書の「むすび」に「この稿を書いている昭和四十三年には……」とあるから、一九六八年に脱稿したようにみえるが、六九年の刊行物からの引用もあるから、六八年に脱稿したあとも少なくとも六九年までは手を入れていたと推定できる。

玉川も述べている通り「松尾という人は、寸暇を惜しんで何かしている人」だった。というより「何かせずにはいられない人」だったと、わたしは思う。著作目録を繰ると、六八年から六九年にかけて『自然発生的抵抗の論理』(永田書房、一九六九年)、『辻潤著作集』全六巻(一九六九

〜七〇年）と立て続けに仕事が続いている。そのあとも七一年に自伝的な『風来の記』（読売新聞社出版局、一九七一年）と翻訳書が一冊出ており、いくら筆の早い松尾でもけっこう多忙だったのではないだろうか。

いや、『風来の記』をみると、読売を退職後、「『パリ日本館』を建設しようと肚を決めたわたしはしゃにむに働いて、昭和三十二年から四十四年まで、十二年間の夢、フランス語でいう「セ・ツーテュンヌ・イストワール（ひとつの全き歴史だったよ）である」とある。「パリ日本館」とはパリのど真ん中に日本の産業・文化センタービルをおっ建てようという野心的な企画で、村山藤子、植村甲午郎、永田雅一、川喜多長政、藤井丙午等々の大物財界人らが発起人になり、政財界から数億円の金が投じられたらしい。松尾はこの事業を生涯の決算として全力投球したようだが、事、志しと違い、出来上がったのは「村山藤子のレストラン・ホテル」（遠山景久『ヨーロッパケチョンケチョン』河出書房、一九六六年）だった。松尾はこの「パリ日本館」の結末を「挫折したひとつの歴史」と呼んでいる。

文化活動で松尾が味わった「挫折」はこれで四度目となる。日本ペンクラブ、ユネスコ、産児制限については本書のなかで語られている。「革命第一日では英雄、革命成就後には邪魔者」とはたしかバクーニンを評した言葉で、なるほど言い得て妙と妙に感心した覚えがあるが、松尾もスケールは違うがバクーニン型である。ユネスコの先鞭をつけたのは松尾や新居格だった。辻まことやわたしも手伝ってくれと声をかけられた。いいアルバイトになると喜んでいたが、その話はやがて立ち消えとなった。占領下でユネスコはかっこうな国際交流の窓口になると見て取った有象無象の文化人や官僚が群がり、松尾らは排除されてしまったのである。本書で大島浩駐独大使と並ぶ戦中の外務官僚の典型として槍玉に挙がっている駐西公使須磨弥吉郎が、その後衆議院議員となり、あろうことかユネスコ協力会の理事長に収まったのだから、松尾が怒り心頭に発するのも無理はない。

ましてや「パリ日本館」は松尾がその一生を捧げたといっていい日仏文化交流の総仕上げとなるはずのものだった。フランス政府は松尾の永年の功績に報いてレジオン・ドヌール勲章とアール・エ・レットル勲章を贈っている。ところが肝心の日本政府は知らん顔である。もっとも松尾のことだから、ノーベル賞は戴いても文化勲章は蹴った大江健三郎なみに、叙勲の話があっても断ったのかもしれないが。

『風来の記』で松尾は「パリ日本館」にまつわる「醜聞や不愉快な思い出の数々」を書きたくないし、「日本の無責任な政府筋」や「関係者の誰をも恨まない」、「この醜悪な現実をただ〝かくあるものだった〟と受け取り、自分の夢を見つづけて行く」と達観したように述べている。けれどもその数行あとで、松尾弁護を展開した遠山の『ヨーロッパ ケチョンケチョン』を批判した「『週刊新潮』(昭和四十一年五月十四日号)の長い記事をここに転載して、この「日本館」建設の詳細な歴史と、その悲喜劇を読者のために参考にしようとも思ったが、そうしたジャーナリスティックな興味を失った今日のわたしは、過去は過去として葬ることにした」とも書いている。これらの言葉のはしはしに松尾がこの事件で受けた心の痛手の深さが垣間見られる。そしてこれはわたしの推測にすぎないが、この時の手酷い「挫折」が「敵前上陸」と題する原稿を書き始めた直接の動機のように思えるのである。

なぜ本にしたか

「敵前上陸」と題して書き始められた原稿はおそらく未定稿のまま残されていた。わたしがその存在を知ったのは昨年秋のことである。これもわたしの推測の域を出ないが、「ヤケの勘八」で書きなぐったかにみえる原稿に登場する人物はすべて実名である。わが国の言論界の悪しき慣習では批判論難する際でも実名使用は憚るものとなっている。掟破りはうっかりすると「村八分」にされる。辻まことに「日本を知らなすぎる」と忠告された松尾だが、帰国して二十有余年日本の風土に揉まれたのだから、それくらいの「常識」は知っていただろう。それでもなおかつ実名をあげて激しく批判論難せずにはおれなかったにちがいない。

松尾にはこのほかもう一つ未発表の原稿がある。それは「「個」の歴史」と題された松尾流個人主義思想史というべきもので、執筆の日時はほぼ「敵前上陸」と重なっているようだ。その頃、山川出版社にいた個の会の会員吉田幸一は松尾に頼まれて元自由クラブ異人だった清水康雄の青土社や現代思潮社に持ち込んだが、不調だったという。吉田の記憶ではその頃松尾が「敵前上陸」を執筆していたことは知っていたが、出版の斡旋を頼まれたことはなかったそうである。おそらく松尾も「敵前上陸」の方は「悪しき慣習」に反するものでもあり、生前、出版をためらっていたのではないだろうか。

松尾が亡くなって三十年、この原稿の出版を志した遺族の一人、渡部泰夫は手書きで書かれた七百枚余りの原稿を整理し、パソコンで打ち出した。ちょうど打ち出しが終わった頃、わたしは渡部からその話を聞いた。本書にも書いてあるように一時期、松尾はわたしの師匠格で、自由クラブなる小さな団体を切り盛りし、私的なことを書かせていただければわたしの結婚の頼まれ仲人でもあった。それが縁でわたしの義弟渡部泰夫が松尾の愛娘と結婚することになった。だからまあ広い意味ではわたしも松尾の縁つづきになるのかもしれない。もっともわたしは文字通りの不肖の弟子で、松尾が警戒していた「政治的アナ」に深入りし、どうやら「破門」されたらしい。

直情径行が身上の松尾は若者であろうと、年配であろうと、異見をさしはさむ向きにはむきになって食って掛かるところがあった。この純情さは貴重ではあるが、折角、松尾に魅かれて寄ってきた若者を突き放す結果ももたらした。のちに青土社を起した清水の場合もそれで、まだたしか十代だった清水が若年の未熟さから、読売新聞副主筆という高い地位を捨てない「不純さ」を難じたのである。それに対して松尾は「妄想の自由とぐうたら自我人」（『アフランシ』八号、一九五一年十二月）と題した小文を寄せ「ぐうたらの妄想人を相手に貴重な時間をつぶしたくない」と突き放した。たしかに読売新聞は松尾の活動の拠点であると同時に泣き所でもあった。本書を読まれた読者もあるいは感づかれたかもしれないけれど、あの毒舌家の松尾も読売という「身内」の人士についてはあまいところがある。身内身びいきはごひいきのフランスでもたぶんあるだろうから、人間一般の習性かといっておこう。

かつてわたしはシュティルナーを論じた『個人主義』（青土社、一九八八年）で、松尾のようなれっきとした企業人にしてシュティルナーファンという戦前では考えられないような存在は「戦後社会の特徴のひとつで、新しいタイプの個人主義（山崎正和氏のいう「柔らかい個人主義」）の先駆」と解したいと書いたことがある。読売を辞したあと、余生をかける意気込みで政財界の大物を巻き込んだ「パリ日本館」の事業は、およそシュティルナー・辻潤のラインとは無縁である。けれどもこのふたつは少なくとも松尾のなかでは共存していた。この矛盾したふたつの顔の共存こそ松尾邦之助という人物の面白さで、それは松尾が本書でもしばしば口にしている「生の悲劇的感情」によるものなのだろう。

渡部からタイプ原稿を借りて読んだわたしはしつこく繰り返される毒気に当てられてブルーな気分になり、一九四七年から四八年にかけて、松尾の自宅で開かれていた通称〝松尾サロン〟での「日本呪詛」が思い出された。「日本人はまるで個性がない、エスプリもない、話の泉のような愚劣なものがもてはやされる、あれは全くの物識りだけで、思想のカケラもないじゃないか、日本人は羊の群れだ、とりわけ女はひどい、それに比べるとさすがはフランス人だ、メイドでもちゃんと自分の意見をもってるし、それを堂々と主張する、日本人は物真似だけだ、オリジナリティがない、日本では個性ある思想も芸術も育たない、出る釘は打たれる、孤独を知らず、ひとりでいることができない……etc――こういった「日本批判」が最も日本的な酒であるカストリ焼酎のメートルがあがるとともに、かぎりなくエスカレートし、いつ果てるとも知れなかった」とのちに松尾の死を悼んだ文章でわたしは書いている（「自由クラブの時代」『黒の手帖』一九号、一九七五年九月）。

松尾さんはちっとも変ってないなあ、ととっさに思った。〝松尾サロン〟からかれこれ二十年余りたって書かれた文章を見ての感慨である。松尾は七十歳に近くなっていたはずだ。ふつう年を取ると人間は丸くなる。酸いも甘いも噛み分けて、すべて許せる（諦める？）心境になりがちである。ところが松尾はちがう。二十数年前以上に意気盛んである。これは徒事ではない。名指しの罵詈雑言は胸がすく。よくぞ言ってくれたという思いもある。けれどもそれ以上に、二十数年変らず松尾の胸のうちで渦巻いていたこの怨念のすごさは、万事お手軽な軽チャー書の氾濫する昨今の出版状況への「ハチの一刺し」となるやもしれない、こうわたしは考えてたまたま玉川の著作集を手がけていた社会評論社に頼み込んだのである。

原稿の出来栄えでいえば引揚船「ブルス・ウルトラ号」での四方山話（第一章〜第二章）と読売争議にまつわる物語（第四章〜第五章）がいい。いずれも軸になるテーマがあるからだろう。かつて「市井の新聞記者」とさげすんだ軍や外務省高官とさげすまれた新聞記者が呉越同舟の六十日余りの船旅はそれだけでも読物になる素材だが、そこここに挿入されたエピソードがまた飽きさせない。松尾には『とるこ物語』（竹内書店、一九四七年）なる著書がある。なんでトルコくんだりまで行ったのか疑問に思っていたが、それがこんど氷解した。スターリングラードから南下してバクダッドへと兵を進めるドイツ軍とインド洋を北上する「無敵日本軍」との出会いという「劇的な場面」を報道させようという読売本社の「深慮遠謀」で、松尾は一年間トルコで待機していたのである。「今にして思えば、この地で約一年間、空しい待機をしていたのは何と呆れた夢譚である」と松尾は書いているが、むしろわたしは読売本社のスクープ魂に感動した。

読売争議は一次と二次とがあり、一次の際は松尾はまだスペインにいた。二次は翌年六月に始まり、七月十二日からストライキに入り、五日間、新聞は発行不能になったといわれる。松尾が本書で書いている十四日はまさにストライキの最中だった。松尾の記述を読むと、細川忠雄渉外部長が根回しをして従業員大会で演説し、それが記事になって翌日の朝刊に掲載されたとある。となると新聞は発行されていたことになるが、どうなのだろう（その後の確認でこれは松尾の思い違い。翌日発行の社内報かなにかか？）。また松尾の演説が争議にどのような影響を与えたか、七月末の組合分裂との関連は？等々、重箱の隅をほじくるような詮索にみえるかもしれないが、わたしには興味深々である。戦後労働運動史の貴重な証言といったら大げさだろうか。また占領軍を解放軍と思いたがっていた鈴木東民一派に比べて、ナチス占領下のフランスをその身で味わってきた松尾の認識は確かだったということもいえよう。その辺りをもっと掘り下げていったらさらに読み応えがあったろう。

第六章以下はテーマが絞りきれておらず、思いつくまま筆を飛ばしていった観がないではない。あるいはもっと推敲する予定で、取りあえず執筆した一次稿のつもりだったのかもしれない。だがそれだけにここに吐き出された日本呪詛の繰り返しは、わたしのように二十数年來浴びせられてきた者でも気分が悪くなるほどだった。それほど本書は毒を含んでいる。だから始めてこの松尾節に接するひとたちは嘔吐しないよう注意した方がいい。今浦島太郎の玉手箱から噴き出した煙はサリン以上に読者の「良識」を麻痺させるかもしれない。浦島太郎で気づいたが、松尾が七十近くなってもなおあのように日本を論難し、日本に生まれた自身を呪い、その胸に溜まったシコリを吐き出さずにおれなかったのは、きっと二十六年にわたって日本を離れていたからだろう。日本にずっと暮らしているどの日本人よりも深く、日本を離れていた松尾は日本を愛していたのである。だから二十六年ぶりに帰国して日本の現実に接した時、可愛さあまって憎さ百倍の心境になった、という解釈はどうだろうか。

編集にあたって

つぎに編集上、心がけたことを二、三記しておく。

まず書名だが、「敵前上陸」は玉川のように松尾の書いたものに通じた人たちにはああ、なるほどと分るだろう。しかしこれまでひょっとすれば松尾邦之助の名前すら初耳の人たちにはなんのことやらちんぷんかんぷんだろう。身内に配って個人を偲ぶいわゆる「まんじゅう本」なら「敵前上陸」でもいいが、身内だけでなく、ちんぷんかんぷんの未知の人たちにまで手にとって貰わなければ、手間ひまかけて出版する意味は半減してしまう。そう考えてご遺族の諒解を得て、あえて「無頼記者、戦後日本を撃つ」というきわめてジャーナリスティックな書名をつけた。

松尾が思想小説と自負する『情熱のイサベル』（世界文学社、一九四九年）も元の書名は「アマポーラ」だった。それを世界文学社が『情熱のイサベル』に変えてしまったと、本書で松尾は口惜しがっている。こんどもきっと大澤の奴、書名を変えやがってと泉下で怒鳴っているかもしれないが、身内を集めて浪花節をうなるだけでは先細りになるだけで、少数者がやがて単数者になったら夢も希望もなくなるんじゃありませんか、と反論しておきたい。

すでに書いておいたように本書の元原稿は七百枚近くあり、書き込みなどで内容に重複する箇所が多々ある未定稿であった。渡部がタイプ化する段階でかなり整理されたが、版元の要望もあり、わたしの責任でさらに絞り込むことにした。スリムになっただけ通読しやすくなったと思う。

外国の人名、地名については松尾の独特の表記を尊重した。松尾には松尾節といっていい独特な文体があり、外国人名・地名の表記もその一環を担っているので、慣行の表記とはかなり異なるものもあるが、諒とされたい。ただし清沢冽『暗黒日記』、西村伊作『我に益あり』などからの引用は原文にもどし、書物の発行所、発行年は可能なかぎり加えておいた。

本書にはかなり多くの人物が登場するので読者の便を考慮し、索引をつけた。しかし人名とページ数を羅列するだけの普通の索引は学術書でない本書にはふさわしくないと考え、主要な登場人物に絞って本文の内容に即した簡単な紹介を加えてみた。楽しんで活用していただければ幸いである。なおこのアイディアは山本夏彦『無想庵物語』（文藝春秋、一九八九年）によるもので、いつかこういう索引をこしらえてみたいとかねがね思っていたので、わがままを言わせていただいた。

最後になったが、ご遺族の所蔵する貴重な写真を提供していただいて画竜に点睛を打つことができた。これは社会評論社編集担当・板垣誠一郎さんのアイディア。おかげでぐんと見栄えのいい本に仕上がった。板垣さん、ありがとう。

（二〇〇六年三月）

主要人物案内と索引

数字はページ番号

●あ●

青野季吉〔文芸評論家．日本ペンクラブ再建に尽力〕169，256，259

秋山邦雄〔情報局陸軍中佐．インド洋作戦を吹聴する〕41

アグノーエル〔仏の新聞検閲官．東京外語の恩師．〕35

阿部真之助〔毒舌の評論家．平和運動準備会に参加〕215，256

天野貞祐〔カント学者．文相となり，君が代復活を唱える〕206

雨野一雄〔自由クラブ異人〕201

荒川畔村〔辻潤に傾倒．戦後，『虚無思想研究』『スティルナアの思想と生涯』などを出版〕168

荒畑寒村〔社会主義の草分け．大宅壮一編『わが青春放浪記』に松尾らと寄稿〕11，256

安部磯雄〔社会主義者．産児制限の普及に努める〕233

アラゴン〔ルイ．仏のダダイスム詩人．のちコミュニスト〕278，279

有島生馬〔画家．有島武郎の弟．松尾と外語の同窓で旧友〕153，155，215

アルプ〔ハンス．仏の画家，彫刻家．ダダイスムの提唱者〕279

安藤昌益〔江戸時代の革命思想家．「自然真営道」を唱える．大塩平八郎とともに松尾のお気に入り〕90，96，113，188

アン・リネル〔仏の個人主義アナキスト．『赤いスフィンクス』『さまざまな個人主義』などを松尾が翻訳，翻案する〕62，186，187，200，201，209，210，211

飯塚友一郎〔作家．松尾をコスモポリトで愛国者と評す〕13

伊佐秀雄〔尾崎行雄に私淑．読売新聞論説委員．天野貞祐批判を松尾が書かせる〕206

井沢弘〔東京日日新聞特派員．読売新聞論説委員．戦時中転ぶ．松尾の恩人．〕110，256-258

石川三四郎〔アナキズム思想家．自由クラブ異人．平和運動準備会，何となく集まる会などに参加．アン・リネル『赤いスフィンクス』を松尾に貸す〕124，159，186，187，201，208，209，256

石原莞爾〔異色の軍人．ジュネーヴで語り合う．硬骨漢の「日本製怪漢」と〕192，194，195

板垣直子〔文芸評論家．林芙美子のパリ時代について松尾に取材〕124，126

市川房枝〔女性運動家．戦争に協力．参議院法務委員会で売春等処罰法質疑の参考人に松尾を呼ぶ〕256

市橋善之助〔トルストイヤン．自由クラブ異人〕201

伊藤昇〔朝日新聞スペイン特派員．松尾とともに引揚船で帰国．『四等船客』を著す〕18，

21, 22, 217
衣奈多喜男〔朝日新聞特派員．ナポリから引揚船に乗り込む〕37
井上幾太郎〔陸軍航空本部長．なにかというと元寇を持ち出す〕168
井上哲次郎〔哲学者．大和魂をヘーゲルの「ガイスト」に結びつける〕191
今井貞吉〔辻潤，中原中也と親しい詩人〕281
岩佐作太郎〔アナキスト．サンドウィッチマン・スタイルで『平民新聞』を売る〕186, 187
岩田豊雄〔作家，演出家．筆名・獅子文六．若い頃パリで演劇の勉強〕261
岩淵辰雄〔政治評論家．読売新聞主筆〕160
植原悦二郎〔政治家．日本国民の従順さを歎ずる〕82
上原利夫〔自由クラブ異人〕201
ヴェイユ〔シモーヌ．仏の女性哲学者．「愛国心は慈悲である」と説く〕30
ウォーナー〔ランドン．米のハーバート大付属美術館東洋部長．京都・奈良の爆撃を止める〕154
ウナムノ〔ミゲル・デ．スペインの哲人．「生の悲劇的感情」を唱える〕146, 169, 170, 236, 240, 267
卜部哲次郎〔辻潤門下三哲の一人．通称・ウラ哲〕238
ヴラマンク〔モーリス．仏の画家．松尾と語り合う．反戦の詩を綴る〕52, 217, 225-227
榎本桃太郎〔毎日新聞パリ特派員．数奇な運命を辿る〕53-55, 57, 236
エリオ〔エドアール．仏の政治家．芭蕉を愛読〕244
エリュアール〔ポール．仏のダダイスム詩人．のち共産党に入り，レジスタンスに参加〕278
大木一治〔自由クラブ異人．筆名・寺島珠雄〕279
大沢正道〔自由クラブ異人．本書の編集に当たる〕201, 202, 208, 245
大塩平八郎〔江戸時代の与力．大塩平八郎の乱は松尾のお気に入り〕96, 113
大島浩〔駐独大使．ナチス・ドイツを崇拝．須磨駐西公使とならぶ戦中外務官僚の見本〕
28, 29, 31-33, 35, 41, 44
大杉栄〔アナキスト．パリで入獄中，松尾は差し入れに協力〕186
太田正孝〔経済評論家．松尾と同郷〕94
大宅壮一〔評論家．編書『わが青春放浪記 この十人の歩んだ道』に松尾を入れる〕11, 240
丘浅次郎〔動物学者．共和国を唱える．『猿の群れから共和国まで』は一読に値する名著と〕
223, 227, 228, 237
岡田良平〔文相．『論語』を金科玉条とする．松尾と同郷〕94-96
岡本太郎〔画家．パリで交友〕140

織田作之助〔作家．ヒロポン常用を惜しむ．『土曜夫人』を『読売新聞』に連載〕162，163
小汀利得〔日本産業経済新聞（現・日経）主筆．饒舌な評論家〕214

● か ●

カイザーリング〔ヘルマン．独の哲学者．日本の女性を賛美する〕102
賀川豊彦〔社会運動家．新居格の従兄．派手な宣伝屋とひやかす〕112，259
風間光作〔辻潤に傾倒．『だだ』を発行〕279
片山敏彦〔評論家，仏文学者．アン・リネルに注目した少数者の一人〕187
加藤シズエ〔女性運動家．産児制限運動を推進，松尾も協力〕232，233，259，283
神近市子〔社会主義者．恋のもつれで大杉栄を刺す．戦後，平和運動準備会に参加〕256
亀井勝一郎〔文芸評論家．戦中の発言をカムフラージュする名人芸を見せる〕189，261
河井弥八〔政治家．大日本報徳社社長，松尾と同郷〕94，95
河上徹太郎〔文芸評論家．「旧観念につかれた秀才バカ」と罵倒する〕240，261，277
川路柳紅〔詩人．松尾の親友で，読売入社の保証人．語り合う〕87，109，110，112-114，116
川端康成〔作家．日本ペンクラブ再建に尽力〕212，215
ガンジー〔インドの独立運動家．非暴力の抵抗を説く〕242
聴濤克巳〔朝日新聞論説委員．新聞通信放送労組委員長．読売争議を指導〕81，84
北一輝〔右翼革命家．鳩山一郎と風呂場で北論をたたかわす〕149-152
ギュイヨー〔ジャン・マリー．仏の哲学者，松尾その『義務も制裁もなき道徳』を愛読〕237，238
清沢冽〔政治評論家．『暗黒日記』は松尾の愛読書〕32，149，190，202，203，213，215
倉田百三〔劇作家．『出家とその弟子』を松尾が仏訳する〕15
栗原正〔駐トルコ大使．ナチス・ドイツの崇拝者〕40-42，44
栗本とよ子〔在スペインの美術工芸家．日本に帰国せず，感銘深い手紙を松尾によせる〕50-52
グルッセ〔ルネ．仏の東洋学者．『日本文化』を著す．松尾の友人〕243
クレマンチ〔仏の反ユダヤ·反英の政治団体ジューヌ・フロン（若い戦線）の首領．インタビューする〕107
グロジャン〔仏地方紙九社の代表．日本を愛する〕241-243，245
ゲイン〔マーク．米国のジャーナリスト．『ニッポン日記』を著す〕114
コクトウ〔ジャン．仏の作家，劇作家．アヘンに溺れず，作品に活かす〕163
児島善三郎〔画家．パリ時代，松尾と交流〕160

近衛秀麿〔音楽家．文麿の弟．愛人澤蘭子との出会いを取り持つ〕249，250
小林秀雄〔評論家．東大の講演会で出会う．不遜な態度に憤慨〕261，276，277
小牧近江〔仏文学者．仏に留学し，クラルテ運動に参加．「何となく集まる会」に集まる〕208
小松清〔仏文学者．日本のアンドレ・マルロオといわれたが，ユネスコで松尾排除を画策〕259
近藤日出造〔漫画家．読売新聞論説委員室で仕事する．松尾と肌が合う〕159

●さ●

西条八十〔詩人，作詞家．パリ時代，松尾と知る〕261
酒井楠代〔桜沢如一の妻．松尾に講演を頼む〕87
坂口安吾〔作家．その「堕落論」に共感する〕91，163-166，238，272
坂本直道〔満鉄パリ支社長．父が坂本竜馬の甥．国士的人物で，松尾の親友〕149，152
サガン〔フランソワーズ．仏の流行作家．節度を持って執筆していた〕124
佐藤朝山〔彫刻家．酒の上の武勇伝はパリっ子を驚かす〕184
佐藤春夫〔作家，詩人．辻潤の著作の出版に協力〕238，261
佐藤豊〔独文学者．自由クラブ異人．ベルリンで松尾と知る〕201
サルトル〔ジャン・ポール．仏の作家，哲学者．その実存主義を批評する〕48，162，222-224，227
サルモン〔アンドレ．仏の美術評論家．ペタン派だが，松尾の旧友〕216，217
沢蘭子〔映画女優．近衛秀麿の愛人．松尾の知り合い〕249，250
沢田廉三〔駐仏大使．フランスびいき〕33，135
サンガー〔マーガレット．米の産児制限運動のリーダー〕232，236
ジイド〔アンドレ．仏の作家．松尾との仲は『ジイド会見記』などに詳しい〕15，25，39，40，72，74，99，154，162，222，244，248，257
シェファー〔独宣伝省日本人係．「愛国行進曲」をひやかす〕21
志賀直哉〔作家．軍国日本を賛美．再建ペンクラブから排除される〕163，189，214
篠崎信男〔性科学と人口問題の専門家．産制運動で松尾を激励〕233
柴田秀利〔読売新聞渉外部記者．第二次読売争議の会社側影武者〕147
柴野方彦〔世界文学社社長．『情熱のイサベル』を出版．書名を「アマポーラ」にしたかったと，松尾悔しがる〕263
島崎藤村〔作家．日本ペンクラブ初代会長〕215
嶋中雄作〔中央公論社社長．横浜事件に連座〕215

清水幾太郎〔社会学者．戦後，一八〇度転向した知識人の一人〕262
清水昆〔漫画家．大宅壮一編『わが青春放浪記』に松尾らと寄稿〕11
シャートオブリアン〔アルフォンス・ド．仏の作家．対独協力で戦後追放される．欧州統合を提唱〕216，250-254
正力松太郎〔読売新聞社主．松尾が帰国した時は巣鴨に収監中〕22，84-86，127，142，157，159，257
白柳秀湖〔初期社会主義者．のち大衆史家に転じる．松尾の同郷〕94，104
鈴木東民〔読売新聞外報部長，のち編集局長．読売争議を指導する．「日本製ロベスピエール」とひやかす〕80-85，136－138，141-143，145-148，158-160，167，205－207
鈴木文史朗〔朝日新聞常務．戦後，松尾らの平和運動準備会に参加〕79，88，220，256
スティルナア〔マックス．独の哲学者．著書に『唯一者とその所有』(辻潤は『自我経』と訳す)．『スティルナアの思想と生涯』で紹介する〕48，49，121，124，168，201，209-211，239，240，279
須磨弥吉郎〔外務省情報部長，駐スペイン公使．戦犯容疑者．松尾と同じ引揚船で帰国する．大島駐独大使とならぶ戦中外務官僚の見本〕17，20，27，28，50，57，69，71
セルバンテス〔西の作家．「苦悩と抵抗の哲人作家」と評す〕51，170，218
添田知道〔作家．父は唖蝉坊．松尾の親友．日本人の悪い癖は万事で祭りでケリをつけることという〕117，118，134，283

●た●
高木健夫〔読売新聞論説委員．松尾と机を並べる．『新聞記者一代』を著す〕160，167
高木護〔詩人．『辻潤著作集』の刊行などで松尾と協力する〕238
高橋新吉〔詩人．日本最初のダダイストと自称する〕281
高浜虚子〔俳人．功なり名とげた無抵抗の人間〕152
竹内好〔中国文学者，評論家．「一番悪いのは新聞だ」と喝破する〕207
武林イボンヌ〔武林無想庵の娘で辻まことの妻．のち別れる〕200
武林文子〔武林無想庵の妻．発展家で，離婚後は宮田姓．「知的チンドン屋」と評す〕200
武林無想庵〔ダダ的な作家．パリ以来，松尾と交友〕110，185，186，200
田戸栄〔自由クラブ異人．のち歎異抄研究会幹部〕262，263
田中耕太郎〔文相，最高裁長官．「天皇旗を尻に入墨」と罵倒する〕204-206，258
田中幸利〔戦時中の読売新聞外報部長．松尾の電報には戦争に対して熱がないと叱責〕22
田辺一夫〔自由クラブ異人〕201

田村泰次郎〔作家．松尾の友人〕183
ダリュー〔ダニエル．仏の映画女優．戦時中，風呂に入れないと嘆く〕106
ツアーラ〔トリスタン．スイスでダダイスム運動を起す〕279
辻潤〔虚無と放浪の文学者．パリで会って以来，松尾はぞっこん惚れ込み，帰国後，著作集を出したり，墓碑を立てたりその顕彰に尽力する〕110，111，115，121，122，124，126，163，166，168，200，204，223，257，261，277，279-281
辻まこと〔辻潤の長男．母は伊藤野枝．風刺画文をよくし，歿後，有名になる．自由クラブ異人．日本を知らなすぎると松尾に忠告する〕115，200，201
鶴岡千仭〔駐トルコ大使館二等書記官．フランス通で，松尾をパーペン駐独大使に会わせる〕41，42
テオ〔レズーワルシュ．仏のセックソロジイとパントマイムの研究家．戦後来日，松尾の親友〕102，103
デスノス〔ロベール．仏のシュールレアリスト詩人．レジスタンスに参加．パリで親しくする〕30，48
デュフィー〔ラウル．仏の画家．装飾美術家としても活躍〕154，171，231
デロンクル〔仏の国民大衆党首領．インタビューする〕106
遠山太郎〔オリオン出版社社長．松尾編『ニヒリスト・辻潤の思想と生涯』を出版〕238
徳田球一〔日本共産党書記長．読売争議を引き回す〕81，83，84，142
豊島与志雄〔作家．日本ペンクラブ再建に尽力する〕169，212
ドリオ〔ジャック．仏政界の奇怪な風雲児．インタビューする〕106

● な ●

永井潜〔東大医学部教授．ユニークな性科学者．松尾を激励する〕233
長尾和郎〔作家．その『戦争屋』で戦争協力者を告発する〕256
中河幹子〔歌人．パリ以来の友人中河与一の妻．松尾に世田谷区赤堤町の家を斡旋する〕171
中島健蔵〔仏文学者．文壇の世話役で，ペンクラブ再建などで松尾と協力する〕212，220，222，223，264，276
中西顕政〔奇人の金持ち．パリ時代の松尾のスポンサー〕72
中野重治〔作家．新日本文学会で戦争協力の文学者を告発する〕261
中野正剛〔政治家．日本必勝を説く．東条に睨まれ，自死〕149，214
永野修身〔海相．何かというと元寇を持ち出す．ロンドンで会談〕168，256
中村哲〔政治学者．戦後，一八〇度転向した知識人の一人〕262
中山千郷〔読売新聞外報部記者．帰国直後の松尾の世話をする〕68，78

楢橋渡〔幣原内閣の書記官長．パリ以来の旧知〕134，135
新居格〔評論家．自由クラブ異人．松尾の大親友で，ペンクラブ，ユネスコなどでともに活動する．何となく集まる会は晩年不遇の新居を慰める目的もあった〕112，135，163，166，167，201，208，211，212，256，258，259，264，279
仁科芳雄〔理論物理学者．ユネスコ運動に協力する〕258，259
西村伊作〔文化学院院長．自由クラブ異人．松尾と性が合う自由人で，自由クラブは文化学院の軒を借りて講演会などを開いた〕201-204，208
西山勇太郎〔辻潤に傾倒し，『無風帯』などを発行．松尾と協力して辻潤の墓碑を建立した〕279-281
新渡戸稲造〔教育者．大和魂を武士道に結びつける〕191
二宮尊徳〔江戸時代の農政家．その銅像をにらみつける〕95，96，140，202
沼田某〔駐仏陸軍武官．大のフランスびいきで，ドイツ敗戦の予想を流す〕28，33-35
野坂参三〔日本共産党幹部．中国から凱旋将軍のように帰国する〕81
野田茂徳〔哲学者．『情熱のイサベラ』を個人誌『暦』に転載，松尾を感激させる〕265

● は ●

萩原朔太郎〔詩人．「虚妄の正義」に挑む〕163，166，280
ハクスレイ〔オルダス．英の作家．逆ユートピア『みごとな新世界』などを著す〕73
パスキン〔ジュール．米の画家．晩年，パリに移り，自死〕163
長谷川如是閑〔評論家．戦時中，政府に嫌われたが，村松正俊ほどの「自我」はないと評す〕258
バタイユ〔ジュルジュ．仏の評論家．欧州伝統主義を唱える〕216
鳩山一郎〔政治家．軽井沢で一緒に風呂に入り談義〕149-152
馬場恒吾〔読売争議時の社長．「オールド・リベラリストにふさわしい」と評す〕141，147，157，159，160-162，213，215，234，257
パーペン〔フランツ・フォン．独の政治家．駐トルコ大使の折にインタビューする〕41，42
林房雄〔作家．「文化戦犯者」としてペンクラブから排除される〕212，213，217，223，261
林芙美子〔作家．パリで交友．戦後，流行作家の姿に愛想をつかす〕121-127
原四郎〔読売新聞文化部長．松尾を応援〕83，162，163，276
バロハ〔ピオ．西の作家．ニヒリスト的な哲人〕169，170，267
ヒットラー〔アドルフ．独・ナチスの総統．自分のお経（『わが闘争』）に取りつかれたと評す〕31，41-43，74，90，128-130，151，157，191，219

平野義太郎〔法学者．戦後，一八〇度転向した知識人の一人〕262
ヒュネカア〔ジェームズ．米の異端批評家．スティルナア論を書く〕169，211，246，283
ヒンムラー〔ハインリッヒ．独・ナチスの親衛隊長．「氷のように冷たい奴」と〕129，130
ファーブル〔アンリ．仏の昆虫学者．進化論に反対〕237
ファレル〔クロード．仏の作家．阿片を作品に活かす．日本びいき〕15，163，196
フェレル〔フランシスコ．西の自由教育家．近代学校を創設．死刑になる〕267
深尾須磨子〔詩人．産制運動に参加し，『ぶどうの葉と科学』という性教育書を著す〕232，279
藤田嗣治〔画家．パリ時代，昵懇の間柄．藤田の「日本脱出」の意味を論じる〕229-231
ブラック〔ジョルジュ．仏の画家．キュビスムを創始〕231
ブリア・サヴァラン〔ジャン．仏のガストロノム．世界最大の料理の哲人と評す〕161
ブリノン〔ヴィシー政府の占領地派遣全権大使．インタビューする〕106
ブルトン〔アンドレ．仏の詩人．シュールレアリスムを提唱．パリで親しくする〕48，279
ブロンベルジェ〔メーリイ．仏のルポルタージュ記者．京都，祇園で遊ぶ〕176-184
ヘス〔ルドルフ．独・ナチスの総統代理．ヒトラーの『わが闘争』を口述筆記〕129，130
ペタン〔フィリップ．仏の軍人，政治家．対独協力のヴィシー政府首相〕106，216
ベルシハン〔ロジェ．仏作家．東洋外語学校出身．『日本の歴史』を書く〕244
細川忠雄〔読売新聞渉外部長．東京外語の後輩で，松尾を読売争議に引き込む〕147，156
ボナール〔アベル．仏のアカデミイ会員．ペタン内閣の文相〕216
堀清一〔読売新聞外報部長〕83，158
ボーリング〔ライナス．米の物理化学者．ノーベル平和賞受賞．『戦争はごめん』を著す〕235

● ま ●

馬島僴〔医学者．産児制限運動に尽くす〕233
松尾志呂生〔自由クラブ異人．松尾の甥〕80
松尾正路〔仏文学者．小樽商大教授．邦之助の弟〕99
松尾良平〔邦之助の兄．金指町に住む〕78，80，105
松岡洋右〔外相．ヨーロッパは没落すると松尾に豪語する〕161
マッソン〔アンドレ．仏の画家．シュールレアリスムを唱える．ド・ゴール派．パリで親しくする〕216
マルタ〔ポーランド生まれのドイツ娘．山下奉文，のち松尾と同棲〕59

マルロオ〔アンドレ．仏の作家．批評家．ド・ゴール政府の文化相〕216，259
三島由紀夫〔作家．青年将校風熱血漢と評す〕217
三宅晴輝〔評論家．松尾の知人．戦争中，失言する〕219
宮崎光男〔読売新聞編集局長．松尾の先輩．一夜，語り明かす〕126-134
宮沢俊義〔憲法学者．パリで知る．『神々の復活』を著す〕188，270
武者小路実篤〔作家．「ムチャコージ君は好い男だが，彼の『固定観念』がいやになる」と辻潤が評す〕108，121，261
武藤三徳〔読売新聞業務局長．読売争議で活躍．「天一坊」と呼ばれる〕136，137，142，147
武藤貞一〔評論家．「頑愚形の人間」と評す〕150，214，215
室伏高信〔「戦争反対者の一人」とさえているが，実際は変わり身の早い評論家〕89，215
村松正俊〔哲学者，詩人．「無価値の哲学」を唱える．松尾の親友．自由クラブ異人〕201，208，211，258，277
森光子〔女優．大宅壮一編『わが青春放浪記』に松尾らと寄稿〕11
モーラン〔ポール．仏の作家．ナチス・ドイツに協力する〕217
モーリアック〔フランソア．仏の作家．レジスタンスを支持．「パリ解放は奇跡」と述べる〕36，155
森谷均〔昭森社社長．『本の手帖』などを刊行する〕277

●や●

安田庄司〔鈴木東民に代わる読売新聞編集局長．松尾とはうまが合う〕167，205，206
柳沢健〔詩人．外交官．松尾のパリ以来の旧友．再建ペンクラブにつき激しく批判する〕215
矢橋丈吉〔組合書店店主．松尾の『ユネスコの理想と現実』を出す．自由クラブ異人〕168，201
山之内一郎〔マルクス主義法学者．パリで仏語を教える．読売争議中に出会ったが知らぬ顔〕81
山浦貫一〔政治評論家．読売新聞論説委員．パリでラブレターの代筆をした仲〕83，92，93，160，167，258
山尾某〔商社社員．松尾と一緒に引揚船の実行委員となる〕20
山崎功〔読売新聞ローマ特派員．イタリア通．引揚船で一緒〕21，106，152
山下奉文〔フィリッピン軍司令官．ベルリン時代の女マルタはのち松尾の旅女房〕59，60，133
山本杉〔医学博士．産制運動に参加する〕232
山本宣治〔社会主義者．産児制限運動に尽くす〕233

ユグナン〔ジャン・ルネ．仏の戦後派作家．『テル・ケル』を出す〕236
吉田満〔日本銀行行員．『戦艦大和』を著す〕91

●ら・わ●

ラヴェル〔ピエール．仏の政治家．ヴィシー政府の副首相．インタビューする〕106
リッベントロップ〔ヨアヒム・フォン．独・ナチスの外相〕29
ルーズベルト〔フランクリン．米の大統領．「四つの自由」を宣言する〕246，247
ルソー〔ジャン・ジャック．仏の哲学者．自然に帰れと説く〕90
レヴィ〔シルヴァン．仏のサンスクリット学者．日仏会館元館長．松尾の友人．日本の敗戦を予言する〕196
レニエ〔アンリ・ド．仏の詩人，小説家〕15，154
ロサリオ〔パストラナ．本名イサベラ．スペインでの松尾の旅女房．『情熱のイサベル』のヒロインのモデル〕14，16，23，24，51
ロダン〔オーガスト．仏の彫刻家．「考える人」は代表作〕288
ローラン〔ロマン．仏の作家，思想家．ローザンヌに訪ねる〕15，117，154
渡辺崋山〔江戸時代の画家，洋学者．幕政を批判し，自決に追い込まれる〕244
渡辺紳一郎〔朝日新聞特派員．ナポリから引揚船に乗り込む〕37

松尾邦之助著作目録　数字は西暦略年

「其角の俳諧」(仏文)　ジョルジュ・クレス社　1927
「枕草子」(清少納言・仏訳)　ストック社　28
「能の本」(仏文)　ピアザ社　28
「巴里」(随筆)　新時代社　29
「恋の悲劇」(岡本綺堂・仏訳)　ストック社　30
「日本仏教諸宗派」(仏文)　ジョルジュ・クレス社　30
「トパーズ」(マルセル・パニョル・訳)　新時代社　31
「出家とその弟子」(倉田百三・仏訳)　リエデス社　32
「巴里素描」(随筆)　岡倉書房　34
「現代日本詩」(イタリア文)　ミラノ書店　35
「仏教概論」(友松円諦・仏訳)　アルカン社　35
「日本文学史」(仏文)　マルフェール社　35
「芭蕉及びその弟子」(仏文)　パリ・国際知的協力会　37
「日本現代詩人アントロジイ」(仏文)　メルキュール・ド・フランス社　39
「娼婦と暮して一ケ月」(エリズ・ショワジイ・訳)　新時代社　40
「再建のフランス」　鱒書房　46
「フランス放浪記」　鱒書房　47
「とるこ物語」　竹内書房　47
「ジイド会見記」　岡倉書房　47
「現代フランス文芸史」　富岳本社　47
「アンデアナ」(ジョルジュ・サンド・訳)　コバルト社　48
「フランス民主主義苦悶史」　外国文化社　48
「ドン・ファン」　外国文化社　48
「ユネスコの理想と現実」　組合書店　48
「ユネスコと日本」(座談会)　河出書房　48
「欧州の苦悶」(訳)　鎌倉文庫　48
「情熱のイサベル」(小説)　世界文学社　49
「多情時代」(ゴンクール・訳)　コスモポリタン社　49
「フランス革命」(ガクソット・訳)　読売新聞出版局　50
「スティルナアの思想と生涯」　星光書院　50
「夜の森」(I・L・キュルチス・訳)　三笠書房　54
「巴里横丁」(随筆)　鱒書房　53
「日本という国」(デュアメル・訳)　読売新聞出版局　53

「日本の文明」（デュアメル・訳） 読売新聞出版局 54
「カロリーヌ」（セシル・サンローラン・訳） 鱒書房 54
「続カロリーヌ」（セシル・サンローラン・訳） 鱒書房 54
「浮気なカロリーヌ」（セシル・サンローラン・訳） 鱒書房 54
「読売新聞風雲録」（原四郎編「パリの素寒貧記者時代から」） 鱒書房 55
「あまから抄」（渡辺紳一郎編「パチンコのパの字」） 笑の泉社 55
「甘言楽」（渡辺紳一郎編「額ぶち屋綺談」） 笑の泉社 55
「はだか放談・性愛と偽善」（座談会） あまとりあ社 55
「赤いスフィンクス」（アン・リネル・訳） 長嶋書房 56
「随筆おとぼけ帖・女房を貸してもいい」 あまとりあ社 56
「フランスとフランス人」（モオロア・訳） 岩波書店 57
「フランス人の一生」 白水社 57
「太陽の季節」（石原慎太郎・仏訳） ジュリアール社 58
「青春の反逆」 春陽堂 58
「わが毒舌」 春陽堂 58
「わが青春放浪記」（大宅壮一編「悪魔のパリ恋愛記」） 春陽堂 58
「巷のフランス語」 大学書林 59
「性の粋人哲学」 光書房 59
「巴里物語」（自伝随筆） 論争社 60
「世界紀行文学全集 15 西アジア編（エユブ・ロチの家、イスミル紀行）」 修道社 60
「近代個人主義とは何か」 東京書房 62, 黒色戦線社 84
「フランスの栄光とデカダンス」 雪華社 62
「ド・ゴール」（評伝） 七曜社 63
「親鸞とサルトル」 実業之世界社 65
「フランス現代女流作家たち」 新書館 65
「北爆」（マルセル・ジュグラス・訳） 現代社 66
「引佐町物語」 フェミナア社 66
「ニヒリスト・辻潤の思想と生涯」 オリオン出版社 67
「自然発生的抵抗の論理」 永田書房 69
「辻潤著作集」（全六巻・共編） オリオン出版社 69 − 70
「巨人 出口王仁三郎伝」（出口京太郎・仏訳） 講談社インターナショナル 71
「風来の記」 読売新聞出版局 71
「エロスの探求・わがエロトロジー（上）」 インターナル出版 76
「エロスの告発・わがエロトロジー（下）」 インターナル出版 76

松尾邦之助　年譜

1899	（明治32）	11月15日	松尾嘉平・きみの二男として，静岡県引佐郡引佐町金指に生まれる
1922	（大正11）	3月	東京外語（現東京外国語大学）フランス語文科卒，同期に渡辺紳一郎，安藤更生，神吉晴夫ら，逓信省に就職
		11月	フランス留学のためマルセイユ着
25	（大正14）		パリ大学高等社会学院卒 仏文雑誌「REVUE FRANCO － NIPPONNE(日仏評論)」創刊
27	（昭和2）		パリ14区アミラル・ムシェで印刷所を開く 歌舞伎「修善寺物語」台本を仏訳，コメディ・デ・シャンゼリゼで「LE MASQUE」の題名で上演
28	（昭和3）		父病気のため一時帰国
29	（昭和4）	3月	村越ひろと結婚
		4月	再渡仏，日仏文化連絡協会を組織，在パリの藤田嗣治，武林無想庵，石黒敬七，金子光晴らと交流
30	（昭和5）		辻潤の後を受け，読売新聞パリ文芸特置員，その後パリ特派員（読売新聞初の海外特派員）
31	（昭和6）		同社パリ支局長
		11月	同社文芸部長清水弥太郎の紹介で林芙美子がパリへ，当時住んでいたモンパルナス近くのフロリドール・ホテルに滞在させる．この前後からパリに来た小林一三，秦豊吉，大倉喜一郎，高浜虚子，横光利一，大辻司郎，マヤ片岡ら多数の人の面倒を見，「パリの文化人税関」と称される
33	（昭和8）		日仏同志会幹事長
35	（昭和10）	1月	仏文の日本紹介誌「FRANCE － JAPON」発刊 15区ラカナル通19番地に転居
39	（昭和14）	9月	ドイツ軍のポーランド侵攻により英仏が対独宣戦布告，第二次世界大戦勃発
40	（昭和15）	5月	最後の帰国船伏見丸で妻ひろが藤田嗣治，高野三三男らと帰国
		12月	長女春子誕生

41（昭和16）		ドイツ軍のパリ占領に伴い読売パリ支局閉鎖，ベルリンに移る
	12月	日本，米英に宣戦布告
42（昭和17）		トルコ・イスタンブールに特派
43（昭和18）		スペイン・マドリード支局長
45（昭和20）	5月	ドイツ無条件降伏
	8月	日本無条件降伏し第二次大戦終わる
46（昭和21）	1月	バルセロナ港から引揚船で久里浜に上陸，読売新聞本社に復帰し新聞宣伝のため各地を回り講演 東京都世田谷区赤堤で間借り生活
	7月	論説委員，副主筆に就任
47（昭和22）		東京都大田区新井宿（現山王）に転居 日本ペンクラブ再建に参画，ユネスコ運動，平和活動にも力を注ぐ
48（昭和23）		大澤正道らと「自由クラブ」を結成，石川三四郎，新居格，添田知道，村松正俊ら「自由人」との交友を深める
49（昭和24）	11月	友人，仲間の協力で東京染井（豊島区駒込）の西福寺に「陀仙辻潤之墓」を建立
50（昭和25）		大田区桐里町（現中央）に転居
57（昭和32）	1月	前田好子との間に長男邦士（くにお）誕生，好子とは65年正式に結婚
	11月	読売新聞を定年退職，社友，嘱託，評論家． 12年間にわたりパリ日本館設立に尽力，同館顧問
58（昭和33）	1月	フランス政府からレジオン・ドヌール勲章を贈られる
62（昭和37）		「個の会」をつくる
64（昭和39）	12月	フランス政府からアール・エ・レットル（芸術文化勲章）を贈られる 神奈川県藤沢市辻堂に転居 大東文化大学教授に就任，藤沢の市民運動に参画
75（昭和50）	4月3日	肺炎のため自宅で死去，75歳

編者紹介

大澤正道（おおさわ　まさみち）
昭和2（1927）年，名古屋市に生まれる．東京大学文学部に入学．もっぱら“松尾サロン”で知的刺激を受ける．卒業後，平凡社入社．かたわらアナキズム系紙誌の編集に関わる．退社後『日本アナキズム運動人名事典』の編纂に従事，現在『トスキナア』世話人．著書に『大杉栄研究』『石川三四郎』『個人主義』『遊戯と労働の弁証法』『戦後が戦後でなくなるとき』などいろいろ．

無頼記者、戦後日本を撃つ　1945・巴里より「敵前上陸」

2006年4月28日　初版第1刷発行

著　者　松尾 邦之助
発行人　松田 健二
発行所　株式会社　社会評論社
東京都文京区本郷 2-3-10
TEL 03（3814）3861　FAX 03（3818）2808
http://www.shahyo.com
印　刷　互恵印刷　東光印刷
製　本　東和製本